庆祝中华人民共和国
成立 75 周年

仰望湘贤

湖南省文史研究馆 ——编著

策　　划　彭　英
　　　　　赵为济
　　　　　何文斌
主　　编　李跃龙
执行主编　胡智勇
编　　务　何晓岚

民主与建设出版社
·北京·

图书在版编目（CIP）数据

仰望湘贤 / 湖南省文史研究馆编著. -- 北京：民
主与建设出版社，2024.10. -- ISBN 978-7-5139-4711
-4

Ⅰ. K820.864

中国国家版本馆 CIP 数据核字第 2024L9U053 号

仰望湘贤

YANGWANG XIANGXIAN

编　　著	湖南省文史研究馆	
责任编辑	唐　睿	
装帧设计	杨发凯	
出版发行	民主与建设出版社有限责任公司	
电　　话	（010）59417749　59419778	
社　　址	北京市朝阳区宏泰东街远洋万和南区伍号公馆 4 层	
邮　　编	100102	
印　　刷	三河市天润建兴印务有限公司	
版　　次	2024 年 10 月第 1 版	
印　　次	2024 年 10 月第 1 次印刷	
开　　本	710 毫米 ×1000 毫米　　1/16	
印　　张	21.5	
字　　数	275 千字	
书　　号	ISBN 978-7-5139-4711-4	
定　　价	98.00 元	

注：如有印、装质量问题，请与出版社联系。

CONTENTS **目 录**

▶ 赵必振：
中国译介马克思主义第一人

赵必振是中国译介马克思主义第一人，中国马克思主义早期传播者、民主革命者，翻译家、教育家、国学家、史学家，也是一位精神高格、为人低调、努力拼搏、饱经沧桑的革命老人，是湖南省文史研究馆最早一批文史馆员，一代湖湘文化先贤的杰出代表。

显赫家世与书香门第

赵必振，派名厚屏，字曰生，号星庵，又名廷敩，祖籍今常德市鼎城区石板滩，1873年生于广东省南海县，因此名粤生，后以《易经》"天地之大德曰生"，自改曰生。赵必振家世显赫、家学深厚。其高祖赵慎畛，字遵路，号笛楼，清道光年间历任广东惠潮嘉道道台、广西按察使、广东布政使、广西巡抚，后官至闽浙、云贵总督。赵慎畛为官清廉，体恤民众，颇得百姓爱戴。其书法、词学功底深厚，著有《从政录》8卷、《惜日笔记》20卷、《榆巢杂识》2卷。赵必振的父亲赵燮和长期在广东、广西做官，光绪二十二年（1896）逝于广西怀集县候补知县任上。赵必振早年"随侍先大夫宦游二十余年"，在广西书院求学时，问业于桂林之秀峰、经古等书院，并得到周嵩年、龙朝言、唐景崧等翰林名儒的悉心指导。由于学业优异，其文章多被收入周嵩年所编刻的《桂海文澜集》和《桂海文澜二集》。1896年，赵必振随继母护送父亲灵柩回家乡安葬，在今常德市鼎城区石板滩镇狮子山村短暂居留。赵必振后入常德德山书院读书。德山书院是光绪十四年（1888）武陵知县李宗莲倡建。书院提倡"经世致用""为时养器""爱国勤学"的传统，这些思想观念对赵必振的思想启蒙产生了深刻影响。在德山书院就读期间，赵必振爱好辞章，精研史学，涉猎诸子百家，能举一反三，触类旁通，人称"奇才"。戊戌变法前夕，湖南学政来常德举行院试，他曾化名"必振"参加科举考试，表示不考则已，一考必中，果然以第一名补博士弟子员。后来赵必振来到长沙，先后就读于长沙岳麓书院、长沙城南书院和湘水校经书院。

参与维新，倡导改良

1897年，赵必振经姐夫王颖初介绍加入广西维新派组织圣学会，担任圣学会机关报《广仁报》主笔，与圣学会会员龙积之及其叔叔龙赞侯、龙佐臣关系密切。受这些因素的影响，青年赵必振倾心康有为、皮锡瑞的今文经学，思想趋于经世致用，对晚清政治腐败充满忧虑和不满。戊戌变法期间，赵必振以广西"圣学会"会员身份奔走活动，支持变法。返回湖南后，他结识了何来保、蔡钟浩、汪镕、陈应轸、沈荩、李炳寰等一批志同道合且一起投身自立会运动的难友，其中与赵必振结识最早、关系最深的是何来保。著名学者钱剑夫在自述中谈到"任公（梁启超）主讲湖南时务学堂，及办《时务报》，曰老（赵必振）皆与其事"。赵必振在长沙湘水校经书院读书，喜读《湘学报》，景仰谭嗣同和梁启超，与黄遵宪、熊希龄等人有交往。当时南学会每7天讲演一次。由梁启超、黄遵宪、谭嗣同等人主讲，阐述国际形势和国内大事，宣传维新变法思想，赵必振多次去听讲演。

康有为先后两次到桂林讲学。光绪二十年（1894），康有为第一次桂林讲学听讲的学生中有名有姓的20位，其中有赵必振的姐夫王颖初，也有与他关系密切的龙氏叔侄兄弟。光绪二十三年（1897），康有为第二次桂林讲学，在广西臬台蔡希邠和当地士绅的支持下，组织"圣学会"，成立"广仁学堂"，创办《广仁报》。赵必振积极投身其中，曾自谓："广西亦由唐景崧、龙焕纶、王浚中等在桂林创设圣学会及《广仁报》，赵必振亦均参加。"据赵必振在广仁书院的同窗龚寿昌、廖中翼回忆，《广仁报》由武陵人赵廷敭、广东南海曹硕、广西桂林况仕任、龙应中、龙朝辅等任主笔，且均为康门高足弟子。

广仁学堂附设在圣学会内，定额招收学生40名。教学课程有经学、中西历史、中西地理及《宋元学案》《朱子语类》《春秋公羊传》等。除康有为亲自讲授外，各科教员皆分派赵必振、龙应中等弟子担任。康有为离开桂林后，这些教员成为学堂的主要师资力量。赵必振从"本师"康有为的讲授中，由公羊以贯群经、通大义，研读康有为、皮锡瑞今文经学，又涉猎译述之西学书籍。

戊戌变法失败对赵必振触动很大，他目观国事日非，心中异常悲愤，想结社与人沟通，抒发心中郁结之气。遂与德山书院好友何来保、胡有业三人以诗为媒，谈论时弊，慷慨悲歌，取岁寒三友之意结为"寒社"。接着，何来保在湘水校经书院的同学杨概、汪镕以书信参加诗社唱和，湖南维新运动积极分子蔡钟浩、蔡钟沅兄弟从日本回到常德后，也参加了诗社，时称"寒社"七子。他们志同道合，经常聚在一起唱酬诗词，议论时政，并秘密加入自立会，结为"死友"。

戊戌变法失败，赵必振认真总结反思失败原因，认为改良维新的道路在中国走不通，须另寻出路。他的深刻反思和见解，甚至打动了一向自负的康有为。1901年，康有为写了一封题为《致赵曰生书》的信，信中说："卓如（梁启超）与复生（谭嗣同）如入湘，大倡民权，陈（宝箴）、黄（遵宪）、徐（仁铸）诸公听之，故南学会、《湘报》大行。湘中志士于是靡然发奋，人人种此根与心中，如弟所云是也。"康有为在信中少有地检讨了他在寻求变法过程中的错误。另外，赵必振思想开始向民主革命转变，他把目光投向了唐才常等一些具有民主革命精神的人身上。

由改良派向革命者转变

1899年，国会运动首领、湘人唐才常联络康有为、孙中山等举起"武装勤王"的旗帜，在长江中下游策动自立军起义。在联络会党的基础上，自立会组织了自立军，设中、左、右、前、后五军，由唐才常任总司令，林奎任副总司令，立总机关于汉口。陈犹龙领左军驻常德。1900年春，自立军拟在长江中下游起义。恰逢陈犹龙被紧急调往汉口总机关，赵必振、何来保便自告奋勇主持常德军务，并给汉口总机关发去申请函，汉口总机关便把常德自立军起义事务委托给何来保、赵必振、罗大维等人。不久，蔡钟浩作为自立军湖南军务督办来常德指导起义，蔡、何、赵等人与常德哥老会首领密会德山乾明寺，相约分头组织力量，响应汉口自立军8月起事，并租用城湾小西门废磨坊为秘密机关。8月22日汉口总机关被清军破获，唐才常、林奎等20余人英勇就义。由于起义失败，清廷大兴党狱，湖南巡抚俞廉三大肆追捕自立会成员。何来保旋与赵必振等商议，"共谋暂避乡间，徐图再举"。何来保带病走避桃源，后又到达沅陵，在山寺中隐匿，终被发现捉拿，押往省城长沙，途经故乡常德，观者塞道。何来保《绝命诗》有云："银铛铁锁出围墙，亲友纷纷送道旁，三百健儿齐护卫，万头攒动看何郎。"9月，何来保、蔡钟浩在长沙浏阳门外遇害，"一腔热血洒荒郊"。自立会起义虽失败，但其影响是深远的。参加自立会、与自立军密谋的宋教仁，在自立会起义失败后，不久在漳江书院首先提出了西通巴蜀、雄踞武昌、东克沪宁的"长江革命"思想方略，成为指导辛亥革命的重要战略。宋教仁后来认为，"庚子唐才常一役，根据地在汉口，而原动力则在湖南"。赵必振就是这个过程的经历者、促进者和参与者。

起义失败，亡命天涯

赵必振作为常德自立军重要骨干，名列官方"通缉富有票各逸匪姓名单"，被通缉追捕。迫不得已藏匿于乡下岳母家，侥幸逃脱，随后急中生智，化装成和尚，带了一块银圆和800贯铜钱，取道南县、长沙、永州，茧足千里步行到桂林姐姐家。此时清政府通缉令已行文各地，在圣学会好友龙赞侯、龙佐臣的帮助下，赵必振与陈犹龙、朱茂芸、龚超等自立会同志，先后逃至澳门，共同赁屋而居。赵必振又在康有为的安排下，进入澳门《知新报》担任编辑。赵必振专录时务，兼译各国新闻，凡与治术学术有关切要者，事无巨细，倾力劳作。同时，他还以屯庐、屯庵、湘君、大生等笔名，发表了不少与友人的唱和之作。

光绪二十七年（1901）五月，在海外自立会同志的协助下，赵必振离开了生活8个月之久的澳门，前往日本横滨，担任梁启超创办的《清议报》校对、编辑。东渡之日，他写下题为《避地濠镜八阅月矣又复东渡舟中赋此》一诗："曾经万劫身犹在，又向扶桑作壮游。留得头颅终待斫，尚存肝胆莫轻投。箫声呜咽能亡楚，箕股离奇竟灭周。问道东方君子国，秦衣谁与赋同仇。"表达自己不屈不挠的战斗精神和不畏艰难困苦寻求革命真理的决心。

《清议报》是戊戌政变后立宪派在海外办的第一个机关报。1898年12月23日创办于日本横滨，梁启超任主编。赵必振以"赵振""民史氏""曰公"等笔名发表《说败》《说动力》等社论文章和诗文，追念自立会烈士及亡友事迹，揭露清政府腐朽统治，传播新知，激发民智。光绪二十八年（1902）春，《清议报》报社因发生火灾而停刊。1902年2月8日，梁启超只好易地创办新刊——《新民丛报》。《新民丛报》是梁启超主持的报刊中历时最久、影响最大的刊物。1907年8月停刊，前后历时6年，共出96号。《新民丛报》是辛亥革命前维新派的重要阵地，主要介绍西方资产阶级思想政治学说，言论激进、观点新锐，对当时中国知识界产生了很大影响。

在日本办报之余，赵必振刻苦学习日文，广泛阅读日文书籍，用两年时间在一所商业学校学习日文（肄业）。留日期间，赵必振还与蔡锷、章炳麟、陈天华、秦力山等革命党人交往密切，经常探讨卢梭、孟德斯鸠、华盛顿、林肯等人的政治学说，逐渐受到民族民主革命思想的影响。在日本时赵必振与蔡锷有较深的交往，曾回忆说："余与松坡居横滨，日赴海边沐浴，以为一门功课。松坡曰：'凡作海水浴者，原为锻炼身体，非仅为水上游乐也。须以烈日晒之，海水浸之，时晒时浸，日久不怠。久之，皮肤焦黑，便成铜筋铁骨矣。'约余日日赴海滨习之，余不能耐，或作或辍，而松坡则未尝一日间断也。"讲述了他与革命党人的深厚友谊，表达了对革命党人坚强意志的钦佩之情。

当时，日本国内社会主义思潮及运动方兴未艾，赵必振和众多留日知识分子一样，经常阅读日本社会主义书籍，旁听日本社会主义学者的演讲，潜移默化地受到社会主义思想的熏陶，眼界越发开阔，激发起译介与传播社会主义学说的浓厚兴趣，遂顺理成章地置身于晚清翻译界的日书中译热潮中。

翻译社会主义著作

光绪二十八年（1902），国内党禁稍松，赵必振便潜回国内。他在上海广智书局从事翻译工作，三年时间翻译了《近世社会主义》等二十多部著作，成为其学术生涯中最闪光的时段。广智书局1901年成立于上海，名义上是广东华侨冯镜如主持，实际上是由梁启超远程负责。它以"出版各书皆务输进文明为宗旨"。译书人多是在日本或自日本归来者，比较知名的除赵必振外，还有梁启超、梁启勋、麦仲华、麦鼎华等维新人士。他们翻译的多为日本人所著书籍，涵盖了哲学、伦理学、政治学、历史学等人文社会科学。广智书局发行的翻译书籍，有不少对学术界产生了很大影响，其中以他们推出的一系列介绍和评述社会主义的译作最为知名。

1902年8月，赵必振在上海广智书局出版了第一部译作——日本社会主义理论家幸德秋水的《二十世纪之怪物——帝国主义》。后又紧接着出版了《社会主义广长舌》《近世社会主义》等社会主义专著。《二十世纪之怪物——帝国主义》，又名《帝国主义：二十世纪的幽灵》，日本学者幸德秋水著，1901年4月出版。1902年8月，赵必振将该书翻译成中文，经上海广智书局印行。书前有吴保初作的《序》，吴保初（1869—1913），字彦复，号君遂，晚号瘿公，淮军将领、广东水师提督吴长庆之子。当好友赵必振译完此书请他作序时，他热情地呼吁："余愿与有国家观念者，一读此书也。"1925年，经著名学者曹聚仁重新标点，于1927年再次出版，改名为《帝国主义》。曹聚仁写了一则相当于序的《与读者》。在《与读者》中，他对原作者和译者的独到眼光表示了由衷的佩服：不禁慨叹，早在25年之前，中国学术界已有人译述"这么伟大"的读物，"真可使我们现在人十分惭愧"，"像这么伟大的著作，说是不能引起读者热烈的同情，不能鼓舞读者的注意力，这是断然不会的！"。

《二十世纪之怪物——帝国主义》计4万余字，该书对帝国主义进行了彻底批评。全书共32篇，由前序言、正文五章和"附属"（书评）三大部分组成。第一章"绪言"，阐明为什么要研究帝国主义，揭露帝国主义的种种弊端。第五章"结论"，旗帜鲜明地主张进行世界的大革命之运动。变少数之国家为多数之国家，变海陆军人之国家为农工商人之国家，变贵族专制之社会为平民自治之社会，变资本家横暴之社会为劳动者共有之社会。第二、三、四章为全书的重点，作者分别用这三章，单独而又全面地阐明了"爱国心""军国主义""帝国主义"。作者论述这三个方面深刻透彻，又辩证阐明三者之间的关系，把帝国主义的罪恶本质揭露得淋漓尽致。书中运用唯物史观观察问题、阐明观点，提出极为丰富的马克思主义思想内容。例如，第二章第五节特别倡导马克士（马克思）的观点：现在"爱国心"之弊毒已达到顶点，暴力反抗必然突起。这种暴力"非迷信的，实义理的也"。主张"世界的大革命运动"，应变少数人的国家为多数人的国家，变资本家横暴的社会为"劳动者共有之社会"，以"科学的社会主义"灭亡野蛮的军国主义。这里虽未明言"科学的社会主义"究为何指，然而从它主张通过"革命"手段来实现"劳动者共有"的社会看，应是受到了马克思主义的影响。作者称赞科学的社会主义弘扬"极进步之道义""极高洁之理想"，还提出"不能不根本改造现时之自由竞争制度，确立社会主义制度"，"应当将资本主义制度颠覆，以社会主义制度取而代之"。

本书原作者幸德秋水，本名传次郎，1871年生于日本土佐幡多郡中村。17岁时拜资产阶级自由民权运动家、理论权威中江兆民为师。幸德秋水做过编辑、记者以及撰稿人，一生从事新闻传播事业。1893年9月，幸德秋水参加了由板垣退助为社长的"自由新闻社"，1895年参加了"广岛新闻社"，同年参加了"中央新闻社"，1898年又参加了"万朝报社"。1901年4月，他的《二十世纪之怪物——帝国主义》出版。同年5月，他创立日本最初的社会主义政党——社会民主党，不久被当局勒令解散。其后，他出版了《社会主义神髓》（1903）一书，代表了20世纪初叶日本社会主义理论最高水平。

1904年为纪念《平民新闻》发刊一周年，幸德秋水与堺利彦合译出版《共产党宣言》。1905年11月，他在美国西雅图、旧金山、奥克兰、巴克勒等地，和留美日本人中的社会主义者接触，参加演说会、研究会。1906年6月，在奥克兰召集岩佐作太郎、冈繁树等旅美日本社会主义者50多人，组成了社会革命党。月底回到日本，在社会党的演说会上，作了题为《世界革命的潮流》的演说，并发表《我的思想变化》一文。1909年，创刊《自由思想》，但出版到第2号便被禁止发行了。

1910年5月25日，桂太郎内阁以阴谋暗杀天皇的罪名，对从1908年以来同幸德秋水有过接触的社会主义者、无政府主义者26人提起诉讼，构成所谓"大逆事件"。被捕之后，他在狱中写了《论暴力革命书》。经特别审判，1911年1月18日幸德秋水等24人被判处死刑，2人为有期徒刑。1月24日清晨，幸德秋水被执行绞刑，年仅40岁。遇害前他留下绝笔诗："区区成败且休论，千秋唯应意气存。如是而生如是死，罪人又觉布衣尊。"幸德秋水从一个自由民权主义者，到一个社会主义思想家以及无政府主义者，他的一生是追求进步的一生，是探寻革命的一生。

1902年9月1日，《新民丛报》为赵必振译《二十世纪之怪物——帝国主义》登出梁启超撰写的广告词，从中可以看出广智书局推出该书的动机：

帝国主义者，以兵力而墟人之国、屋人社以扩张其势、开拓其版图之谓也。今日世界号称强国者，盖无不守此主义，而其膨胀之力已浸浸乎越于大西洋太平洋印度洋，而及于我国而未有艾也。我国人将欢迎而利用之，抑为推倒、所摧灭也。今本书之曰怪物，则其议论之新奇精警，虽未开卷而可想见。本书特采译之，以为我国人之鉴观而猛省焉。

此书正文之前，记载了16家媒体和个人对作者及该书的高度评价。《每日新闻》《中国民报》等报刊和著名社会活动家都高度赞扬这一惊世之作：它对那些安信帝国主义者，"加顶门之一针"；广大国民读之，"则思想亦为之一新"。此书于1904年5月被清廷禁毁，然而它在中国的影响并没有就此消失。

赵必振早在1902年就将《二十世纪之怪物——帝国主义》一书翻译成中文，比列宁1916年撰写的《帝国主义是资本主义的最高阶段》（即《帝国主义论》）早14年。该书是第一个对帝国主义进行批判分析的中文版译著，也足以证明赵必振敏锐的洞察力和长远的政治眼光。

1902年12月，赵必振在商务印书馆翻译出版了幸德秋水所作《广长舌》，原称《社会主义广长舌》。"社会主义广长舌"，意即"社会主义应当实行的种种理由"，或者说"社会主义思想的宣传要点"。这是一部幸德秋水的政治评论集，是宣传科学社会主义基本原理的通俗读物。该书从"社会主义之实质、之理想、之急要、之适用"等方面阐述了社会主义的内容、目标、产生的原因，论述了社会主义的内涵和进步价值，分析了社会主义的本质，揭露了帝国主义衰落的必然趋势，进而说明帝国主义被社会主义取代的历史必然性；还强调了革命是社会进化、发展、进步的必然途径。同时，驳斥了当时一些反对社会主义的观点。书中指出，"社会主义之发达，为二十世纪人类进步必然趋势，绝非彼等所能防遏"。这本通俗读物是一部宣传社会主义的力作，翻译成中文后在我国的影响力甚至比赵氏其他两部社会主义译著还要大。

1903年3月，赵必振在广智书局又出版了一部非常重要的译著，即日本社会主义学者福井准造1899年所著《近世社会主义》。这是"近代中国系统介绍马克思主义的第一部译著"。该书分四编二十章，上下两册，约16万字，系统介绍了各国社会主义学家的生平、著作和学说，以及欧美各国社会党的现状。全书分四编：第一编题为《第一期之社会主义——英、法二国之社会主义》，依次介绍了巴贝夫、圣西门、傅立叶、欧文、卡贝、蒲鲁东、路易·勃朗的生平、著作和学说；第二编题为《第二期之社会主义——德意志之社会主义》，介绍了马克思的生平、学说，第一国际的历史，洛贝尔图斯与拉萨尔的生平和学说；第三编题为《近时之社会主义》，介绍了无政府主义、社会民主主义、国家社会主义、基督教社会主义等各流派的沿革及其观点；第四编题为《欧美诸国社会党之现状》，分别介绍了英国、法国、德国、中欧、东欧诸国及美国社会党的活动。值得注意的是，书中突出介绍了《共产党宣言》《资本论》等经典著作，成为我国最早传播马克思主义的译著之一。书中有"社会主义之发达，为二十世纪人类进步必然之势"、"二十世纪者，社会主义时代也"、马克思是"一代之伟人"、《共产党宣言》是"一大雄篇"、《资本论》是"一代之大著述"等表述。书末还附录《社会主义及其党与之重要诸件表》，为研究国际共产主义运动的历史提供了126件文稿。同时，还介绍了15篇重要参考书目，包括《资本论》和《共产党宣言》等，为我国早期马克思主义译著目录之一。

《近世社会主义》被学术界公认为是最早对《资本论》进行介绍的著作。它第一次向中国读者介绍《共产党宣言》第二章"无产者和共产党人"中阐明的共产党之目的即"消灭私制"、组织新社会的观点，第一次向中国读者介绍《共产党宣言》的结束语，因此，称得上是最早向中国读者较系统地介绍世界社会主义运动和马克思学说的著作。以下是《近世社会主义》一书第二编《第二期之社会主义——德意志之社会主义》第一章《加陆·马陆科斯及其主义》第一节《其履历》中对马克思生平的最初介绍：

加陆·马陆科斯（即马克思）者，以1818年，生于托利乌斯（即特里尔城，在德国莱茵省，马克思的故乡）。父占普鲁西（即普鲁士）政府枢要之地位。长于名家，入贺龙大学（波恩大学），修法律。后再入柏林大学，委身于研究哲学，尤倾心于海科陆派（即黑格尔派）。大悟人间之本性，后为急进自由派之机关《列意希野额西特新闻》（即《莱茵报》）之主笔记者，大振笔锋，以攻击政府，且非难当时之社会制度，以唱道革命煽动之说。柏林政府特派检察官以察之，而文意婉曲，不能得其证据，然政府终恶之，1843年，乃严命禁止新闻之发刊。马陆科斯益与政府对抗，欲继续其攻击，愈讲究于经济上之议论。乃再移于巴黎，以研究斯学之余间，辄执笔为文，以攻击本国之政府，公表自己之意见。其自柏林而移居于巴黎者，盖以当时德意志斯学之发达，甚为幼稚，而法兰西之研究斯学者多，以便讲求。

卡尔·马克思，在本书中译作"加陆·马陆科斯"；恩格斯，在书中译作"野契陆斯"。书中在介绍圣西门、傅立叶、欧文和路易·勃朗、蒲鲁东等人的理论之后，毫不含糊地指出，所有这些学说，都是"空想的学理"和"儿戏的企图"，"故全然失败"。马克思的学说与他们不同，而是"以深远之学理，精密而研究之，以讲究经济上之原则，而认信真理与正理，故于多数之劳民，容易实行其社会主义"。同时，马克思的学说不是局限于一个地区或者一个国家，"其性质实注重于世界，故可成广达之场所，而集多数之人"，将它付诸实施。

《近世社会主义》依次介绍了《哲学的贫困》（译作《自哲理上所见之贫困》）、《共产党宣言》（译作《共产主义宣言》）、《英国工人阶级状况》（译作《英国劳动社会之状态》）、《政治经济学批判》（译作《经济学之评论》）、《资本论》等马克思主义经典著作的写作过程及其主要内容。指出"加陆·马陆科斯创设社会主义之实行，与国际的劳动者同盟（今译作国际工人协会，即第一国际），以期社会之雄飞，其学理皆具于其《资本论》"。书中对马克思"剩余价值"学说的基本内容和马克思对资本主义制度内在矛盾所作的深刻分析，证明"从来之社会主义者，大都架空之妄说"，只有在马克思之后，社会主义方才成为科学。所以，他热烈赞颂马克思"为社会主义定立确固不拔之学说，为一代之伟人"，"马陆科斯之《资本论》，为一代之大著述，为新社会主义者发明无二之真理，为研服膺之经典"。并说："必以学理为社会主义之根据，以攻击现社会，以反对现制度，而创立新社会主义，以倡导于天下，舍加陆·马陆科斯其人者，其谁与归？"

1847年，"正义同盟"（即正义者同盟，1836年在巴黎成立的德国第一个工人阶级独立的政治性秘密组织，"共产主义者同盟"的前身）于伦敦，变更其组织，改名为"共产的同盟"（即"共产主义者同盟"，其成立宣言即为《共产党宣言》），新表其宣言书，以开陈同盟之意见。先述其目的曰，"同盟之目的，以平民（即劳动者）之束缚者，与市民（即资本主）而平夷，全灭阶级之争斗，与旧社会之基础，撤去阶级制与私有财产制，以组织一新社会"，且大攻击经济社会之现组织，绝叫社会制度之改革，为劳动者吐万丈之气焰。更结论之曰："同盟者望无隐蔽其意见及目的，宣布吾人之公言，以贯彻吾人之目的，惟向现社会之组织，而加一大改革，去治者之阶级，因此共产的革命而自警。然吾人之劳动者，于脱其束缚之外，不敢别有他望，不过结合全世界之劳动者，而成一新社会耳。"此宣言书之执笔者，即加陆·马陆科斯，以其共产的意见，发为公论，以布于天下，而为一大雄篇。

其中引用的第一段话，是1847年恩格斯参与起草的《共产主义者同盟章程》的第一条。引用的第二段话便是《共产党宣言》的结束语。后面的引文，就是目前见到的《共产党宣言》结尾段最早的中译文。今通行本译为：

"共产党人不屑于隐瞒自己的观点和意图。他们公开宣布：他们的目的只有用暴力推翻全部现存的社会制度才能达到。让统治阶级在共产主义革命面前发抖吧。无产者在这个革命中失去的只是锁链。他们获得的将是整个世界。"赵必振译《近世社会主义》中提及的《共产党宣言》，是在中国第一次向读者介绍《共产党宣言》的结束语，比宋教仁的译本出版早3年，比1920年陈望道翻译的《共产党宣言》第一个中文全译本出版早17年。虽然与陈望道翻译的版本相比，赵必振经日文转译的内容看起来晦涩难懂，不够通俗流畅，也缺乏一些气概和豪情，但这终究是第一次将《共产党宣言》的重要内容传到中国，对马克思主义传入中国具有重要的意义。

广智书局在新书广告中说："本书关系于中国前途者有二端：一为中国后日日进于文明，则工业发达不可限量，而劳动者之问题大难解释，此书言欧美各国劳动问题之解释最详，可为他日之鉴法；一为中国之组织党派者，当此幼稚时代，宗旨混淆，目的纷杂，每每误入于歧途，而社会党与无政府党尤在疑似之间，易淆耳目，如社会党，本世界所欢迎，而无政府党乃世界所嫌恶，混而一之，贻祸匪浅，是书晰之最详，俾言学派者知有所择。"尽管如此，《近世社会主义》毕竟相当系统地介绍了马克思主义与世界社会主义运动的概况，对探索救国救民道路的中国先进分子产生过一定的影响。当时的先进的知识分子尽管没有因为《近世社会主义》等译著的出版而马上接受马克思主义，并付诸实践，但是，这类著作确实打开了人们的眼界，激起了人们的热忱，给中国纷繁复杂的日趋革命化的思想界带来了一股科学社会主义的清新空气。后来1927年年初，当"大革命运动"正处在高潮时，上海时代书局又将它重新出版，可见此书对于当时的革命斗争无疑起到一定的鼓舞作用。总之，《近世社会主义》较为系统地介绍了马克思的生平及其科学社会主义学说，详细介绍了马克思的劳动价值论、剩余价值学说，介绍了资本主义必然灭亡、共产主义必然胜利的规律，以及"无产阶级是资产阶级的掘墓人"的思想。在国内开启了全面译介马克思学说的新时代，为中国先进知识分子打开了以马克思主义启发国人智识之门，也为推动马克思主义中国化提供了一个基本条件。鉴于在中国介绍马克思主义的"首传真"作用，赵必振被誉为"中国系统译介马克思主义第一人"。

译介弱国历史与自强类著作

20世纪初的中国，史学界新思想风靡一时，域外史学的大量成果源源不断地被输入，出现了引进国外史学的新高潮。特别是清政府进行学制改革以来，外国历史教科书匮乏的问题日益凸显。一些国家亡国史翻译或编译，在当时中国的世界史著述中占有重要地位。且在当时研究亡国史，出于保国保种的现实需要，有向国人敲响警钟的作用。因此赵必振在外国历史著作的翻译上也倾注了大量心血。他所翻译的这类著作主要有"史学小丛书"（1套9种），即《俄罗斯蚕食亚洲史略》《日本现势论》《十九世纪大势略论》《埃及史》《亚剌伯史》《犹太史》《腓尼西亚史》《波斯史》《亚西里亚巴比伦史》，加上《土耳机史》，构成文明古国亡国史系列。还有《希腊史》《罗马史》《日本维新慷慨史》。这些既有文明古国的亡国史，也有他国维新史，均收入广智书局的"史学小丛书"。除最后一部外，其他均为日本北村三郎所著，主要讲述这些国家自强维新或抗击外来侵略的民族历史。其中《日本维新慷慨史》一书，又名《日本慷慨家列传》，原书为日本人西村三郎撰，上下两卷，为日本维新名士列传，赵必振译于1902年7月。

赵必振翻译的目的主要是宣传维新变革思想，希冀借鉴日本明治维新的成功经验，激励我国仁人志士效法日本，发愤图强。

1903年至1905年间，赵必振还译介了一批自强类书籍，主要是一些有关教育、法律和社会科学类的书籍。《赵必振译文集》"哲学政治卷"中汇集了8部，哲学类的主要有翻译藤本充安著的《人圆主义》，隅谷己三郎编辑的《精神之教育》两卷，以及乙竹岩造著的《新世界伦理学》；属于政治类的5本，主要有乌村都满天著的《社会改良论》，久米金弥翻译的《英国地方政治论》（英人希幼陆西列洛度利科著），井上哲次郎口述，泽定教、轩贯原记述的《内地杂居续论》，还有两本教育著作，即寺田勇吉著的《万国教育志》和佐藤竹藏编辑的《女学生》。此外，还有一些其他实用书籍，如崛井宗一关于卫生改良方面的《实用卫生自强法》。在民俗和人种论介绍方面，有他译的《内地杂居续论》。在社会政治改革介绍方面，有他译的《社会改良论》。在国外教育及其体制方面，有他译的《万国教育志》。在西方政治法律制度介绍方面，有他译的《英国地方政治论》。另外还有国府犀东著的《最近扬子江流域大势论》和持地六三郎著的《东亚将来大势论》。

同时，赵必振还翻译了一些介绍世界英雄人物和西方女豪杰的传记。他先后翻译了日本人编著的8部人物传记。这些人物传记主要介绍在世界历史上知名的男英雄和女豪杰，有《亚历山大》《戈登将军》《拿破仑》《惹安达克》，还有《德意志文豪六大家列传》。如果说以赵必振为首发起的英雄史翻译一度促成当时中国社会上英雄观的盛行，那么他对女豪杰传记的翻译，又在中国女权发展史上有着特殊的意义。1903年他翻译出版了《世界十二女杰》《东洋女权萌芽小史》《日本维新英雄儿女奇遇记》，首开近代女子新传出版之风。尽管赵必振译介的女豪杰传记数量不多，但其意义重大。以译书形式为女子作新传，始于赵必振，此后陆续才有女性人物传记出版，为当时和后来的中国女性提供效仿榜样。这一译介潮的开启之功当归于赵必振。赵必振还开展了其他译述活动，他是中国较早译介歌德早期散文体小说《少年维特之烦恼》的人。正是因为赵必振等人早年发起对歌德的译介，才促成我国后来出现了一阵"歌德热"。这些书籍，有的反映了日本当时最激进的思想，有的内容切中中国时弊，有的则可作为中国改革的借鉴。赵必振这些翻译在客观上把大量新思想新文化介绍到中国，对当时耳目闭塞的国人来说，起到了一定振聋发聩和思想启蒙的作用。因此，赵必振在翻译方面的特殊贡献将永载史册。

1905年，赵必振离开上海到香港，担任《商报》编辑，大约两年时间。其间，他翻译了不少日文经济新闻。这段经历促成他对财政税收方面的兴趣，为日后长期从事财税工作打下了良好的基础。后来，因为他在报纸上发表了一篇抨击英国殖民政策的文章，触犯时讳，被港英政府拘禁3天，并驱逐出境。1907年，他应好友时任海南澄迈县知事龙朝翊的邀请，赴海南改办澄江、金江两所高等小学堂，并出任该县督学兼金沙高等小学堂教习。

步入政坛，佐幕熊希龄

1909年，赵必振离开学校赴任两广总督袁树勋总督府，担任督抚文案。其间，他多方努力协助解救自立会难友龚超，也向总督府提出了一些推行新政的建议。1910年3月，赵必振接熊希龄电邀赴沈阳，开始佐幕熊希龄。

1911年辛亥革命爆发，驻奉天的清军第二混成协协统蓝天蔚拟举义旗，与熊希龄等"翊赞共和"。赵必振受熊希龄所托，从营口奔走于南京、上海之间，充当熊希龄与革命党的联络人，积极参与革命活动。1912年3月，熊希龄被任命为民国北京政府财政总长，赵必振随熊入幕财政部。7月，熊希龄改任热河省都统，赵必振又随往热河，任都统行政公署财政厅厅长，后又兼任国税厅厅长、榷运局局长、官银号监理官、银行监理官。赵必振廉洁奉公，兼差不兼薪，只有"硬顶顶的一份薪水"，留下了"身为五长、不名一钱"的清廉美名。多年后赵必振对自己"身为五长、不名一钱"进行了自评："我并不后悔，同时比我升官发财的多得狠（很），如今怎么样呢？这样一想，自然心平气和了。"他在署理财政厅厅长和国税厅厅长期间，不仅自身清正廉洁，还提议国税与地税分开，减免对老百姓的苛捐杂税。1913年7月，熊希龄奉袁世凯之命前往北京组阁，出任中华民国总理兼财政总长，赵必振追随熊希龄复入财政部主管国库。1914年熊希龄因"热河行宫盗宝案"，被袁世凯算计、诬陷，被迫辞职。赵必振为熊希龄鸣不平："外人不明事实，诬为秉三盗卖，谣诼蜂起，忌者将藉以倾陷秉三。"后来又云："秉三在官场中热心办事，条理井然，人皆服其能。……他入民国，卒坠入袁氏老贼彀中。"1916年，赵必振因声讨袁世凯称帝被通缉，前往湖南长（沙）宝（庆）镇守使梅馨的镇署担任秘书长，之后又回到财政部。

绝意仕途，投身教育

1928年，北洋政府垮台，国民党元老覃振（桃源人，自立会秘密成员）邀赵必振前往南京政府任职。但宦海沉浮多年的他看透官场，决意离开政坛，投身教育事业。他应约前往北京私立民国大学，担任该校中文系"沿革地理"课程教授。后受聘北京私立华北大学，负责讲授"公羊春秋"，兼"三礼"课程。赵必振离开民国大学和华北大学后，熊希龄被聘任为香山慈幼院附属学校国文教员。

1932年1月，一·二八事变爆发，社会民众对国民党政府对日"不抵抗政策"日益不满，国民党政府为了欺骗民众，装点门面，邀请社会各界名流100多人，在洛阳召开所谓"国难会议"。赵必振由覃振推荐，参加了会议。会议使赵必振对当局更加失望，便不再过问政治，回到家乡。回湘后，赵必振先加入慈善团体，担任华洋义赈会的中国董事，后又任湖南水灾救济委员会委员。1935年上半年，赵必振来到私立孔道学校教书。该校于1936年改名为"湖南孔道国学专修学校"。1937年迁至河西新康镇。赵必振在该校《孔道期刊》《孔道月刊》上发表文章多篇，包括诗、词、论著等。后又任全省教导总队公文教官，兼讲国文。赵必振于两年后的暑期离开该校。后任湖南长沙中和国学专修学校教员。

1939年，日军逼近湖南，为躲避战火，赵必振回到家乡常德，被常德各学校争相礼聘。1939年至1943年，赵必振执教于常德县立中学。1939年冬，日机轰炸常德城，常德县中迁往花岩溪办学，他不顾个人安危，随校前往偏远的山区担任教学工作。1943年9月至1945年，他执教于常德私立移芝中学；1945年8月至1948年，他执教于常德私立明义中学。还曾受聘担任省立第四中学与白云中学高中部国文教师。教学中，赵必振大力提倡国学，将讲课内容编撰为《国学概论》一书出版，提出振兴国学乃"关系于国家兴衰存亡的大事"，他的国学思想受到广大学生的认可与推崇。

进入文史研究馆：做一个80岁的小学生

新中国成立以后，党和政府为了安置和照顾社会上德高望重、生活困难的老年学者，毛泽东主席提议设立一个特殊的"文史研究机构"——文史研究馆。文史研究馆馆员主要是具有一定代表性、较大社会影响和较高知名度的专家学者，以党外代表人士为主体，均由政府首长聘任。1950年下半年，赵必振作为爱国进步、履历丰富、学养深厚、典型"文、老、贫"特点的党外代表人士，被湖南省人民政府聘任为省文物管理委员会委员。1953年1月21日，湖南省人民政府文史研究馆成立。建馆初期，湖南省人民政府尊老崇文，聘请著名语言文字学家杨树达为首任馆长，并聘请一大批有学识、声望、生活困难的文人耆宿为文史研究馆馆员，使之"老有所养、老有所为"。赵必振即转为省文史研究馆馆员。

此时，为之奋斗多年救国救民的理想照进现实，赵必振倍感振奋，对新社会、新生活非常热爱和珍惜，他不顾年事已高，精神百倍地参加到新中国文化建设事业中。他曾说，自己最感高兴的是，新中国成立以后能在毛泽东思想的伟大旗帜下做一个80岁的小学生。虽然已届耄耋之年，但每天都感觉充满希望和力量，无论是文物管理会还是文史馆组织的活动，他都积极主动地参加。

在文物管理会和文史馆期间，赵必振积极投身到文物保管和史料整理工作中，根据自己的亲身经历撰写了《自立会纪实史料》和《〈自立会人物考〉增补》，为研究自立会起义提供了宝贵的历史资料。赵必振得到了湖南省委委员、省文物管理委员会副主任陈浴新等领导的倍加尊崇、悉心关照。根据赵必振回忆，他与陈浴新相交多年，"我在北平的时候认识了本省陈浴新委员，从此关系最深"。赵必振自传回忆说，陈浴新对他帮助很大："我向来是靠脑力吃饭，现在老了，没有书教了。去年我送外孙女到南县，她的夫家接到今省委陈浴新委员的信，叫我来省登记。承文教厅给我救济米捌百斛，又承统一战事（线）部给我救济费人民币叁拾万元（旧币）。我又住在陈浴新委员家，没有要我的房租火（伙）食。今年现在文物委员会供职，每月有三百斛的食米，靠此为生。"陈浴新还专门写了一篇长文《介绍赵曰生先生》，详细介绍了赵必振的一生，特别是对赵必振译介马克思主义、社会主义学说给予了极高的评价，对赵必振的为人处世也给予了很高的赞誉。其中写道："他（赵必振）因为太衰老了，行动不方便，组织上照顾他的身体，各种集会和学习，希望他不必参加，但他遇到这样的机会，无不主动争取参加，他每每扶着一根拐杖，很早就慢慢的走了来。""解放后，他批判了自己，不迷恋过去的兴趣，当他看报的时候，对于报纸上荆江分洪，修理南洞庭之类的大消息，固然一个字也不放过，就是对于一些年轻小伙子所作歌颂劳动人民的新诗，也热情洋溢地诵读着。谈到新中国各方面的进步，他每每兴奋得手不停地挥动（他因年老，手腕有些颤动），无时不看见他在笑。"陈浴新甚至专门向上级打报告，为赵必振争取待遇。1955年8月30日，陈浴新给湖南省委统战部的信函记载："前任省文管会委员现任省文史馆馆员赵曰生（必振）先生，常德人，年已82岁。最近患病多月，住在彭家井人民医院诊治，因经济困难不能久住，现病势未减，仍回家医治，每日需服用牛奶豆浆维持生命，加以家中已没子嗣，仅有一女在旁陪同照料，情况显得甚为苦楚。"鉴于"他的这些著作具有历史价值，同时其本人也是值得尊重"的，所以陈浴新请求："你部针对这一实际情况，根据成例，予以逾格救济，伴得更好的侍养。"

倡导国学

赵必振的国学思想主要体现在他的《国学概论》和《国学论述集》著作

中。《国学概论》是一部洋溢着爱国情怀和民族自豪感的专著，全书共分11部38章，结构完备，论辩精审，具有较高的学术价值。分别是绪言一章、中国上古四章、两汉四章、八代四章、唐暨五代四章、宋代四章、元明四章、清代四章和跋。各部分以时代为纵，以四部为横，一纵一横，纲举目张，研讨学理，苦心孤诣，是民国时期国学论述的上乘之作。衡阳谢森跋云："惧俗儒误解微言大义，特著《国学概论》，源流派别，分析极清。博而约，简而明，举出国学之重要，关系国家盛衰存亡。并以今文学为基础，胪列百家，不持门户党派之见，诋毁他人。"

赵必振的国学观点非常深刻独到。他认为中国的传统国学本起源于民间，出于纯粹学术的目的，并且是立足于全体民众的利益。后来，上层统治阶级垄断了学术，并且按照他们的意图解读了各种经典。他指出："中国圣贤师儒相传之学术，绝非为暴君污吏助虐。虽有一部分贱儒，假借圣贤师儒之学说，以媚当时之君主，以为富贵利禄之媒。然而冰山有终倒之时，鸩酒非止渴之计。圣贤师儒之微言大义，至满清之末世，始大行于中国。然其始也，固由渐而进，非一朝一夕所能奏效也。"他坚定地认为："圣贤师儒相传之学说，无论其为汉学宋学，真读书人，必有富贵不能淫、贫贱不能移、威武不能屈者。文天祥有言：读圣贤书所学何事？豪杰之士，虽无文王犹兴。除少数驽骀之外，非帝王之权术所能操作者明矣。"赵必振深刻认识到国学的重要性，指出国学对于中华民族的重要意义："国学之不昌，则亡国灭种之祸，迫于目前而不自知。以炎黄之子孙，从此而遂沦于万劫不复之域，能不悚然而知国学之关系于国家之兴衰存亡如此其巨乎！""居今日而言国学，岂为争道统争学派哉！其于救亡图存之策，或亦为当务之急欤！"

赵必振史学思想主要体现有四类作品：著述类、史学译著类、史传类、序文类。1928年赵必振逐渐弃仕从教后，从事文史研究，撰写了《国学概论》《读史探微》《读史通论》《读史纠谬》等作品，体现了赵必振对中国古代史的看法。关于经史关系，赵必振认为，从广义上讲，"六经皆史"。六经皆史是古文经学的观点，六经非史是今文经学的说法。康有为是今文经学家，他虽尊康有为为师，但在学术观点上不持门户之见，对其师不盲从，实事求是坚持自己的观点。关于古史的体裁，赵必振分为纪传体通史、纪传体断代史、编年史、典制史、文学史、纪事史等。赵必振从史学的功用出发，首推司马迁开创的纪传体通史。关于古史中的正统之争，赵必振认为，作史者无论尊谁为正统，都有自己的理由，并无对错之分。赵必振能跳出时代局限，设身处地地为史家考虑，对正统之争不持偏颇，超出了传统儒家的狭隘视野。关于史学的功用及判断史家优劣的标准，赵必振在《读史通论》中指出，史学的功用为鉴戒，并以此作为判断各种史体优劣的标准，认为不应仅以文笔优劣论史学。

受梁启超"民史"思想的影响，赵必振也提倡民史，反对封建史学，认为"民史"较"神代史""君史"更进步，并且会不断发展。为践行民史观，他还取笔名"民史氏"，在《清议报》发表《何烈士来保传略》《汉变湘南烈士小传汇至》等介绍自立会人物的史传，翻译出版了《日本维新慷慨史》《拿破仑》《世界十二女杰》等各国人物传记。他用实际行动践行梁启超等人"一洗其旧日君史之陋习，而纪其有关于社会之大者"的"民史"思想。不过，赵必振晚年对自己的新史学思想进行了修正，对旧史学思想也给予了公正的评价，并提倡保存、复兴国学，强调"世之醉于欧化而忘国粹者，幸勿数典忘祖而自覆其宗"，呼吁警惕外来史学思想和文化对传统文化的侵蚀和冲击。

赵必振之谜

赵必振身上有许多矛盾性。一生无党无派，却与康有为、梁启超、蔡锷、章炳麟、唐才常、秦力山、陈天华、熊希龄等近现代重要人物有广泛交集，周旋于维新派、自立会、革命派、国民党、共产党之间，并都能深受信任。传播马克思主义、社会主义学说，却没有成为马克思主义者。身为五长，却不名一钱。正如世纪学人钱剑夫在他的自述中曾评价赵必振有云："世有绾财政而潦倒以终者乎？余于曰老见之；世有笃守所学而不与俗浮沉者乎？余于曰老见之。之此二端者，亦足为后贤所师法矣！"在1903年靠从事译述养家糊口的艰难时期，赵必振不忘亡友的约定，多方打听烈士遗孤下落，并由罗大维携何来保之子何其藩至上海，由他抚养教育。自身难保却帮助抚养烈士遗孤。守着金山饿肚子，导致晚景凄凉，穷困潦倒一生。无党无派却在党派中游刃有余，不辱使命奔走协调。赵必振晚年在大、中学任教，帮助过共产党人，与常德中共地下党负责人戴履仁交往甚密，也有不少共产党内的朋友和学生。赵必振身上的这些谜题，这样一位宝藏式的先贤等待着后人去探索、去发掘、去揭秘。可以说赵必振是一个近代奇人、一个真正学人、一个道德完人。

赵必振实为一个奇人。赵必振出身常德世家贵胄，除了在晚清曾参加圣学会和自立会之外，属于维新派、革命党，入民国后，基本无党无派。他低调做人、务实做事。其一生如何嬗变，即由传统型向现代型知识分子转变的急剧行程和思想状态，自一个世受皇恩的官宦士子一步步走到反清革命与思想启蒙的道路，最后又从一名为国理财的技术官员摇身一变成为教书育人的楷模，具有标本价值，值得好好研究。正如赵必振自述："我起初当亡命客，后来在翻译界，又在报界混过。"看似轻描淡写，一"混"而"过"，实际上值得认真梳理。作为一个复杂的历史人物，赵必振的道德、事功和学问给人很多启迪。

赵必振从一位早期民族民主革命者，在寻求改变国家羸弱现状的探索中，成为马克思主义、社会主义学说的翻译家，最终因不满民国腐败政府的现实，退出官场，成为国学经典的研究者和传播者。深研其人生经历和论著、诗文，可以感受到，赵必振作为一个早期民族民主革命者的坚强意志，作为一个最早翻译社会主义学说者的见识与胆识、作为一个具有独特眼光的国学大师的视野与胸怀。他最早将社会主义学说译介给国人，并由此奠定了其在马克思主义输入中国史上的特殊地位。他在马克思主义翻译和传播的首开之功，对国人思想的启迪，堪称为国家民族探索独立自由道路立下奇功。

赵必振无愧一代学人。赵必振一生秉持严谨的治学精神，工于辞章，勤于诗词，精于文史，且有"独立之人格、自由之思想"，代表了民国一代学人风范。他初好辞章，对于骈散诗词有深入研究，文章经国、友朋唱酬，别著诗文若干卷；继习考据训诂名物之学，又及贾、马、许、郑之学，娴于《史通》《廿二史札记》《十七史商榷》《二十一史考异》《文史通义》诸书，遂通史学；清末子学复兴，老庄而外，颇喜读《吕氏春秋》《淮南子》，晚年撰《国学概论》一书，平议诸子，不偏不倚；及闻本师康有为今文家之言，乃专治今文经学，由庄、刘、宋、凌以及龚、魏诸家，由公羊以通群经，遍治井研廖平、南海康有为、长沙皮锡瑞之学，复涉西籍，与孔孟之旨多方印证，眼界渐宽。又深信三民主义，服膺中山，晚年尤笃。治学严谨，洞察时弊、学贯中西、笔耕不辍，生平著译之作颇丰。又能突破自我、不迷权威、不落窠臼。史学研究专注新史学，又能正确评价旧史学。尊康有为本师，又能不持门户之见。专治今文经学，又能秉持学术独立精神，不盲从其师，正确认识经史关系……真正体现了晚清民国一代学人风骨。

赵必振堪称一位完人。赵必振身上体现着忧国忧民的爱国情怀、不畏艰险的意志品质、敢为人先的创新精神，堪称一位道德精神完人。首先，他身上散发着人格魅力。他为人处世不张扬、不虚诞，孤介耿直，有所不为而后有所为。其次，真诚善良，德行为上；进退取舍，廉洁自律；托孤守诺，义气相交。最后，投身革命，一秉素志，为了国家富强人民幸福，舍生忘死、颠沛流离，具有革命者的高风亮节。晚年教育新民，矢志不渝，专注工作，勤勉坚韧，追求新知，到老弥笃。一生忠于理想信念，勤于职所事，桃李不言，遗泽深远。在学习传播马克思主义的过程中，不畏艰难险阻、为追求真理勇攀思想高峰。在北洋政府财政系统担任要职10余年，克勤克俭，两袖清风，口碑极佳。教育新民，弘扬国学，兢兢业业，服务桑梓，76岁高龄仍坚守三尺讲台，皓首穷经，独守枯灯，研究历史，讲授国学，传播新知，为促进文化教育事业"春蚕到死丝方尽，蜡炬成灰泪始干"。

撰稿：陈荣飞

▶ 杨树达：
一代鸿儒

把杨树达先生视为湘贤的标志性符号，大致有以下几条理由。

其一，杨树达在中华传统文化研究领域取得巨大成就，作为语言文字学家、历史学家，在经学、史学、汉语语法修辞学、古文字、训诂、音韵研究上造诣极深。他因在《汉书》研究上的成就，被称为"汉圣"；因在文字学上的成就，被公认为是20世纪中国治训诂学者"海内第一人"。传统文化的主流是儒家，儒家的核心是经学，小学又是治经学的门径。张之洞甚至说："由小学入经学者，其经学可信；由经学入史学者，其史学可信；由经学史学入理学者，其理学可信；以经学史学兼词章者，其词章有用；以经学史学兼经济者，其经济成就远大。"湘军崛起后湖南人文兴起，但外省人并不服气，"三王不识字"，湖南文化底蕴不厚，"不足与论经史"，戴上了"边鄙无文"的帽子，身为湖南人的王先谦也自卑地说过"吾乡经学之陋，不免见笑于外人"这样的话。杨树达一生治小学而登堂入室，补齐了湖湘文化的一块短板，为湖南人争光增彩，成为中国传统学术的最后守护者。他有两个不同时期"双料"院士的华丽背景：既是1948年中央研究院院士，又是1955年中国科学院首批学部委员。如果把这两项桂冠用"兼有"的标准来衡量，其分量似乎又高于其他几位湘籍学者如余嘉锡、吕振羽、李达、周扬、翦伯赞、黎锦熙等人。所以，1953年湖南省设立文史研究馆，德高望重的杨树达先生出任首任馆长，实在是不二的人选。

其二，杨树达13岁时与乃兄杨树谷一起考入时务学堂，成为梁启超的学生。时务学堂在中国近现代史上颇负盛名，著名人物蔡锷、范源濂就是他在第一班的同学。而他的另外一位老师便是谤满天下的叶德辉，其一生的争议至今难以定论。有名师必出高徒，杨树达先生的师承关系奠定了他人生的一段传奇。

其三，杨树达一辈子两袖清风，未曾做官，只是教书育人。曾任教于北京师范大学、清华大学、中山大学、湖南大学、湖南师范学院（今湖南师范大学）等多所高校，但他因为早年在湖南省立第四师范学校（今湖南第一师范学院前身之一）的任教经历而成为毛泽东的授业老师，并为人所乐道。

一生经历

杨树达，字遇夫，湖南长沙人。1885年6月1日生于长沙北门正街宗伯司臣坊，1956年2月14日病逝于湖南师范学院至善村（也曾称"老四十八家"）。

1897年，杨树达考入时务学堂，师从梁启超学习《公羊传》，接受了民权革命思想。1900年，他入求实书院，受业于叶德辉，始有志于音韵训诂之学。1905年，官费赴日本留学。在日期间，与杨昌济等人一起发起成立中国学会。辛亥革命后回国，任湖南高等师范学校教务长。1917年5月，他与杨昌济、朱剑凡等人向湖南省政府呈文，倡议在高师等校基础上筹办湖南大学。此后，陆续在湖南省立第四师范、第一师范、第一女子师范等校教授国文和英文。1919年6月，与陈润霖、朱剑凡等发起组织健学会。

在参与驱张运动过程中，杨树达心羡北京的自修环境，正好时务学堂的同学范源濂任教育总长且有意帮忙，遂决定"北漂"，开始了长达17年的寓京生涯。1920年在北京师范学校（即北京师范大学）、北京法政专门学校、北京高等师范学校、北京高等农业专门学校任教。1924年，任北京师范大学教授、国文系主任。1926年后任清华大学教授、湖南大学教授等职。其间，杨树达的家庭发生重大变故，原配夫人吴氏病逝于长沙。1921年6月，经熊希龄介绍，遇夫先生与张家祓女士于北京结婚。这位张女士了不得，家世显赫。1906年以第一名考入朱剑凡创办的周南师范学校，毕业证书是周南历史上的"第一号"。毕业后留校任教，陶毅、向警予、蔡畅等都是她的学生。张家祓的父亲张训钦毕业于日本早稻田大学，长期担任北洋政府财政部库藏司司长、财政部次长，新中国成立后任上海市文史研究馆馆员；母族沈家号称"沈半边"，生意遍布善化（善化后来并入长沙县），半个长沙城都属于沈家。其母沈淑元，是清末湖南著名女诗人，其湘绣作品曾荣膺巴拿马万国博览会金奖。杨张联姻，为杨树达的人生加分无数。

学术建树

杨树达先生是中国近代学术史绕不开的人物，《现代学林点将录》中将他排为"天伤星行者武松"。先生以其勤勉的学术实践，在语法学、修辞学、训诂学、文字学、古文字学、古文献学、考古学等诸方面均卓有建树。1942年，他当选首届教育部部聘教授，1947年当选中央研究院院士，1955年当选中国科学院学部委员。

杨树达一生著作等身，成绩非凡，主要体现在以下几个方面。

在小学、经学研究方面：经杨树达整理的儒家经典有《周易》《论语》《尚书》等。《周易》重在辑古义。《论语》先辑古义，后扩充为《疏证》，直到1955年才正式出版。《尚书》的校读成果则以札记和论文的形式出现。此外，杨树达对《尔雅》《孟子》亦有研究。小学为经学的入门之基，特别是对许慎《说文解字》的研究整理，得益于叶德辉的指导，杨树达前后长达数十年，从多角度、多层面梳理史书，其成就之大，可与余杭章炳麟比肩。

在彝铭石刻与甲骨卜辞研究方面：其代表作是《积微居金文说》，此书考释了314件青铜器的铭文，为史学研究提供了大量有用的材料，为初学金文者提供了一部很有价值的工具书。他整理石刻碑砖，考释论文散见于其所著小学、金石诸书。杨树达研治卜辞起步较晚，而写作的论文最多，出版的专著有《积微居甲文说》《卜辞琐记》《耐林廎甲文说》《卜辞求义》四种。这些书的内容有识字者，有说义者，有通读者，有说形者，有考史者，有读书札记与心得体会，他把考释与应用相结合，以博考故书雅记与甲骨金石刻辞互相参验来阐明史实，以文证史。

在先秦及两汉诸子研究整理方面：杨树达整理的先秦诸子有《荀子》《老子》《庄子》《商君书》《吕氏春秋》，有的作校释，有的辑古义。1922年，中华书局出版了杨树达的《老子古义》二卷。这部书1926年再版印行。1934年，商务印书馆又出版了他的《论语古义》。两汉诸子，杨树达主要整理了《淮南子》和《盐铁论》。特别是《盐铁论》，1911年其留日归国后便开始校释是书，在长沙期间已初具基础。1920年北游旧都，至1924年写成《盐铁论校注》。以后又反复订补，直到1956年才最后成书，并改名为《盐铁论要释》。

在史学研究方面：杨树达反复地校读过编年体的《春秋》和三传（《左传》《公羊传》《穀梁传》）、国别体的《国语》和《战国策》，并写有专著。在杂史、别史方面，曾辑有《说苑》《新序》二书疏证；又校理了《逸周书》，并写有读书札记。他对班固的《汉书》下功夫最多，积三四十年精力专此一书，最后写成巨著《汉书窥管》，为历来班书研究作了全面的总结。

在汉语语法等研究方面：他著有《古书疑义举例续补》、《中国语法纲要》、《高等国文法》、《词诠》、《马氏文通刊误》及《中国修辞学》（世界书局1933年版，增订后更名为《汉文言修辞学》，1954年由科学出版社出版）等。其中，《中国语法纲要》是仿英语语法而写的一本白话文语法书，目的是为教学的需要而分析白话文的语法结构。《高等国文法》是杨树达积多年教学与研究的经验于19世纪30年代写成的一部博采众家之长的古汉语语法著作。其中订正了《马氏文通》的一些错误，树立了以划分词类为中心的语法体系，揭示了文言语法的一些规律。《词诠》是《高等国文法》的姊妹篇，仿《经传释词》的体例，解释了472个虚词，是当时同类著作中收词最多的一部，克服了清代人讲虚词只知其然而不知其所以然的弊病，结合文法来讲解，从而使文言虚词的研究从清代的训诂学提高到科学的文法研究的高度。该书集《马氏文通》以来虚词研究之大成，多有精辟见解。在文字学等方面，他著有《积微居文录》《古声韵讨论集》《古书句读释例》等。杨树达研究文字学是源于对章炳麟的"形声字声不含义"观点表示极大的怀疑，他认为"形声声类有假借，同义字往往同源"。其研究方法是"循声类以探语源，因语源而得条贯"。在方法上受到了欧洲语源学的影响，因而研究独具特色且成果超过了前人。他的文字学研究中富有创意的基本论点是：形声字中声旁往往有意义；造字之初已有彼此通假的现象；意义相同的字，其构造往往相同或相类；象形、指事、会意和形声四书的字往往有后起的加旁字；象形、指事和会意三书往往有后起的形声字。

在地方文献研究方面：从1947年开始，湖南文献委员会拟修省志，聘请杨树达主修艺文志。他撰写了湘贤著述提要数十篇，后来相继发表在《湖南文献汇编》第一辑和第二辑上。此外，杨树达早年还撰有《湘人诗集提要》一书，后来自认为评诗非其所长，未存留此稿。杨树达基于对各地方言俗语的研究，1931年作《长沙方言考》一书，疏释长沙方言125则；1935年又有《长沙方言续考》一书，收录长沙方言119则。

对于杨树达的治学成就，学界评价极高。章太炎先生夸赞："湖南前辈于小学多粗粗，遇夫独精审，智殆过其师矣。"刘半农先生评价："近来研究中国文法者，当以杨树达为第一。"郭沫若先生致书："我兄于文字学方法体会既深，涉历复博，故所论列证据确凿，左右逢源，不蔓不枝，恰如其分，至佩至佩！"董作宾先生有"深佩卓见"语，谓"公在课程忙迫中犹能作专精研究，贡献古文字学者极大，敬佩之至"。1931年，张岱年先生在《大公报》上发表文章说："日本多学人，今中国学人，只有冯友兰之哲学、陈垣之史学、杨某之训诂学，足以抗衡日本。"于省吾先生对于杨著《积微居甲文说》也有"义证精确，发挥透彻，并世研契诸公无与抗衡。欣佩之情，匪言可喻"的评价。胡厚宣先生称赞杨树达"不失为五十年来甲骨学研究中最努力的一人。""深觉解放以来，关于甲、金、小学，惟先生著作最富，发明最多，其贡献之大，盖突破以往所有之学者。"顾颉刚晚年撰《近世治古典之数巨子》一文，认为"近300年来，治古典成就最为卓著的为王念孙、王国维及杨遇夫先生"。经世致用是湖南的文化传统，不尚考据，为江浙文人士大夫所诟病。章太炎先生尝云"三王不通小学"，三人中除江西王安石外湖南有王夫之、王闿运居两席，指的就是这个不足。湖南人在经学、小学、考据等传统学术领域，地位确实不高，因为江浙人士的排挤，杨树达后来还离开了清华大学。作为经学家叶德辉弟子的杨树达，深以为耻，他一定要在这个领域有所突破，这也是其后半生不遗余力培养拔擢湖南经学小学人才的原因。功夫不负有心人，通过杨树达、余嘉锡等人的不懈努力，补齐了湖南人的这个短板。杨树达特别在回忆录中记上刘文典对他说的话："由清华入城，车中遇刘叔雅。谓余云：'我对于遇夫先生钦佩之至！'余以其语无端，则云：'吾辈老朋友，君何为客气如此！'渠乃云：'近读《学报》大著，实属钦佩之至。不佩服者，王八蛋也！'"神情颇为自得。

杨树达还得到陈寅恪先生在多个场合给予的高度评价："当今文字训诂之学，公为第一人，此为学术界之公论。""当世学者称先生为今日赤县神州训诂学第一人。""先生平日熟读三代两汉之书，融会贯通，打成一片。故其解释古代佶屈聱牙晦涩艰深之词句，无不文从字顺，犁然有当于人心。""独先生讲学于南北诸学校，寂寞勤苦，逾三十年，不少间辍。持短笔，照孤灯，先后著书高数尺，传诵于海内外学术之林，始终未尝一藉时会毫末之助，自致于立言不朽之域。"对照前引多位大家的评价，可知寅恪先生的话语绝非阿谀奉承，他与杨树达交厚，有个人情感的因素，更主要的还在于杨树达做研究所取得的学术成就。

任公门下

陈宝箴任湖南巡抚后，大力推行新政。他在按察使黄遵宪和熊希龄、谭嗣同等人协助下在长沙创办时务学堂。1897年冬，在上海主持《时务报》的梁启超应聘出任时务学堂中文总教习。家居长沙的杨树谷、杨树达兄弟近水楼台先得月，同时考入时务学堂，与梁启超之间开始长达三十余年的师生情谊。

杨树达是时务学堂年龄最小的学生，梁启超曾说蔡锷最小是不准确的。杨树达因年龄太小，入时务学堂后的求学经历不太顺利，但也有不少收获。在梁启超的教诲下，他开始接触到民权意识等进步思想。梁启超病逝后，杨树达在《时务学堂弟子公祭新会梁先生文》中，饱含深情地回忆："惟我楚士，闻风激扬。乃兴黉舍，言储栋梁。礼延我师，自沪而湘。济济多士，如饥获粮。其诵维何？孟轲公羊。其教维何？革政救亡。士闻大义，心痛国创。拔剑击柱，踊跃如狂。"杨树达离开时务学堂后，虽然没有像其他一些同学那样进入政坛，但他牢记梁氏"救国在学，乃惟康庄"的教诲，立志"著述报国"，终于在学界开辟一片新天地。

杨树达1920年开始北漂生活，先入职教育部国语统一筹备会，并在高等师范学校等处兼职。这一时期，梁启超亦转入学术研究，在清华学校任教，1925年秋出任清华国学研究院导师。因此之故，杨树达获得与梁启超密切交往的机会，并得到老师的大力提携。梁启超在《先秦政治思想史》一书付梓不久，即寄赠杨树达一册。梁曾邀请杨树达为《中国近三百年学术史》勘误，直至去世前不久，梁启超仍致书杨树达希望读到其摘录的《韩非子》引用《左传》的条目，并商讨《列子》是否为东晋人伪作等问题。同时，杨树达亦多次向梁启超请益，《〈盐铁论校注〉自序》撰成后，即呈送梁启超求教，并到燕京大学听梁讲授"中国之伪书"课。此外，他还曾与梁启超就其所著《群书概要》中的一些问题商榷。

梁启超利用自己在学界的地位为杨树达扬名延誉，向清华学子推荐杨树达著《〈盐铁论校注〉自序》，称该书为空前之著。这对于提高杨树达在学术界的声望及增强其信心无疑大有裨益，杨树达多年后回忆称，这一时期他和梁启超之间，有如伯牙子期，高山流水，互以知音相待。在梁启超的提携下，1926年杨树达得以进入清华大学任教。梁启超替杨树达考虑极为周到，既为其拟定了高出清华国文教员最高薪酬标准的工资，又为其安排了其最擅长的"校读古书及文字学"课程。在得知杨因学校待遇心生不快时，还致信对其加以劝慰。梁启超在辞清华董事后，仍允诺托人为愿意留在清华任教的杨树达争取职位。

在清华共事的近两年时间，是杨树达与梁启超交流最为频繁的时期，其"日侍先生有所请益"，相处甚为融洽。在求教切磋的过程中，杨树达逐渐成长为一名声誉颇高的学者，佳作迭出，影响力扩展到全国。

1929年1月，梁启超在北平协和医院溘然长逝。杨树达参加了在广慧寺举行的大殓仪式，代表时务学堂同学撰《时务学堂弟子公祭新会梁先生文》，与在京的时务学堂学生共6人一起参加了北平各界与广东旅平同乡会在广慧寺公祭梁启超、追悼梁任公先生大会。9月8日，梁启超出葬西山，杨树达参与执绋，送至西直门。次年清明，他与时务学堂的几位同学前往西山卧佛寺梁启超墓前拜谒。

杨树达在弘扬梁启超学术思想方面不遗余力。1930年10月，杨树达检校梁启超著《近世三百年学术史稿》一书，不到一月蒇事。数十年后杨树达忆及梁启超的早逝，仍感叹"中国学人凋零尽矣"。

郋园亲炙

杨树达的另一位著名老师，便是近现代历史上的一朵奇葩——叶德辉。叶既是大名鼎鼎的经学家、藏书家、目录学家、版本学家、文献学家、出版家，又因孤傲狂狷的性格、目中无人的处世态度、不合时宜的言行、好色不端的行径，成为时人痛骂的奸商和劣绅。作为弟子的杨树达这样评价老师的学术研究："于经也，推本雅故，驰贯众家，追踪段王，自标独得；于史也，淹通目录，识别版藏；于子也，述作余间，游心艺术。"并说"尝谓自来经术，莫盛有清。先生生丁未季，殿彼一朝，大可理初，愧其博洽；渊如西庄，逊其专诣。信学林之传业，旷代之鸿儒矣"。如果说学生看老师有拔高的成分，我们可以参考一下章太炎先生和叶德辉的政治对手梁启超的看法。章太炎先生视叶德辉为"读书种子"，"如此好学问，甘做谯周，何欤？"对叶德辉身上表现出的悖论难以理解。叶被杀后，梁启超说叶平时为人本不自爱，学问却甚好，难掩惋惜之情。

杨树达与其兄杨树谷早年均从叶德辉问学，在叶德辉的指导下走上由治小学而入经学的道路，并超越老师成为一代名家。如果说梁启超是杨树达的人生导师的话，叶德辉就是杨树达学术研究的引路人。"杨芗治（树谷）遇夫兄弟昆仲，髫年从吾受业。芗治有经世之志，屡起屡颠；遇夫则息交绝游，终日如也。"昆仲之间，叶德辉对一心向学的杨树达尤为赞许。叶德辉于制艺之外，授以《说文解字》《汉书·艺文志》《四库全书提要》《史通》《文心雕龙》等书，课杨树达每书下句读，日必四五纸，"及门中多不如程课，惟遇夫及县人刘廉生宝森兄弟为之"。这种严格训练为杨树达一生的学术事业打下了坚实的基础。民国时期，湖南出现了一批全国著名的学者如余嘉锡、张舜徽等，其治学皆由王闿运不认同的目录版本、文字训诂入手，均与叶德辉的大力提倡分不开。

叶德辉对杨树达寄予厚望，有"吾弟好学深思，读书处处得法"的好评语，并勉励杨树达成为"第一流人"。1921年，叶德辉在为杨树达《说苑集证》《新序集证》作序时，充分肯定其学术价值，甚至说："遇夫《集证》二书出，其有功于经学而为吾道之干城者，不诚实获我心哉！"将二书之作看成自己翼经卫道思想的继续。叶德辉希望杨树达不仅发扬自己的学术成就，而且继承自己的翼经卫道思想。

叶德辉一生攻击今文经学，视其为洪水猛兽，是亡国之祸根，他与梁启超交战也起于斯。叶曾对杨树达言："今文之学使人不读书，字母之学使人不识字，学术杀，天下没，此皆此类孤陋著伪之书。幸其学容易为人看穿，屡振不起。不然，率天下之人不读书不识字，其为害将无止也。"希望学生们不要误入今文经学的歧途。杨树达等人在继承叶德辉汉学功夫的同时，也吸收了欧洲语源学的方法，从而突破了叶德辉固守清代汉学的局限，视野更加开阔，青出于蓝而胜于蓝，完成了由旧而新的转变，成为一代宗师。

这些都是老师爱护学生的一面。学生于老师呢，杨树达也保持了对乃师终生的尊敬。据叶德辉的日本学生盐谷温回忆，杨树达见叶德辉时必以手击头出声，叩头行礼如仪，让他极为惊讶。

叶德辉的教诲，成为杨树达从事文字学的入门，他一生取得的成就有很重要的因素来源于乃师。但叶德辉的行为处事遭到的物议，特别是在历史转折变型期间被杀，作为学生的杨树达，则造成了心理上沉重的压抑和忧虑，以致他的某些做法还引来同事外人的质疑和非议。

杨树达对老师之死是极度惶悚和悲伤的。他收集了很多叶德辉友人和学生撰写的纪念文章，和以前老师的书札一起装帧成册。1927年4月29日，杨树达致信叶德辉的日本籍学生松崎鹤雄，谈及老师之死，"郋园先生事数月前即有风传，后知其不确。最近果为乱民所执，弟有家书已言之。被难之说，弟尚未直接得信。昨日家兄（家兄去年来京）晤见萧子升君，云易寅村（培基）在汉口有信与萧君，已证实其事。并云易君早劝先生他避，先生不肯云云。据此，事近真确，痛心之至。弟初以寅村诸君在湘必可无事，故未缄请先生北来。乃寅村他适，湘中社会大乱，竟令先生遭此不幸，曷胜怆痛！"他还因没有邀请老师到北京避祸而罹难而自责。1935年，叶家子侄整理出版叶德辉著作《郋园全书》，邀杨树达写序，杨全面、高度评价了老师的学术成就。其文词采斐然，声情并茂：

吾师湘潭叶郋园先生，早岁登朝，谢荣归里，杜门却扫，述作自怡。于时长沙耆宿有湘阴郭侍郎玉池先生，湘潭王孝廉湘绮先生，长沙王祭酒葵园先生，皆东南物望，坛坫主盟。先生于诸老倾挹有加，宗风各异。就中祭酒谷虚成德，见先生会试阄作，击节叹赏，忘其年辈，投谒先施。谓往者视学江南，续仪征阮氏经编。江皖耆彦，经术纷纶，湘士卑卑，怀惭抗手，今得吾子，湘学其有幸乎！暇阅祭酒刊撰《世说》，缘先生一言指谬，索还赠本，劖板重镌。他如理董班史，甄录精言，睿辑骈词，多资攻错。尽言虚受，学林鱼水，识者两归美焉。

树达年几志学，获侍坐隅，饫习绪论，殆逾卅载。综览吾师之盛业，殆於网罗四部，囊括九流，钻仰有年，弥嗟卓尔。曩者先生六十揽揆之岁，曾贡芜词。粗引端末，未烦觐缕。今哲嗣尚农世兄都缕遗文，属题首简。聊因蠡测，略写葵倾。

树达忝厕门墙，未穷涯涘，望若止于兴叹，传业邈其难期。近者因缘绪论，研讨许书，时有隙窥，辄思壤益。而玄亭人渺，请益末由，循览遗编，只增忉怛。呜乎！梁木云坏，空悬后堂之音；楚宝无光，宁止寝门之痛。萃此丛刻，用待方来。

杨树达的这段褒奖，我认为发自内心。但不等于说他在政治思想上与老师没有分歧，在学术上认识不到老师的不足与局限，也不妨碍他推崇乃师为"旷代之鸿儒"。杨树达通过抬高叶德辉的学术成就，以达到构建近代湖南汉学谱系，进而树立民国时期湖南学术正统的目的。

叶德辉在道德上是充满缺失的。早在张敬尧治湘时期，叶德辉就有失人格地为张敬尧抬轿，甚至致电北京政府谀张"功高尧舜、德兼文武"，作为弟子的杨树达则是湖南"驱张"运动的中坚和北上请愿的代表，师生完全是站在两个阵营的对立面，但事实上他们之间仍然保持着师生之谊。1925年夏，叶德辉云游京津时，就下榻在学生杨树达家里，杨在日记中对老师的生活安排高度重视，极为虔诚和心细。那么，叶德辉死后，杨树达是否改变了对老师的尊重呢？

先看一看同时代历史学家邓之诚在杨去世后的一则日记：

昨报载：杨树达年初二死矣，遂得语言学家之谥。此人与陈垣、余嘉锡皆民（国）十（年）左右，能在北京学界树立者，然终为浙派排挤，不得安于国立大学，与予同。予初印《骨董琐记》有诋叶麻（德辉）语，杨之师也。予尝笑杨心目中只有《汉书补注》，遂避予若浼。叶不得其死，予为删去《琐记》中语。解放后，杨不复称叶，何尝非乖巧人耶！（1956年2月29日）

自古文人相轻，并不为怪。但邓之诚在杨树达先生去世后的心态值得玩味，颇有那么一点意思。乖巧人的盖棺论定反映了邓在内心对杨树达先生的某种评价。日记是人的隐私，我们不能以此为依据断定邓之诚与杨树达交往中谁是谁非，但"解放后，杨不复称叶"却不完全属实，有失公允。1949年以后，杨树达先生提到老师叶德辉，仍有两次。一次是"王季思（王起）来，送吴江金天翻诗文集三册，云金之弟托渠见付者，内有叶郋园师传，云据余兄弟所撰《学行记》为之。按《学行记》系郋园师自为之。昔年伯兄以稿寄北平，云师意欲余兄弟任撰者之名，问余意云何。余以其中语句多开罪乡人之处，不欲出名，伯兄因婉谢却。大约师示金君之稿仍署余兄弟名字，金君不知，故有云也"。杨树达再一次解释了婉谢署名的原因，没有乖巧人之所为。

从杨树达的读书人性格来看，"不复称叶"没有任何必要，称叶也不存在何种禁忌，杨、叶在政治态度上很早已有明显不同，也人所共知，杨在学术研究上得益于老师的指点，并且视野更为开阔，治学方法更为开放。如果杨树达是乖巧人，他不必那样对待郭沫若、杨荣国，更没有必要负气上书毛泽东。

政治取向

杨树达早年热心政治，关注社会变革。1919年，新文化运动席卷长沙。是年6月，杨树达与长沙教育界知名人士陈润霖、朱剑凡等发起组织健学会。7月7日他演讲《教育与文字》，认为白话文能使人养成读书力，助长发表力，应该大力推广。健学会的活动影响广泛，对新文化、新观念在湖南的传播起了相当的推动作用。毛泽东在《湘江评论》写社论说，健学会是"东方的曙光""空谷的足音"，表示"我们正应拍掌欢迎，希望他可做'改造湖南'的张本"。正当湖南新文化运动如火如荼开展的时候，湖南当时的统治者张敬尧对教育的摧残步步升级。军队常驻学校，损坏器具，把图书当柴烧。1919年12月2日，长沙各校男女学生、教职员、店员、工人在教育会坪焚烧日货，张氏兄弟率大刀队前来镇压，激起了教育界、新闻界的愤怒。12月中旬，全省总罢课，宣言称："张毒一日不出湘，学生一日不返校！"杨树达在此宣言上签了名。此后，他的署名频频出现在湖南各界的"驱张"宣言中。由于杨树达在湖南新文化运动和驱张运动中始终站在最前列，年底，他被推举为教职员代表，与公民代表毛泽东、熊梦飞及学生代表共30多人赴北京向北洋政府请愿。1920年1月28日，杨树达、毛泽东、李思安等6人被举为代表，进入新华门与政府谈判。时值隆冬，北风呼啸，当局谈判代表迟迟不至。在内阁总理靳云鹏的秘书长出现的时候，杨树达一马当先，拍案而起。新中国成立后李思安回忆说："记得杨遇夫声色俱厉，拍桌打椅质问秘书长：'湖南学生离乡背井，来了这么多人，你们为什么不接见？湖南闹得这么凶，你们为什么不解决？'秘书长被骂得哑口无言。"毛泽东曾问他："还记得当年驱逐张敬尧在新华门坐冷板凳的事么？"

青年时期的杨树达是热血的，但他本质上更多的是一位读书人，当了一辈子教书先生。步入中年后，他已刻意与政治保持一段距离。在《积微翁回忆录自序》中曾自道：

余性不喜谈政治。中年涉世，见纯洁士人一涉宦途，便腐坏堕落，不可挽救；遂畏政治如蛇蝎。由今日观之，人在社会，决不能与政治绝缘。余往时所见，实为错误。至仕途腐烂，亦国民党及军阀之政权时如此，非所语于今日人民政府之时代也。昔年在京，往复论学之人有喜谈政治者，而政治上犯大错误之人如陈独秀者，与余虽未谋一面，然以讨论文字学之故，亦曾有书札往还。此等皆属学问上之因缘，与政治绝无关涉也。虑或误解，聊复言之。

他虽然检讨了往时之见的"错误"，但是因"虑或误解"所作的解释，仍然使人感到内心与所谓"中年涉世，见纯洁士人一涉宦途，便腐坏堕落，不可挽救；遂畏政治如蛇蝎"有所不同的另一种"畏政治如蛇蝎"的疑惧。他逐渐失去对国民党和民国政治的信心，特别是抗战胜利后，已对民国政府感到失望。

1945年11月5日日记："美国旧金山广播攻击中国政治腐败，各部长无一正人，而何应钦尤劣。美助军火，中国不用以抗倭，反准备内战。广播于中国国民及军人参政员皆有誉辞。知是非之公固在也。"

他的清华大学同事闻一多教授被刺，1946年7月17日日记："报载闻一多见刺死，今日真乱世也！书生狂论，竟不能容，言论自由之谓何哉！"

随着时间的推移，这种不满越来越强烈。1948年5月到次年5月一年日记中，他多次表达了不满：

1948年5月19日日记：今来参谒（黄花岗七十二烈士墓），怆感万端；盖当今一人秉政，权利惟恐或后。死者有知，能无痛哭！

1949年2月23日日记：九儿学费无着，娴（大女儿）书来云与铁铮（二女婿）杂凑三十余元，尚止得半数，余由易仁荄担保。余为国家教人子弟，而己子不能入学，此种国家真不必存在也。

1949年4月9日日记：国党腐烂不堪，致造成现势，顽固之徒尚力主战事。人心已去，庸可为乎？

1949年5月7日日记：友人送薪金来。金圆券千余万，值香港币五元。此国民党人之赐也。

杨树达对国民党不满，对一些社会现象多有批评，但也有一条底线，他不骂蒋介石。在文化人里，骂蒋介石的人多，郭沫若、闻一多骂蒋介石；但也有人不骂，鲁迅就不骂蒋介石。杨树达不骂蒋介石，应该是出于他的个性和修养。对国民党失去信心，因而他在1948年前后，婉辞了老友钱穆动员他去香港的好意，选择了留在内地，待在老家湖南。

杨树达对待新生的政权是什么样的态度呢？留下来就是一种表态。他对共产党不陌生，不反感。他的家人和亲戚中有很多共产党员。侄子杨伯峻在1926年就加入了共产党，湖南和平解放前已是长沙地下党的负责人之一。当然，这个身份未公开。杨伯峻经常向叔父宣传共产党的主张。杨树达私下对至亲说，伯峻一定是共产党。他的三子文玄1938年去了延安，"自儿廿七年离家赴陕，今十二年矣。面较前瘦削，尚未婚。十二年中，遍游陕西、山西、山东、河南、安徽、江苏各省，抵抗倭寇，遇险多次。此次由通城入平江来省，职位为县团级。现每日生活为油盐各三钱，蔬菜一斤云"。日记中的这种语气，是作为老父亲甚至还有点骄傲和嗜瑟的内心流露。五子德庆是长沙清华中学地下党书记，侄女婿周汝聪是地下党员，外甥女彭淑端、彭慧、彭玲及淑端的丈夫楚图南都是共产党员，彭慧和其丈夫穆木天还是"左联"文艺家。几个外甥女都说还是"五四"时期看了舅舅手上的《新青年》

杂志而走上革命道路的。

杨树达的很多至交，如李肖聃、柳午亭、方叔章等都是倾向共产党的。李肖聃和柳午亭是儿女亲家，他们的儿女李淑一、柳直荀后来因一首"我失娇杨君失柳"而名闻天下；方叔章则在湖南和平起义中起了至为关键的作用，后来成立湖南省文史研究馆时成为杨树达的搭档任副馆长。1949年6月，有人告诉杨树达在香港遇见章士钊，"行严极道毛泽东之贤"。这年8月2日，湖南大学教授会推举杨树达、伍薏农、潘碢基为代表谒见代理省主席、第一兵团司令陈明仁，"促进和平"。"陈君言颇爽利，谓当忠于民族，不忠于一人。"这实实在在是协助中国共产党发起和推动的湖南和平运动，说杨树达先生是湖南和平解放的功臣之一也不为过。

1949年9月23日，杨树达写下日记："人民政治协商会议在北平开会，连日报端记载甚详。辛亥以后，国事扰攘，将四十年，国民望治甚殷，终归失望。人民军纪律严明，行动稳健切实。衰暮之年，或可及见升平，是余之幸也。"这是一位生于清末、历经两次改朝换代的老知识分子对新生人民政权的内心认同。

共产党对于像杨树达、陈寅恪这样的知名教授是由衷欢迎、礼遇的。杨树达先后被任命为湖南省人民政府委员、湖南省文史研究馆馆长、全国政协委员、中国科学院学部委员。他与毛泽东的交往未断，以至陈寅恪打趣地称他为"丰沛耆老、南阳近亲"。

受苏联汉学家尊崇

杨树达在苏联的东方学圈子声望很高，影响很大。他还被苏联科学院授予通讯院士称号。

20世纪30年代，苏联学者瓦西里·米哈伊洛维奇·阿列克谢耶夫对杨树达特别推崇。杨树达称他阿理克，苏联科学院院士，是苏联汉学界首屈一指的人物，长期主持苏联东方学研究所中国研究室，中国同道称他"阿翰林"。《积微翁回忆录》1935年10月19日："清华同事蒋廷黻，新从欧洲返国，道过苏联。阿理克教授告蒋，谓读余所著书，极为仰佩，希望余以所著赠之。"蒋廷黻是邵阳人，曾任中华民国驻苏联大使。于是，杨树达写信致阿理克，"以《古书疑义举例续补》、《古书句读释例》（即《古书之句读》）、《老子古义》、《积微居文录》、近日学报论文单行本及《字义同缘于构造同例证》印本寄赠之"。不久，得阿理克回信，谓"敝人素仰先生之研究法，敬慕不已。其中，《古书之句读》尤为可得而增敝见者也"。

1950年11月，杨树达应中苏友好协会之邀，写有《我与阿理克君之文字因缘》一文。1952年6月4日《回忆录》："方叔章来，……言龙伯坚闻人言，苏联东方学院院长某君于余备极倾倒，每余一文出，必取而研究。龙、方意怂恿余往游，余殊无此壮志也。"每次苏联学者来访，都由湖南省委交际处负责接洽。有来访者告诉杨树达，苏联有许多人了解杨树达，东方大学教授科洛特夫尤表佩服。杨树达于是备好著作三份，赠访客并请转交阿理克与科洛特夫。当时广播电台作了新闻报道。1950年到1952年，苏联学者来访特别多，为了不显得寒碜，校方还搬来几张木沙发。杨家还备有硬面精装，蒙着浅色麻布的《积微居小学述林》，是作为礼品专门送苏联客人的。

巧得很，20世纪40—50年代，苏联驻华的两位重要外交官费德林与尤金，都是阿理克的学生。《积微翁回忆录》1941年11月10日："苏联大使馆秘书费德林来书，求余所著书。自言专研中国文字语言，曾读余书云。"尤金则于50年代初在广州亲口对担任翻译的杨树达七子杨德豫说："我是阿理克教授的学生，也读过令尊的著作。"尤金是哲学家，担任驻中国大使的一个重要使命就是协助中共中央编辑毛泽东著作，与毛主席等共产党高层私交甚厚，常在一道讨论哲学。苏联友人对杨树达的尊崇，也使中央愈加礼遇杨树达。1954年年底，杨树达成为第二届全国政协委员，是85名特邀人士之一。

首任馆长

周公吐哺，天下归心。文史研究馆是毛主席亲自倡导，共产党和人民政府礼遇老年知识分子的荣誉性、统战性机构，是古代养士制度与翰林制度在新中国的发扬和运用，也是新生政权成立后实施的一项德政。毛泽东的老师、湖南第一师范学校老校长符定一先生是中央文史研究馆的首任馆长。馆员由政务院（国务院前身）总理亲发聘书，这里聚集了一批从旧社会走过来的"文、老、名"贤达耆宿。符定一先生以后，章士钊、杨东莼、叶圣陶、萧乾、启功和袁行霈诸先生先后荣任馆长。馆长是士林领袖，这里是清望之地，社会标高。

湖南省是旧民主主义革命和新民主主义革命的策源地，毛主席的家乡，人才辈出，灿若繁星。湖南省要成立的文史研究馆，是与北京、上海、广东等省市比肩的地方大馆，万众瞩目。杨树达是教授中的教授，成为首任馆长的最好人选，1953年1月13、14日，湖南省政府相继送来中央关于设文史研究馆的文件，中南军委会及湖南省政府提请聘任文史研究馆馆长、副馆长的提案和办法，以及馆长聘书等，这样，杨树达先生开始在湖南省文史研究馆馆长任上就职。他说："省政府送湖南文史研究馆馆长聘书来。当事以余从事学业，故有此举。以此意甚善，不能负之。设馆旨在养老，无研究之实。事务均由副馆长方叔章负责，故勉任之也。"几天后的1月17日，杨树达到湖南省政府开了任馆长后的第一次会议，研究馆员组成。决定湖南省文物管理委员会年龄在60岁以上的文物委员全部转入文史研究馆任馆员，有百人。年龄不合格或虽合格而与文史无涉者改为军政会咨政。参加会议的有湖南省文化事务局胡真、省委统战部邓爱如、文委会陈浴新和文史研究馆馆员方叔章，共6人。当时，湖南省准备裁撤文管会，能够进入文史馆，对大多数文化老人而言，算是很好的安排。

但不到一个月，副馆长方叔章去世。杨树达悲痛之余，只好求见程潜省长，请其任命接替副馆长人选。后来副馆长事久拖未决，很多事杨树达便只好亲力亲为，如推荐馆员，驻馆馆员（负责发薪等琐事）津贴事宜，争取扩大名额，商讨困难馆员年末补助办法等。新中国成立初期，大部分老一辈文化人没有收入来源，进入文史馆后，生活方能安定。杨树达在1953年2月7日日记中载："今日发薪，馆员来者纷纷。"1953年12月12日，杨树达日记谈及为馆员年终救济费事操心。这份看起来并不如意的工作，杨树达仍然面临求者多而编制有限的矛盾。可见，文史馆在当时文化老人心中，地位颇为重要。锺昌言与杨树达是时务学堂的同学，为了进文史馆，曾经向杨树达求援（1953年3月7日）。锺最终于1953年6月获聘为文史馆馆员。锺昌言的幼子锺叔河是湖南出版界的领军人物，他回忆："先父一生宅僻，曾教我曰：'人不可不立志。我碌碌无为，比同学少年，武如蔡艮寅（锷），文如范源濂，做学问如杨树达，搞政法如章士钊，都不啻云泥……汝当以我为戒。'"杨树达在文史馆提名增选的另一位则为田星六。据《积微翁回忆录》所载，两人在抗战后期相识于湘西。1944年2月27日日记云："饮席遇凤凰田星六，年六十九矣，甚健，能诗，有《晚秋堂诗集》。闻余有《论语疏证》，欲得之一读，当即赠之。"

作为馆长，杨树达还要为馆员的编制数额操心。如果湖南省文史馆名额与其他省市名额相当，肯定不敷分配。他多次向湖南省委、省政府反映，要求争取更多名额。湖南省委书记金明曾亲自赴武汉到中南区争取名额。此事一波三折。原湖南省名额为150人，金明赴汉争取后，减少湖北、广西、江西3省文史馆及武汉市文史馆名额100人，使湖南名额增至250人。但到6月份其他省市提意见，湖南省名额又减至200人。

对湖南省文史研究馆早期的功能，杨树达的日记为我们提供了很多第一手资料。杨树达觉得他这个馆长一职在可否之间。1953年1月14日日记："（馆长）本无事可做，事务则由方副馆长叔章任之，余亦不致大碍学业，可谓公私两便耳。"1953年1月17日的日记还提及"文史馆馆址在省府备屋一间，简陋殊甚。此本闲冗机构，故政府不重视也。幸余自来不以此事为意，否则将失望也。"老先生这个官当得不乏疲态，人在江湖，身不由己啊。

鲁迅遭遇"杨树达"

这是杨树达早年寓京期间与鲁迅的一段逸事。1924年11月13日上午，鲁迅正在家中休息，有一位自称"杨树达"的人前来拜访。鲁迅以为是国文系主任杨树达，于是命用人把客人请进来。

客人进屋后，鲁迅发现对方不是国文系主任杨树达，而是一名陌生的青年学生。那名学生先是傲慢地说自己不乐意上课，接着又跟鲁迅要钱，闹腾了一阵才离开。

鲁迅对这位"杨树达"的恶劣行径很是气愤，写了一篇《记"杨树达"君的袭来》的文章，发表在《语丝》杂志第二期上。

文章发表后没几天，鲁迅就收到信息，这个"杨树达"其实是北京师范大学国文系的一名学生，名叫杨鄂生，患有精神病。杨鄂生得病前对鲁迅十分敬仰，一直想到鲁迅家中拜访，始终未能如愿。得病后，杨鄂生拜访鲁迅的心情更加迫切，但又怕鲁迅不见他，便偷了一张国文系主任杨树达的名片去见鲁迅，只是他此时已经患病，所以才胡言乱语。

鲁迅先生深感不安，自己在没有弄清真相的情况下就对真正的杨树达和患有精神病的年轻学生杨鄂生进行嘲讽，真不应该。于是，他满怀歉意，深深自责，立刻又写了一篇文章，题目是《关于杨君袭来事件的辩正》。在这篇文章中，鲁迅先生写道："因为我对神经患者的初发状态没有实见和注意研究过，所以很容易有看错的时候。"表达了对真正的杨树达和患有精神病的年轻学生杨鄂生的歉疚之意。鲁迅先生非常自责，他说"自己感到太易于猜疑、太易于愤怒"，"如果不是以为杨鄂生假装，还不至于那么愤激，真诚得像个犯了错误的小孩子"。现在知道事实了，鲁迅更为痛心。

鲁迅先生写完《关于杨君袭来事件的辩正》这篇文章后，心里还是放不下。他又写信给《语丝》周刊的编辑孙伏园："今天接到一封信和一篇文稿，是杨君的朋友，也是我的学生做的，真挚而悲哀，使我看了很觉得惨然。"鲁迅先生请孙伏园在最新一期的《语丝》周刊上发表自己写的这篇《关于杨君袭来事件的辩正》以及那名学生写给他的长信。当时，孙伏园已经把那一期的《语丝》周刊编好了，鲁迅先生非常希望孙伏园额外加出两版，他跟孙伏园说："但纸面有限，极希望增刊两版，也不必增价，其责任即由我负担。由于我造出来的酸酒，当然应该由我自己来喝干。"表达了鲁迅先生对于患有精神病的年轻学生杨鄂生的深深关切和自己当初不明真相而写文章讥讽杨树达的歉意。

这次事件后来还被郁达夫先生移植到小说《微雪的早晨》中，主人公朱君的原型就是杨鄂生。

杨树达没有正面回应鲁迅先生的这段文字，但《积微居诗文钞》收录了一副1926年春挽范士荣的联，提到了这件事。其注释有"杨君死于医，今君死于盗，吾党纵多才，何以堪此？（杨鄂生去岁死，二君皆国文系生。）"。杨树达当时任国文系主任，所记的事刚好对应了鲁迅先生的这篇文章。

因为鲁迅名动天下，我们今天通过鲁迅文集还能看到和知晓这个乌龙，可视为杨树达先生在北京任教期间的一道花絮。杨树达先生当时的态度我们已无法还原和了解了，但对这种纯粹的误会是不会去介意的。他在几所学校历练后，1924年已当上北京师范大学国文系主任，在北京站稳了脚跟。教授的待遇不低，生活优渥，已进入主流社会行列。杨德娴女士回忆，她父亲一度热爱打网球，他们在自家的四合院内拉上球网，在北京大学读书的侄子杨伯峻陪练，可以想象，杨家的宅子不会小。人怕出名猪怕壮，所以莫名其妙地被冒名摆了鲁迅先生一道。鲁迅先生的性情大家都知道，由生气到"不生气"，最后还作了自我批评，周杨之间似乎也没有什么过节，杨先生的为人应该是没有瑕疵的。鲁迅先生的文人气，杨树达先生的学人气，同与不同，跃然纸上。

父女两馆员

杨树达先生是湖南省文史研究馆首任馆长，引为美谈的是，他的长女杨德娴，在30年后的1983年被湖南省人民政府礼聘为馆员。而杨树达的岳父、张家被的父亲、杨德娴的外祖父张训钦先生还是上海市文史研究馆馆员。父女两馆员这样的佳话在湖南省还有，比如副馆长曹典球去世两年后，其二子曹修干被聘为馆员；平江不肖生向恺然在1956年被任为文史研究馆馆员，后来其子向一学也当了馆员。

杨德娴是杨树达与第二位夫人张家被结婚后生下的长女。德娴女士晚年回忆杨家在北平的生活，"他老（杨树达）终日埋首书斋，沉浸在学术研究和著述之中，对儿女的事是无暇理会的。母亲出身于官宦之家，有一定的文化，但重男轻女。我家住在北京一所四合院内，父母和弟弟们住南房，我住厢房。一家人除每天晚餐时默默地聚在一起外，极少有语言上的交流。因此，我的童年是在物质生活不窘乏而在心灵上非常孤寂、感情上极度贫痛的环境中度过的。这是导致我一生性格内向、不善交际言谈的主要因素。我只有在学校时才呈现出一个女孩子的活泼天性"。先生通英文，也曾着西装，年轻时应该属新派人物，但教授之家，新中有"旧"，旧中有"新"，在小孩子心中充满了失落和矛盾，可见人们要剪掉心中的辫子是难的。因为寓京17年，杨树达的子女杨德洪、德骧、文玄、德娴、德纯、德豫、德庆、德嘉等，大多操一口纯正京片子，杨德娴特别喜欢京剧皮黄，能达到上台的水准，日后在学校的联欢、迎接长沙和平解放等诸多重要活动中都派上了用场。杨德娴的爱好，显然已与地道湖南人喜傩戏、唱花鼓大为不同，他们这一代还是湖南人，但又与湖南人不一样。自湘军崛起后的湖南人二代、三代，大概都这种样子吧。作为教授的女儿，她的英文极好，后来还自学中医典籍，掌握了针灸，通过考试获得了医师资格，不过一直没有正式稳定的工作。

"文化大革命"结束后，开始全国范围的拨乱反正、落实政策。杨家属于重点家庭，大侄子杨伯峻、七子杨德豫等的右派"摘帽"，杨家二代中有几位重新安排工作。杨德娴因丈夫在"文化大革命"后期自杀，失去生活来源，临时在街道图书室任管理员，需要先解决生活待遇。

杨树达长子德洪的亲家文于一是湖南省政府参事室副主任，而参事室当时和文史研究馆一道办公，文建议杨德娴先写一个报告交给住在教育东街的湖南省政协主席程星龄先生。中国社科院语言所的王显先生是杨树达的学生，回湘看到杨德娴生活无着，遂联系时任全国妇联副主席的黄甘英，黄副主席是杨德娴20世纪30年代在北平念小学时的同学和好友，经黄斡旋，杨树达夫人张家被去世后停发的每月40元生活费仍由湖南省委统战部按月发给杨德娴。后来，经委统战部商文史研究馆，杨德娴符合礼聘馆员标准，决定聘其为馆员。有一天，杨德娴到统战部领生活费，出纳对她说，下个月，您就不用来领钱了。杨德娴忙找领导去问，才知道自己成了文史研究馆馆员。杨家后代回忆，当年杨树达先生牵线成就了门下两弟子王显和任建纯的姻缘。程星龄1957年被划为右派，曾想把女儿介绍给杨德豫（也是右派），可杨家老七不干，程杨两家联姻未果。后来程的女儿程波曼也进了文史研究馆，与杨德娴是同事。历史叙事虽然宏大，但有因必有果，从前的情，今后的缘，道不尽，却也说得清。

三代治《论语》

杨树达作为小学大家，章句之学是其看门功夫，他精研先秦诸子，《论语》自然不例外。1938年11月，杨树达避难西迁，到位于湘西群山之中的辰溪县办学的湖南大学，寓居县城刘家巷。就是在这样的艰难困苦中，杨树达开始了《论语疏证》的写作。他说："吾人既不能执干戈以卫社稷，则整理文化留贻子孙，非吾辈任之而谁任之哉！"杨树达治《论语》，是先辑古义，而后逐步扩充疏证。《论语疏证》直到他去世前不久的1955年才正式出版，历时17年，厚积而薄发，充分体现了他对研究工作的严谨态度。陈寅恪先生读到该书时赞叹道："今先生汇集古籍中事实语言之与《论语》有关者，并间下己意，考订是非，解释疑滞。此司马君实、李仁甫长编考异之法，乃自来诂释《论语》者所未有，诚可为治经者辟一新途径，树一新楷模也。"杨树达先生提倡学术研究要有创新，他的"温故而不能知新，其病也庸；不温故而欲知新，其病也妄"，就是其注释《论语》的名句，被当今学术界视为治学格言警句。

续写杨门书香佳话的是杨树达兄长杨树谷之子杨伯峻。他早年毕业于北京大学中文系，随叔父杨树达学习语言文字，还拜黄侃先生为师。历任中学教员、冯玉祥将军研究室成员、中山大学讲师、湖南民主报社社长、湖南省政治协商会议秘书处处长、中共湖南省委统战部办公室主任、北京大学中文系副教授、兰州大学中文系副教授、中华书局编辑。他在语言文字领域的贡献主要体现在古汉语语法和虚词的研究方面以及古籍的整理和译注。1957年，冯友兰先生写信给科学出版社推荐杨伯峻的《论语译注》书稿。冯教授认为《论语》是哲学史研究的极重要的资料，文约义丰，极不好翻译。杨伯峻的翻译用过很大的功夫，又经过杨树达的校正，对于研究《论语》的人及一般读者都有很大的帮助，建议出版。幸运的是，杨伯峻被打成"右派"后著作仍如约出版。该书至今已经印刷约200万册。除了最初的本子、1980年的第二版，已有7种版本行世。网上有人评价杨伯峻先生的大作："《春秋》因为有孔子而成经典，而今天的《论语》因为有了杨伯峻先生而重焕生机。《论语译注》之美，惊世的磅礴，永生的难忘。"在长沙城地铁线的文化传播中，关于《论语》名句的注释均采用杨伯峻先生的释文。"杨伯峻和其叔父杨树达一样，一方面对传统文献讽籀极熟，另一方面又掌握了现代语言学知识。他治语法，得利于文献的烂熟于心；治文献，又娴熟地运用现代语言学手段扫除各种障碍；因而左右逢源，多有弋获。"这大约是《论语译注》能成为经典的原因。

倾注于儒家经典，杨门还有第三代。从小圈子流传的一个段子，可以看出这位杨树达先生的嫡孙、上海大学中文系教授杨逢彬的真性情，以及这个以治小学著名的文化世家子弟的学究气。一位湘女名伶，全国知名，唯伊姓名搭配十分不雅，粗痞不堪，作为语言文字学家的杨教授专函告其父母取名不慎，建议易名，让人啼笑皆非，忍俊不禁。这个故事绝对高出老张家张士诚取名典故几个段位。逢彬教授在知青下乡的岁月里吃尽了苦头，他回城后为杨家落实政策上下奔走的精神让人肃然起敬。

克绍祖业方面，逢彬在堂伯父杨伯峻的研究基础之上，全面运用现代语言学倡导的系统性、社会性、历史性观念和方法注释古籍，加以计算机检索穷尽分析，解释的准确度、可信度，较之《论语译注》无疑更高。《论语》中还有一些古今众说纷纭、莫衷一是的疑难词句，杨逢彬试图找到一种方法以更准确地去理解。

杨逢彬认为，语言是一个系统，凡系统都有封闭性、自主性，系统内部的问题包括词语问题一般不受外界因素的影响。他坚信各个词语在特定句子上下文条件下的用法与意义是独一无二的，任何经过严格训练的人考辨特定时代特定句子上下文条件下词语的用法与意义，结果都会一致。这样的词语考证，就是可重复可验证，古人训诂中的经典范例也都符合这一原理。比如《诗经·邶风》"终风且暴"，汉代有人说终风是西风，有人说是终日风。训诂大家王引之根据《诗经》中"终"出现的上下文"终温且惠，淑慎其身""终窭且贫，莫知我艰""神之听之，终和且平""禾易长亩，终善且有"认定，"终"是类似"既"的意思。

2004年年初，杨逢彬开始《论语新注新译》的研究与撰写，书中有160多例对疑难词句的考证，其中有几十例是类似王引之的这种考证，《论语》中古今见仁见智的词句，该书基本上都论证到了。如，《子路》章记载孔子引用南方人的话："人而无恒，不可以作巫医。"他的堂伯父杨伯峻解释"巫医"为一个词，指既能通鬼神，又能治病的人。杨逢彬利用电脑搜寻分析，发现先秦文献中"巫"和"医"一般都分开说，合在一起的仅此一例，故认为"巫医"在当时应是词组，指巫者和医生。这和《周礼》的记载高度吻合。又如《微子》章"曰：'吾老矣，不能用也。'孔子行。"短短11个字，就有两个歧义：一、"吾老矣，不能用也"是前面出现的齐景公说的，还是孔子说的？二、如果是齐景公说的，是说自己"不能用"，还是不能用孔子？杨伯峻先生译为齐景公说自己"不能用"，即无所作为了。孙钦善先生的《论语本解》译为孔子说自己老了无所作为。杨逢彬为证明堂伯父说是对的，他运用祖父杨树达倡导的"审句例"方法，寻找《论语》遣词造句的规律，发现话如果是孔子说的，"曰"前必须出现"子"或"孔子"；"孔子行"也证明不是孔子说的，否则"孔子"就不能出现，只能是"遂行""乃行"。"不能用"是齐景公说自己；如果说不能用孔子，"用"后必须有宾语。

杨逢彬呕心沥血12年，《论语新注新译》由北京大学出版社出版。他的祖父杨树达先生著有《论语疏证》，堂伯父杨伯峻先生著有《论语译注》，作为杨氏家学后继者的杨逢彬立志要站在先辈的肩膀上再攀学术高峰，在这两部经典之作后再出新著，这本身就是一段学术佳话。一门三代注《论语》，还会有哪一个家族来赓续这样的传奇？

世上已无积微居

学者喜用笔名斋号，梁启超先生的"饮冰室"，王国维先生的"观堂"，叶德辉先生的"郋园"，陈垣先生的"励耘书屋"，陈寅恪先生有"金明馆""寒柳堂"，知名度都非常高。名号饱含主人的心境情趣。1924年5月，在北京师范大学教书的杨树达，根据《荀子》"积微者著"语，名其书斋为积微居，这个名号伴随了杨树达先生一生。积微居的知名，是因为庄子，还因为杨树达先生把自己的很多著作都冠名积微居，随出版而传播更广。应该说，北京的居处是最早的积微居，辰溪和广州的寓所也是积微居，河西湖南师院至善村的公房是树达先生最后岁月的落脚地，是杨先生友朋子弟最认同的积微居。文化既是形而上，也是形而下的，文化在人的心里。余英时先生曾说，他人到了哪里，哪里就是中国文化，有中国人的地方就有中国文化。所以，积微居的主人到了哪里，哪里就是积微居。杨家后人只把一大家子最后由岳麓山搬入长沙市北区湘春路安庄的宅院称为积微居，其实，道理与曾国藩老家的富厚堂一样，主人并没有入住过，但是它代表了这个家族，也凸显了这个地方的文脉。

积微居的变故道尽了杨家的沧桑和这个时代的无奈。

杨树达先生去世后,夫人张家被认为还住单位的公房似不合理,做主用6000元人民币买下长沙市内北区兴汉门的湘春路36号安庄,花掉丈夫一生积蓄的一半。杨家便举家从岳麓山腰的至善村迁往河东。这所宅子占地约4亩,是有前院、后院和菜园的洋房。浓荫蔽日蝉高鸣,葡萄架和桑树上硕果累累,凉亭依偎在池塘边。洋房两层,坐北朝南,大门左右各有几间平房。洋房正面有一排高高的梧桐树。厨房在后院靠西,厕所在后院靠东,分男女厕,都是蹲式抽水马桶。还有空房,即原有的图书室、儿童活动房、储藏间等。洋房是一位开安装公司刘姓大老板所建造,取名"安庄"。大约此公看到形势不妙,打定主意趁早卖掉,远走香港,杨家遂成为接盘侠。一位抄家无数的红卫兵后来说,这是当时长沙最大的三座宅子之一,其余两座是湖南省委书记张平化的住宅以及何键的蓉园。

杨老太太带着几房子孙、两个女儿女婿好几家人加上用人入住安庄。刚收拾停当,居委会出面了。他们的理由是还有很多人没房子住,杨家却有空余,因此必须出租;租金每户每月为一元。在当时的氛围下,杨家已没有反对的底气。这样,一下子又搬进来几户。人的性情和生活习惯各不相同,安庄遂成了一个大杂院。

这期间,杨树达先生的遗稿上演了一段插曲。一位北京中国书店的人来安庄积微居收购遗稿。张家被夫人卧病在床,见来人持有马宗霍先生的推荐函,就让他自己到楼上储藏室去找。那人将收集到的东西装满一担,列了一纸清单,请张过目签字。后来,其中的《积微居日记》49册被中国科学院图书馆买走,另一种重要遗稿被中央民族学院图书馆买走,而凝结了杨树达先生毕生心血的《文字形义学》定稿则不知所终了。杨伯峻先生知道此事后,曾试图挽回。那人拿出老太太签字的清单为证,杨伯峻无可奈何。

《积微居日记》尚遗留两册在安庄。20世纪80年代，为使这份珍贵的近现代史资料成为完璧，杨家无偿将它们捐给了中国科学院图书馆，只是索要了这两册的复印件。

"反右"过后的几年，杨家相对较为平静。积微居的主人杨树达也走了大几个年头，安庄年久失修，洋房外墙一层层地脱落，露出红砖；花园长满了杂草和蓖麻，成了黄蜂的领地。1965年春，杨家被迫举家迁往不远处蔡锷北路上学宫街一条巷14号，面积只有安庄的五分之一。有前后院，洋房一层，后院有平房几间。也幸亏杨家搬走了，否则"文化大革命"时期积微居目标过大，似乎难以避免被冲击的命运。但学宫街这处房产在后来的十年动乱里，杨家也没有能保住，到落实政策时把遇夫先生的后人折腾得精疲力竭，最后不了了之。

沾着杨树达先生味道的安庄积微居没有了。文夕大火后，长沙城几乎化为灰烬，本没有什么看得入眼的建筑了，安庄积微居曾是长沙市民心中的豪宅。20世纪80年代初长沙入列国家级历史文化名城，安庄是有资格冠名名人故居的。那时的领导目光终究短浅，在城市改造中这些破破烂烂的老建筑被撤得干干净净，地名都没有了。积微居在北京算不得什么历史文化资源，但于长沙可是宝贝，是我们自己不珍惜亲手毁了它。连时务学堂故址在潮宗街历史文化街区都没有建设利用好，南宋古城墙也不见了踪影，更遑论安庄积微居。假如长沙还有积微居，对于杨家后裔仅是一种念想。"千古江山，英雄无觅孙仲谋处。舞榭歌台，风流总被雨打风吹去。"世上已无积微居，对于遭遇文夕大火劫后余生的长沙市而言，什么都没有留下是这座历史文化名城的宿命。

撰稿：李跃龙

▶ 曹典球：
民国湖南官场的清流

在民国时期的湖南主流社会，有一位特殊的"大人物"，他办过实业，在政界游走，当过省政府代理主席，但终究不是纵横捭阖的政客，而是一位正直无私的爱国人士、立己立人的教育家、社会贤达、一介文人。这位湘贤就是曹典球，他阅尽清末民国的风云变幻，见证了中华人民共和国的建政初始，1960年以84岁高龄在湖南省文史研究馆副馆长任上去世。

寒门出贵子

曹典球，字籽谷，号猛庵，长沙县东乡曹家坪（今黄花镇）人。其父曹广滋，因为湘军官兵在安徽甚众，依靠乡支关系在省城安庆立足，以缝纫谋生，并识得当地女子江氏而成家。1877年7月29日，曹典球生在安庆。1881年江氏在长沙县病逝，加上曹广滋不善经营，家境十分艰难，只好将曹典球过继给远房族伯曹广琏为子。曹广琏也只是一位以授徒为业的穷秀才，但后来得到任郴州州学训导的机会。曹典球聪明好学，即随养父到郴州生活，始读四书五经，学经史辞章。当时的郴州地瘠民贫，距长沙遥远，有"船到郴州止，马到郴州死，人到郴州打摆子"之谣。曹典球在嗣父的教导下，靠少年苦读改变命运。1895年，曹典球一帆风顺通过考试，与杨昌济、徐特立为同科秀才。1897年，曹典球又考入湖南时务学堂，因思想活跃，追求维新思潮，得到湖南巡抚陈宝箴、学政徐仁铸赏识。次年，朝廷为破格选拔人才，举办经济特科考试。陈宝箴举荐曹典球以湖南第一名的身份参加特科应试，后因戊戌政变发生，考试停止。但参加经济特科的经历，为曹典球今后在实业界的发展打下了坚实的基础。这一时期他所结识的梁启超、谭嗣同、谭延闿、熊希龄、范源濂、唐生智等人物，为曹典球日后不同阶段在北京政府、北伐军、湖南省政府中任职和兴办教育等提供了广泛的人脉资源。

1903年，曹典球应谭嗣同、唐才常的老师欧阳中鹄先生之邀，到浏阳县立小学堂任总教习，从此开始了他的教育生涯。次年，经熊希龄推荐，曹典球到湖南高等实业学堂任教。执教之余翻译了日本崛田璋左的《外国地理讲义》一书，这是当时最完善的外国地理教材。此外，他还编写了《朝鲜史》《安南史》《缅甸史》等书，在优级师范和中学使用，解决了当时学校史地课教材缺乏的难题。1908年秋，就任湖南高等实业学堂监督，在职4年，首次创办了矿业、土木、机械、化学、铁路等专科，为湖南高等工业专科教育打下了基础。他从中国自然科学的落后和清政府的腐败中认识到，要使中国富强起来，非走实业救国的道路不可，强调"教学以理论与实习相结合为主旨"的原则，兴建实验工场，重视实验课，并亲自带领学生做实验。

1912年春，蔡元培任南京政府教育总长，委曹为教育部主事。同年秋，时务学堂的同学范源濂任北京政府教育总长，委曹为教育部秘书。1913年，熊希龄出任北京政府内阁，荐曹为国务院秘书。1914年年初，任财政部汉阳造纸厂厂长，着力恢复厂务，改造设备，聘请美籍工程师，造出了多种优质纸张。袁世凯称帝后，曹典球愤然辞职回湘。讨袁胜利后，谭延闿第二次督湘，曹典球受邀组织湖南"育群学会"，与美国雅礼会合办湘雅医院和医学专门学校，被推选为会长兼湘雅医学会董事。

1922年，曹典球用自己多年积蓄创办"文艺书院"（后改名文艺中学）。同年夏，任长沙市政公所总理，在职两年多，完成了长沙市环城马路的建设。1926年，湖南省省长唐生智委曹为教育司司长。北伐开始后，任国民革命军第八军秘书长。1929年，谭延闿出任南京政府行政院院长，委曹典球为湖南省政府委员。1930年，曹典球兼任湖南大学校长。1931年年底，曹典球被任命为省教育厅厅长。1936年2月至1937年5月，何键曾一度委曹代理省政府主席。1937年年底省政府改组，曹典球被除去省政府委员职务，乃专心以育人为己任，办文艺中学，并将六十大寿所得贺礼万余元全部用于建设文艺中学的实验室和图书室。抗战期间，文艺中学由长沙迁宁乡、安化、湘乡等地，曹典球随同师生转徙流离。1946年，文艺中学回迁长沙，曹典球任校长，并在湖南大学中文系任教授兼课。湖南和平解放后，曹典球得到党和政府礼遇，将文艺中学无偿交给国家。

一人何奇？曹典球出身贫寒而终成民国湖南官场的一股清流，诗耶、儒耶、官耶、商耶？在名家辈出的湖南教育界，曹典球以其教育行政首长、国立大学校长的多种履历，私人办学的理念和实践，成为一道独特的风景线。

省政府代理主席

曹典球不是政客，一生都未加入国民党,从政非他所愿亦非所长，但他做官做到了省政府的代理主席。因为与谭延闿的关系很好，谭当南京国民政府主席后，委任曹典球为湖南省政府委员，从1929年11月起到1937年11月，长达8年之久。1931年年底，曹典球还被任命为省教育厅厅长，当时的省政府只有民政、财政、建设和教育4个厅，权重可见一斑，他还一度兼任湖南大学校长。

1936年2月，因为省主席何键在衡阳设立"剿共"指挥部，曹典球的"官运"走到他人生的极致，至1937年5月，被国民政府委任为省政府代理主席。

当时省政府的秘书长是何键的醴陵籍老乡易书竹。易是追随何键从军的发小，为什么代理主席不是何键的亲信易书竹而是大好人曹典球呢？大概有这么几层原因：一是曹典球与何键私交不错，而曹为人正直，不搞拉帮结派，何键放心曹典球这个人。二是曹典球得到上层和同事的广泛尊重。有一次蒋介石到湖南视察，与何键、曹典球二人照相，蒋站右，何站左，让曹典球居中，说明他人望高。三是何键不想给人落下醴陵帮的口实，用曹典球做代理主席展示他的公道正派。事实上，在曹典球任代理主席期间，省政府的工作仍然由秘书长易书竹实际把控运作，形成一个类似的三人小组，即易书竹、教育厅厅长朱经农与曹典球，朱经农是海归，一位学者型的领导。这个核心团队被省垣新闻界一晚报讥讽为"一槽猪（谐音易曹朱）共主湘政"，当时传为笑谈。见报次日，曹典球与朱经农在万国戏院看京剧《铡包勉》，苦笑对朱曰："铡无龙虎狗，官有易曹朱。"他一生喜作诗联，此联幽默风趣，拿自己开涮，得到了"水晶球"谭延闿的真传。"一槽猪"是湖南官场的一则老典故，与二三十年前湘潭新旧两派斗争、驱逐叶德辉相关。"易曹朱，黄叶蔡"之谣，"易"是易味腴，"曹"是曹毅亭，"朱"是朱德裳，"黄叶"则指守旧人物王先谦和叶德辉，谓"一槽猪势吞黄叶菜"，湘潭方言，黄、王不分，"蔡"字谐音菜。

曹典球做的是国民党的大官，何键为了笼络他，要送一栋公馆和小汽车，按当时的制度和风气，本可坦然受之，用心回报，但他坚决不受，引为奇谈。省里一些重要决策或案件，或者重要的死刑判决，最后都要由省主席"画行"才生效。代理主席期间，他当然也要画这个"行"。但他的原则是，凡是死刑判决他就一律不画。这中间当然也有共产党人或进步人士被杀害的案子，他就避免了插手其事。张治中是没有和红军打过仗的国民党将领，曹典球这样做类似张，虽不一定能挽救了谁，但用他自己后来的话来说："我混迹官场这么多年，没有制造或判处过任何的冤、假、错案，足慰平生矣。"

曹典球的好人缘，也在长沙传为佳话。据为毛主席做过饭的湘菜大师石荫祥回忆，1936年走马楼的曲园酒家接到一单生意，是省政府曹代主席六十大寿，摆席102桌，空前的盛况，成为民国长沙餐饮史上高档寿宴之最。

与毛泽东的交谊

《呈毛主席》

一九五九年六月二十八日下午五时，中共湖南省委一位同志乘车来我的住宅司马里十一号，说："毛主席请你到省委去晚餐，并顺便去接李淑一、杨开智两先生。"因他不熟悉李、杨二先生住处，我便同他一起去邀请。不一会，我们三人一同乘车到了省委办公厅，程（潜）、唐（生智）、周（××）副省长均已在座。不久毛主席偕同周小舟书记到了客厅，毛主席与我们一一握手，并与李淑一先生谈起《蝶恋花》词事。主席说："因为当时李淑一送了我一首怀念柳直荀的词，词中之意，都是代淑一写的。"我说：

"正好为《蝶恋花》添一个本事注脚啊！"主席精神饱满，和蔼可亲，犹是少年时代的风格，令人欣喜。我随后作了一首旧诗，纪念这次的会见。

船山星火昔时明，莽莽乾坤事远征。

百代王侯归粪土，万千穷白庆新生。

东风已压西风倒，好事原由坏事成。

幸接谦光如夙愿？雅惭无以答升平。

这首七律见于曹典球1959年未刊手稿，作于6月28日。当天下午，毛泽东从韶山回到长沙，在天心阁公园宴请程潜、唐生智和曹典球、李淑一、杨开智等人，并合影留念。

大概因为曾看到了1955年曹典球在杂志上发表的两首七律，毛泽东对大家说起长沙老城："听说在1924年，是典球先生的一股刚劲，才保留了长沙的这段古城墙和天心阁，这种精神难能可贵！"并竖起了大拇指，大家不约而同地鼓起掌来，曹典球忙起身推摇双手说："感谢主席的嘉言！区区小事，何足挂齿！"接着有人说："可惜文夕大火把天心阁烧了，真是太可惜了！"毛泽东说："过去的事已成为历史，现在的权力在人民大众手中，别着急，今后，天心阁还可以重建嘛！"

曹典球的这首述怀之作已收录在公开出版的《诗文集》中：

《乙未十月十三日，同芸阁、抱圭登天心阁看菊花会》

其一

在昔崩城迹未堙，尚余高阁镇湘滨。

黄花迎我秋容改，赤帜横空市面新。

不让会春夸霸业，因留傲骨度霜晨。

偕游尽有忘形友，漫比陶潜咏士贫。

其二

高阁何由得此名，清初明代尚纷争。

天心那得人窥见，地骨应同岳构成。

新植黄花无瘦损，分流碧浪示和平。

忍思少壮登临日，狂笑翻催老泪横。

自注：余曾理长沙市政，彼时正拆城墙，工未竟，群议将天心阁毁去，余力辞不可，今得保存。

诗是好诗，老先生在主持市政建设的过程中，力保了长沙的这一地标，确确实实是为历史名城做了一件功在当代、惠及后世的大好事。

这是新中国成立后曹典球唯一一次与毛泽东的会面，程潜、唐生智是民国元老，地位高于曹典球，毛泽东也多次与他们相见。从邀请的范围来看，有毛的妻兄杨开智夫妇参加，那么宴请的主题之一应该是感谢曹典球在20世纪30年代对毛岸英三兄弟和杨家的搭救之恩。

汉口八七会议后，毛泽东回湘领导秋收起义，带部队上了井冈山，妻儿则滞留在长沙板仓岳父家。杨开慧母子四人与杨开智一家生活在白色恐怖之下，东躲西藏。杨开慧被捕后，一些极端官员扬言"要诛毛泽东的九族"，曹典球与李肖聃、柳午亭等人一起，参与了营救。当时毛岸英兄弟三人流落长沙，情况危急。曹典球雇了一条船，由其堂弟曹典权先护送他们到武汉，再辗转去上海。当时，杨开智也是要抓捕的对象。一次他被特务跟踪到了湖南大学，他看到曹典球正在上课，便藏身在曹典球的讲桌下面。特务们追到教室，被曹典球训斥，只得悻悻离去。

这些旧事，曹典球在新中国成立后告诉了家里人，如其幼子曹修易、孙辈曹治询。以曹典球的君子风度，当不至于粉饰夸大。曹家住司马里，杨开智一家居学宫街，咫尺之间交往甚密，说假也不易。毛家不忘旧情，1950年，毛岸英第一次回湖南，带上礼品看望曹典球。

曹典球还对子孙辈讲述过一次与毛泽东的"凉亭对"。长沙"马日事变"前夕，曹典球邀约毛泽东在家中后花园凉亭里长谈，论点是共产党能不能在中国取得胜利。曹典球认为中国的条件与苏联大不相同，搞共产革命恐怕为时尚早，不符合历史发展规律。毛泽东则认为中国比俄国穷，不必走俄国革命的老路，也可以完成民主革命的任务，建立社会主义。两人争得互不认输。最后毛泽东说："你等着瞧吧！"曹典球对其孙曹治询说："他硬是搞成了，我服输了！"这大概是曹典球和毛泽东交往中最具实质意义的一次。

新中国成立后，曹典球先后任湖南省军政委员会顾问，省人民政府参事，第一、二届省政协常委，第一、二届省人大代表，省文史研究馆副馆长。毛泽东在给一师同学周世钊的回函中多次表达了对自己尊敬的前辈的问候。

如1955年10月14日毛泽东致周世钊的信："承录示程颂万遗作，甚感，并请向曹籽谷先生致谢意。"

又如1956年12月29日毛泽东致周世钊的信："信及诗收读，甚快。某先生楚辞，甚想一读。请你代候蒋竹如兄，又请你代候曹籽谷先生，谢谢他赠诗及赠南岳志。"

其中，"某先生楚辞"当指刘永济的《屈赋通笺》。刘永济是湘军刘坤一之后，湖南大学、武汉大学名教授。毛泽东对楚辞情有独钟，所以"甚想一读"。1956年，曹典球完成了文史研究馆编写《南岳志》的工作任务，全书有40个条目，约2.7万字。对一位年近八旬的老人，实属不易，他把稿本誊正一份寄给了毛泽东，并附了一首诗。我们在他的未刊手稿中找到了这个稿本，但不知什么原因，曹将题目定为《人民的南岳》，在下面加注了一行字"即《南岳志》一九五六年写"，大概有南岳回到了人民的怀抱之意吧！

一生用情是教育

"四十年来老讲师，三湘教育赖维持。遥维雨化春风里，十万儿童献祝词。"这是1936年曹典球六十大寿时一位学生的祝寿诗。曹典球两度任湖南大学校长，也出任过省教育厅厅长，创办私立文艺中学，更是耗尽了他一生的心血，说他是教育界的第一号人物当不为过。

曹典球养父曹广玭以教书为业，曹典球从1903年任浏阳县立小学堂总教习起，开始了长达半个多世纪的教育生涯。1908年，湖南学政吴庆砥委任曹典球为湖南高等实业学堂监督，他首次将原办的矿业、土木、机械、化学等3年制专科，改为4年制本科。其中的矿业、土木（含路桥）等专业逐渐演变为今中南大学矿业、土木两学科的前身。培养了一大批栋梁之材，如他的学生李国钦，留学伦敦皇家矿业学院，发明"碳化钨李氏冶炼法"。李国钦因担任华昌公司驻美代表成为巨富，为表达对恩师的感谢，馈赠重金，曹典球把这一笔钱用在建设文艺中学上面。另一名学生李承干留学日本回国后任兵工署副署长。自1910年起，高等实业学堂附设专门培养中等实业学堂教员的实业教员讲习所，该校成为湖南第一所多学科性高等工业学堂。清政府学部曾评论："中国自北洋大学堂外，工程学科未有如湖南高等实业学堂之完善者。"曹典球是湖南省职业技术教育的开创者。

1922年，曹典球用自己多年积蓄，创办私立文艺中学。"艺"即"科学技术，科学精神，科学方法"，他认为教育救国"要的是科学，要的是经济，要的是人才"，乃以育人为己任，其六十大寿时所得贺礼万余元全部用来建设文艺中学的实验室和图书室。

曹典球历尽劫难办教育是在抗战期间，当时他已年过六旬，步入老境。日军炮火抵近湖南后，他要考虑文艺中学和一大家子南迁。知向谁边？只能走一步算一步。他们先撤向宁乡，但宁乡咫尺长沙，显然不是久留之地。再往西南行，便到了安化，先暂住仙溪，后往稻谷坪。1939年8月，曹家和文艺中学再迁湘乡县杨家滩佩兰堂，主人是湘军一位刘姓将领的后裔。因为局促，1942年，曹典球又将初中部搬到谢家大屋，1944年将高中部迁到更远的桥头河正谊草庐。

他们形同逃难的灾民，搬迁路途的艰辛一言难尽。要组织人员把图书、仪器、办公用具、课桌等装箱、捆扎、搬运，租赁船队沿湘水、沩水、涟水溯流而上。河里弯道暗礁多，还要一坝一坝地过，有时坝里水浅过不了船，有时因为船太多排不上去，有时船触礁进了水，这样，一个地方要很久才能过去，有的甚至要等几天，遇上雨雪天气更是苦不堪言。曹典球年岁已大，间或借舆轿代步，大部分时候要靠自己的双脚走路，翻越崇山峻岭，通常走上好几天才能到达。既要防止敌机轰炸，路上还要避开日寇，只能走小路，否则就有性命之虞。往往一次搬迁要一两个月才能完成。在那烽火连天的岁月里，他们所吃的苦、所受的累，非常人可以想象。没有课堂，树林里、墙壁上挂块木板就讲课；没有课桌椅，坐在地下听课，伏在膝上记笔记；没有食堂，同学们分点米，扯些野菜解决吃饭问题；没有浴室，就在池塘中洗脸洗澡。

为办好学校，曹典球动员留学日本刚回国的四子修宪在学校任教，自己还在主持校务之余亲自任教国文、历史。还有大量难民不断向文艺中学拥来，为此，曹典球在学校在最困难的时候设立了临时收容点，把自己仅剩的粮食拿出来救济难民。妻子许孟弼则独自全力承担起勤俭持家责任，1944年夏终因操劳过度去世，年仅58岁。伤心欲绝的是，春秋正富的曹修宪也在学校病故。当时，曹家生活极其艰难，妻儿去世，堂堂原省政府代理主席竟无钱安葬，还是湘乡士绅周咸和仰慕曹典球的才学人品，义赠两具棺木才得以安葬妻儿。为了增加收入，曹还兼了国立师范学院的国文课。在湖南大学工作的朋友知道曹典球的窘况后，联名写信邀请去时迁辰溪的湖南大学任教，但曹身为校长哪能不管学校，只能谢绝。

家国蒙难，但弦歌不绝。在曹典球的苦撑之下，文艺中学仍然人文荟萃。曹典球非常仁义，他聘用了叶德辉之子叶启勋在文艺任教，为藏书家后人保留了饭碗。马宗霍、刘永湘和张舜徽等先生都在文艺任过教，曹典球还开出了较高薪资。刘永湘月薪28元，每课时有7元；张舜徽每课时8元。而当时在湖南大学教英语的曹修干，课时费还低于文艺老师的报酬。钱锺书陪侍父亲钱基博在蓝田国师任教，曹因维持一家生计而在国师兼课，三人结为文友，相互唱和。锺书年轻气盛，夫妻分居两地不能团聚，心中十分苦闷，在杨家滩形同落了难的才子，后来在《围城》中描绘这一段生活时多压抑和批判文字，三闾大学充满灰暗。曹典球在赠诗中，总是用"漫愁屈贾无安处，卑湿于今渐扫除""偶拈红叶题成句，定有青春伴返乡"这样的句子，开导和安慰这位后生。曹典球菩萨心肠，厚待老师和朋友可见一斑。

曹典球重视教育，对学生倾注了满腔热情。他保护进步学生，为家庭困难的学生免学杂费，多年后回忆老校长的感恩文章很多。湖南出版界领军人物锺叔河在1947年考入文艺中学，他年轻时激进好动，经常参加示威游行一类的活动。曹典球赋诗赠他："救国深心托九歌，欲征湘士荷吴戈。楚虽三户亡秦必，何事怀沙赴汨罗。"大有箴劝之意。那年寒假，锺叔河去校长室辞行，曹典球又写了一联《自遣一首赠锺生》相送："无聊只自钻牛角，知味何曾食马肝。"可见曹典球的用心良苦，待学生如对自家子弟。

在杨家滩的岁月，暮年的曹典球对国家民族、对学生、对未来仍然信心如磐。1942年秋，文艺中学如约举办建校20周年校庆。当时，抗日战争进入最艰苦阶段，曹校长坚信曙光微耀，胜利可期。他要求师生结合抗战形势，撰写对子迎校庆。一位叫吴继刚的学生写出"涟水悠悠，练淘三千弟子；弦歌琅琅，光耀二十春秋"这样的佳作。曹典球是作联的高手，他巧借王昌龄《出塞》诗中之名句作下联，一副"宛若游龙出沧海；不教胡马度阴山"，得到全校师生一致好评。庆祝大会之后，由高、初中两部共八百师生，列成双行长队，齐唱进步歌曲，高呼抗日口号，举行游行，贯穿杨家滩镇，引得居民空户，万头攒仰，可谓盛况空前。这是抗战时期的一出兰亭曲水流觞，这是南国涟水之滨又一批中华民族的优秀子孙在高唱湖南版本的《抗日军政大学校歌》，地点不同，壮志豪情一也。

身教言教与家风

1951年，曹典球在自传中介绍了家庭情况，"余初娶唐氏，生子二，一修诚、二修干，唐氏一九〇六年去世。一九〇九年我再娶许氏，生子修懋、修宪、修矩、修育，女修让、修恕。一九二五年，我认识石希静，生子修易，一九四四年，许氏去世，即以石希静为妻。修易生子二，一治骏，次治辅。长子修诚一九三二年逝世，孙治蒂、治询，曾孙二，为治询所生。"他先后有3房妻子，育有7子2女，这个家庭四代同堂，包括子、媳、孙、婿在内有二三十号人。

曹典球的子孙辈，全都是大学毕业，长子曹修诚雅礼大学预科毕业，次子曹修干留学美国，老三曹修懋留学德国，是光学博士，萧劲光筹建海军时引进到大连军校。第四子曹修宪留学日本，五子曹修矩在湖南大学电机系毕业，六子曹修育毕业于湖南大学机械系，幼子曹修易在湖南大学经济系就读。女儿也得到完整教育，曹修恕就在湖南大学外语系学习。曹家第二代没有任何一人承袭祖荫，有过一官半职，不是教书当老师，就是从事专业技术工作。这就是曹典球培养子女的理念，曹家既无一个做官的，也无一个经商的。长孙女曹治瑜在国立师范学院学习外语，经钱基博、钱锺书父子介绍，与英语系主任汪梧封教授喜结良缘。曹典球的一贯家教是"家财万贯，不如薄技在身"。因此，他是从来不治家产的。一次，长子曹修诚积蓄了一点金饰，准备买田产，被他知道了，立即要过来，并严厉地说："要钱用，可陆续向我要，不许买田产。"当时像他这样的"高官"而没有任何家产留给后人的，真是绝无仅有。"文夕大火"后，曹家在城里的住宅和文艺中学均被焚毁，1946年从涟水杨家滩镇迁返长沙后，曹典球先住文运街，湖南和平解放后，他买下一里路之距的司马里19号、21-1号宅子。湘军名臣左宗棠也曾在这一片街区兴建府第，曹家的房子即属原左府马厩的一部分，有两缝共上下两层，建筑面积约200平方米，是带小院子的府邸。曹的二儿子曹修干住19号，最小的儿子老九修易和父亲住21-1号。曹典球在这里生活了十余年，距当年的省文史研究馆设在省政府办公楼一隅只有百余步之遥，上下班十分方便，他也终老于斯。现在的产权属曹修易的长子曹治骏一支所有。司马里历尽沧桑，因为建设长沙市总工会机关和湘江宾馆职工宿舍，司马里仅剩四五十米，左宗棠旧居完全撤废，已无任何地面建筑遗存。20世纪90年代建设长沙服装城，又用去司马里一些地皮，曹宅受到波及，但主体保存完好。司马里是长沙市一处具有浓厚历史文化底蕴的街区，但目前仅存的老建筑也只有曹典球故居了。从发掘和保护城市的人文历史资源来看，曹典球故居属于名人故居，应该纳入长沙市不可移动文物予以保护。

曹典球一辈子不买田，是个异数。许多名人因为置田在土地制改革运动中不好过关，在确定阶级成分中比较被动，曹典球应该属于早就看开了这一层浮云的人士。历史开的玩笑是，不置田产的曹典球，在去世六十多年后，其旧居由后人一直坚守保护完好，神隐在城中心的闹市区。

老话说打仗还靠父子兵，曹典球办文艺中学，他有几个子女直接在学校做帮手。锺叔河是文艺的学生，他回忆曹校长的两个儿子在学校上班，曹修懋还担任教务主任，性格脾气都特别好，待学生和气有加，同学们称呼曹修干为"二先生"，称呼曹修懋为"三先生"。

曹典球一门诗书传家，子女个个成才，在湖南省文史研究馆传为佳话。曹典球去世两年后，曹修干经湖南省委统战部部长曹痴推荐，受聘为馆员。修干在雅礼读书时与柳直荀是同学并成为好友。1919年赴美国留学，先在加利福尼亚州克雷蒙中学学习一年，后进入美国阿伯林大学及克林赖尔大学和密希根大学。后来因缺学费，1922年回国。1924年再度赴美学习。1996年年底以96岁高龄去世，是文史研究馆一位年高德劭的长者。伍大希写挽联评价他："圣诞归真，亦佛亦儒亦基督；高山仰止，擅英擅汉擅文章。"到第三代，老五曹修矩家与岳麓书院山长丁善庆的后人约为婚姻，丁鹏鬺的孙女、湖南大学女教授丁平一成为曹修矩的儿媳。丁平一以研究近代史和思想文化见长，2016年被省政府聘为馆员，续写曹家前面两代人的荣光。曹典球的第二段婚姻是长沙的世家许氏，许孟弼夫人知书达理，毕业于一师。她的堂侄孙许康是湖南大学的知名教授，知识渊博，2001年受聘为馆员。曹许两家为通家之好，在杨家滩的岁月里共租一大屋，许康之祖父许汝赓与王季范同届，曾在一师任教成为毛泽东那一班的写字课老师，在修业、文艺多所学校任过教，与曹典球共过事并友善，他们是郎舅关系，新中国成立后经过徐特立推荐受聘为馆员。许康之母还是曹家修字派，许康既可称曹典球为大姑爷爷，又可称大叔外公，小时与曹家孙辈治来、治玉、治理、治绩厮守在一起。省文史研究馆是省委省政府礼遇老年知识分子的专门机构，曹门几代人相聚在清流儒雅之境，峰峦耸峙，亦鼎盛空前，着实令人称羡。

兵战不如商战，商战不如学战

曹典球擅诗联，是文字的高手，但体现他一生思想高度最经典的语句却是"兵战不如商战，商战不如学战"这句话，他认为国家间的竞争最关键的是人才和教育的竞争，道尽了曹典球的思想精粹和他们那一代人救国救民的求索路径。

"商战"一说本起于启蒙思想家郑观应，他在《盛世危言》中提出"习兵战不如习商战"。学习西方，如果仅仅热衷于购铁舰、建炮台、造枪械、制水雷、设海军、操陆阵，讲求战事不遗余力，远不如西方各国那样倾其全力振兴商务。为进行"商战"就必须破除以农为本、以商为末、重本抑末的成见。曹典球继承了郑观应的这一思想并递进至"兵战不如商战，商战不如学战"。

曹典球在《湘报》第165号上，公开发表《兵战不如商战，商战不如学战说》一文，充分地论证了兵战、商战、学战三者孰重孰轻的问题。他认为商战比兵战重要，但其取胜最终还得依赖于学战。"中国自同、光以来，言自强者曰讲兵法，曰塞漏厄，言兵法则聘洋弁购器械，事事皆仰给外人。言商政，于茶叶则有美国之照会，而销路将绝；于蚕业则有康发达之条陈，而蚕种将绝；于税务，则试办多年仍须聘用西士。数十年派学生、立学堂、设译局，筹所以谋自强敌外人者曰兵也、商也，而国家曾不收一草一木之效者，何也？一言以蔽之曰，不学之故也。"同时，他还比较了中国与西方各国在对待军事、工商和教育方面的差异，并论述了学战是强国之本的道理："夫泰西之言学也，即以兵商论其上乘，兵法如算量图画地理及营垒水师交涉之公法律例，各国战绩胜败之由，皆须择其精者。其通商学，则训以数理捷法，各国物产，各国赋税，制造贸易之盈亏（详西国学校西学课程）。中国之兵多不识字，中国之商又多不识字，中国之官又多不识兵学商学之何谓，此计所以必出于聘西师也。夫西师之不可聘，近日谈时务者已渐觉其非（梁氏《通议》极剀切），一日当轴者明彼族计之巧、心之忌，于开民智、植人才之道，次第而举行之，此乃中西学战一大机关所自出也。"曹典球不仅这样说，而且几乎穷其一生投身于教育，开启湖南的职业技术教育，以一己之力办私立学校，两度出任湖南大学校长，成为教育史上的一位传奇人物。

东乡曹门人才辈出

长沙县黄花镇曹家坪，是曹典球的老家。在清代和民国建置相对稳定的时期，属于长沙县东乡，与浏阳县毗邻。曹家坪因曹姓聚族而居得名，这个家族还因人才辈出而名动省垣。除曹典球之外，还有曹孟其、曹伯闻、曹国智等，在20世纪上半叶的湖南政、学两界均有一定地位和影响，值得一说。

曹孟其，清光绪九年（1883）生。先后任湘军第二军军部秘书、湖南督军署秘书、广西省政府顾问等职，北伐战争时出任国民革命军前敌指挥部秘书。唐生智下野，曹孟其赴上海任法政大学、大夏大学教授，三年后返湘，任湖南孤儿院院长，兼任广益、三峰两中学校长。其经营湖南孤儿院前后共20余年，并将自己的田租、房屋等私有财产全部捐给孤儿院。他以院为家，视孤儿如子女，在全国慈幼会考绩中，湖南孤儿院名列第一，为时人所赞誉。同时他就孤儿院所有湖田，创建兴庆农场，购置拖拉机进行机耕，为湖南机械耕作之始。他博学多才，尤以文章见称；诗亦清丽，为王先谦、叶德辉、李肖聃等所称赏；又善制挽联，其书法，以魏碑而参颜意，学郑板桥而别开生面，古拙婀娜，时人称"童体"。

曹伯闻，清光绪十九年（1893）生。宣统三年（1911）参加武昌起义，1913年赴日本同文书院学习。1921年回湖南任唐生智部主任参谋、参谋长，1923年升第四师参谋长，1926年任第八军参谋长，参加了北伐战争。何键治湘期间，曹伯闻任省建设厅厅长、民政厅厅长，还兼任清乡司令部参谋长。红军过境湖南，他向何键提出"保存实力""不打硬仗"的建议，只尾追，不硬堵，红军到哪里就跟到哪里。1938年，任郴州第八区行政督察专员兼区保安司令。1940年以后，曹伯闻专门从事中医研究。解放战争期间，任湖南省参议会秘书长，利用职务掩护湖南地下党负责人，为湖南和平解放作出了贡献。全国解放后，他先后担任长沙市政府委员、市政协副主席、湖南省人民军政委员会顾问、省政府委员兼高等法院院长、省政协副主席、全国政协委员、全国人大代表、民革湖南省委主任委员。

曹国智，1915年生，1937年北平师范大学毕业，参加了北平"一二·九"学生运动，从事抗日救亡活动及教育工作。后随大批进步文化人士去到香港，香港沦陷后经东江游击区回到内地，从事教育工作。新中国成立后任省教育厅中教科长，后改任师范科长、教研室主任。党的十一届三中全会后重新获得工作，任教科所首任所长。曾任第一、五届湖南省人大代表，第三届全国人大代表。1983年当选为湖南省政协副主席。

撰稿：李跃龙

▶ 向恺然：
文武双雄

在湘贤名录上，有一位跨越军政界、驰骋文坛、投身武术事业、奔走教育领域的奇才，他就是向恺然。向恺然多姿多彩的传奇人生、开宗立派的小说佳作、卓越精深的武学造诣不仅为同时代的人所推重，而且为后继者发扬光大，不愧于"文武双雄"美誉。他是早期爱国学生运动的骨干，同盟会会员，民族、民主革命的积极参与者，在抗日战争期间投笔从戎，后力促湖南和平解放；他是闻名中外的文学家，出版了《留东外史》《留东新史》等留学生系列作品和以《江湖奇侠传》《近代侠义英雄传》为代表的武侠小说，在中国留学生文学、武侠小说等领域都具有开创之功，作品畅销海内外，并引起轰动效应；他是享誉全国的武术理论家和活动家，武艺精湛，擅长培养武术人才、推广武术活动，具有深厚的武术理论功底，留下了《拳术》《拳术传薪录》《太极径中径》等富有前瞻性、针对性、实用性的武术思想论著，对推广中国武术及武术学术化具有导夫先路的意义和影响。

早期学习经历

向恺然（1889—1957），原名泰阶，家谱记名逵，字恺元，笔名不肖生、平江不肖生，湖南平江人。他自谓"不肖生"，对其不孝不无嘲讽之意，所作《留东外史》开篇云："民国三年十二月十五日午后三时，尘雾半天，阴霾一室。此时此景就是不肖生兀坐东京旅馆，起草《留东外史》的纪念。"又坦言："不肖生自明治四十年即来此地……既非亡命，又不经商，用着祖先遗物，说不读书，也曾进学堂，也曾毕过业。说是实心求学，一月到有二十五日在花天酒地中。……非鸦非凤的在日本住了几年，归得家去，一点儿成绩都没有，怎生对得住故乡父老呢？想了几日，就想出著一部书作敷衍塞责的法子来。"后来，向恺然说他的笔名出自《道德经》，似乎隐含了一丝孤傲之气。向恺然之子向一学在《父亲》手稿中说："因为被骂的人太多，不敢写真姓名，改用笔名'平江不肖生'。当时有人问为何用这'不肖生'？父亲说'天下皆谓我道大，夫惟其大，故似不肖'。此语出自老子《道德经》，原来其'不肖'如此，并非自谦之词。"

清光绪十五年（1889），向恺然在湖南湘潭县油榨巷向泰隆伞厂出生。这是一个商人之家，祖父向贵柏，祖母杨氏。向贵柏原是黄正兴伞厂伙计，伞厂老板年过七旬却膝下无子，因看重向贵柏忠厚老实、勤劳干练的人品，便将产业交由他经营，伞厂也更名为向泰隆伞厂。向贵柏不负重托，尽心竭力经营伞厂，尤其注重产品质量，所生产的油纸伞闻名于世，畅销省内外。向恺然父亲向国宾，家谱记名莹，字碧泉，母亲王氏。向国宾是独子，天资聪慧，一心向学，考中秀才。

向恺然5岁开蒙入学，在私塾读"四书五经"，学八股文，并初通策论写作，准备像父亲那样走科举入仕之路。但光绪二十八年（1902），清政府在科举考试中停止使用八股文，虽然乡试、会试还有四书义、五经义，但文章格式已不受八股限制。光绪三十一年（1905），清政府废除了科举取士制度，设立学部，统辖各省学堂。在这样的背景下，向恺然自然未能通过科举考试获得功名。14岁那年，他考入长沙唯一的高等实业学堂——湖南省垣实业学堂（1908年更名为湖南省官立高等实业学堂），在该校"路科"学土木建筑。

向恺然从小就喜爱武术，据其孙辈回忆：向恺然5岁时，在湘潭跟从私塾老师仇先生练习巫家拳，身手敏捷。10岁左右，随家人从平江迁居到长沙县清泰都（今开慧乡），常和小伙伴到位于白沙乡张家嘴的清代著名将领、抗法抗倭英雄、福建陆路提督孙开华墓地遗址玩耍，骑那些石人、石马、石羊，但守墓人不准他们骑石狮子，说阴气太重，骑了会拉肚子。有的孩子偷着骑，回家果真狂泻不止，他却不信邪，偏要骑上去，结果什么事都没有。一位叫柳公的老者说："此事太过奇怪。我断言此子将来要么是孙家之婿，要么就是奇人将名扬天下。"柳公真是个预言家，他的两个假设都成为事实：向恺然娶了孙开华的孙女孙克芬做二夫人，也因为写出《江湖奇侠传》《近代侠义英雄传》而闻名天下。

在14岁时，向恺然还结识了武术名家王志群。王志群（1880—1941），号润生，湖南长沙县白沙东毛坡人，以"八拳""五阳功""五阴功"闻名于世，两度留学日本，在宏文学院兼习柔道，并加入同盟会，回国后在长沙教授拳术，后任湖南大学体育教授。向恺然从此时起，向王志群讨教拳术理法，为日后的武艺精进及武术理论建树奠定了基础。

向恺然没有想到，他在湖南省垣实业学堂的学业会因一场声势浩大的公祭湘籍英烈的斗争而终止。1905年12月8日，近代资产阶级革命家陈天华为抗议日本政府压制中国留日学生，在日本大森湾投海自尽；1906年4月4日，近代资产阶级革命家姚宏业为抗议官绅阻遏创办中国公学和流言诽谤，在上海投黄浦江而死。他们以惊世骇俗的方式哀叹国运不昌，呼唤国人警醒，激起了仁人志士的强烈愤慨和广大民众的爱国热情。1906年5月，禹之谟、宁调元等革命党人领导长沙广大爱国学生反对当局刁难，坚决要求将两位英烈公葬在岳麓山上。5月23日，以学生为主体的一万多人送葬队伍分别由禹之谟、宁调元带领，将陈天华、姚宏业合葬于岳麓山。向恺然积极投身其中，成为这场爱国运动的骨干成员，也因此事被学校开除学籍。那时，被挂牌除名的学生很难在国内考取其他学校，不少爱国学生转向国外，继续寻求救国之道，17岁的向恺然也萌生了赴日本留学的想法。

两次留学日本

同治十二年（1873），清政府首次选派120名幼童赴美留学，开启了中国派遣留学生的历史。光绪二十九年（1903），近代第一所国立大学京师大学堂首次选派留学生赴日本、欧美留学，此后，各省开始选派官费留学生赴东、西洋留学，到光绪三十二年（1906），中国留日学生已超过一万人。虽然留学在当时已流行，但向恺然没有公派机会，需自筹经费留学，这不是一件容易的事，他只能恳请父亲给予支持。他父亲很开明，变卖家中部分田产，供他作留学之用。向一学说："祖父是在曾祖父去世后，将伞厂收拾回祖籍平江县长庚年毛坡城隍土地（又称岭背）买了60担田，房屋一幢，在长沙东乡板仓竹山铺也买了220担田和五开间三进房屋一幢，屋名叫樊家神（附近土地庙的名字）。祖父看到父亲被开除学籍，又有心求谋救国之道，留学日本是要花些钱的。也就答应将田产卖掉100多田供赴日自费留学。"

光绪三十二年（1906），向恺然从上海乘"大阪丸"海轮到日本。第二年，他考入东京宏文学院，学习日语、算术、世界大事等课程。作家包天笑为他作传时说："据说向君为留学而到日本，但并未进学校，却日事浪游，因此于日本伎寮下宿颇多娴熟，而日语亦工。留学之所得，仅写成这洋洋数十万言的《留东外史》而已。"说他"未进学校""日事浪游"是没有依据的，前面冠以"据说"二字当隐含此意；说他创作《留东外史》倒是实情，至少他为后来的写作积累了不少素材。

实际上，向恺然的收获不仅于此，他与武术老师王志群在日本再续前缘，在其指导、督促下，他不仅勤练武艺，兴趣大增，而且钻研武术理论，开启了他追求一生的武术事业。他在《拳术传薪录》中回忆："吾年十七渡日本，与吾师王志群先生居密迩，湘人汤松、何陶等，慕吾师拳技，约壮健而热心研练者七八辈，赁屋于市外大久保，每于星期三、六及星期日，抨击其中。吾师苦道远，车行岑寂，每强吾与偕。其时吾不喜技，且体魄荏弱，殊无研习之意。然目染渐久，依样葫芦，亦颇能模仿其手足之来去。吾师欣然曰：'若辈意志虽强，而体魄苦限于天赋，皆不及汝敏捷也，曷从事焉？'少年喜誉，闻师言，意少动，课余辄于室后小院中，腾击少许时。一月后，渐生研练之兴味，遂于早夜专习之。又三月，兴味更浓，行旅坐卧，皆不忘研练矣。而汤松、何陶辈，早已辍练，师乃得以技一意授吾。兹篇所记，悉出吾师口授。"就这样，他与武术结下了不解之缘。在日期间，他还与武术名家杜心五过从甚密，杜心五曾与日本著名相扑师斋藤一郎比武，获柔道比赛冠军，名噪东瀛，他们的频繁交往，对向恺然提高武术水平必有诸多裨益。

向恺然到日本后加入了同盟会，投身反清行列，从事革新运动，这是他革命生涯的起点。

宣统三年（1911）二月，向恺然从日本返乡。次年又回到日本，从宏文学院毕业，并于1913年返回国内。这是他第一次留学日本，在宏文学院完成了学业，也算学成归国了。

向恺然第二次东渡日本留学，则是另一番情景。回国后，他为养家糊口谋到一份工作，在岳阳制革厂当书记，当时该厂总经理由湖南军事厅厅长程潜兼任。

1912年，中华民国成立，同盟会改组为国民党，时任法制院院长的宋教仁为建设民主共和政权奔走。1913年2月，国会选举接近尾声，在宋教仁主持经营下，国民党争得多数席位。3月20日，一心想登上皇帝宝座的袁世凯派特务暗杀宋教仁，宋教仁死于非命，"二次革命"随即爆发，孙中山、黄兴、李烈钧等人组织"倒袁运动"，南方各省纷纷响应，成立讨袁军。湖南督军谭延闿在程潜等人促使下也宣布湖南独立反袁，程子楷任湖南讨袁军第一军司令，代理总司令职务，率兵北伐。向恺然在这时离开制革厂，出任北伐军第一军军法官。9月，南京失守，"二次革命"宣告失败，程子楷被通缉，逃亡日本，向恺然随程子楷再次东渡日本。因经费有限，他将《拳术》交给《长沙日报》换取稿酬，以作留学之资。

这次赴日留学的时间大约是两年，至1915年结束，向恺然就读于东京中央大学政治经济系。留学期间，他深入日本社会，观察其风俗民情，了解中国留学生生活，以及"二次革命"失败后逃到日本的亡命客的生存状态，形成深刻认识，开始撰写长篇小说《留东外史》；他继续研习中国拳术，频繁与日本擅长柔道和剑术的人切磋，将中日武术融会贯通，取长补短，不仅使自己武艺精进，而且可以完善中国武术理论，为他从事武术事业及创作武侠小说提供了便利条件。

早期留学生文学的开创者

向恺然文武双全，著作颇丰，尤以小说创作著称。其文学生涯即始于在日留学期间。向一学《父亲》手稿云："在留日的几年中，仔细观察日本社会风土人情，同时了解一些公费留日学生，拿国家的钱，不发奋读书，终日花天酒地，寻欢作乐，和日本下女鬼混在一起，有的道德堕落甚至做出丢失国格的勾当，实在忍无可忍，从1914年发奋执笔撰写《留东外史》。"小说以"平江不肖生"为笔名，于1916年5月由民权出版部出版发行。后来，向恺然完成《留东外史》续集以及《留东外史补》《留东新史》《留东艳史》等作品，构成留学生文学系列，成为中国早期留学生文学的代表性作品。

在中国近现代文学史上，日本与新文学有着千丝万缕的联系，不少留日、旅日中国人的文学活动进行得广泛、深入。如戊戌变法失败后亡命日本的梁启超移借日语中"革命"一词的用法（对译英语revolution，指变革），提出"诗界革命"口号，在这股新诗潮中成就最高的黄遵宪是曾经出使日本的清廷外交官，其"我手写我口"主张影响甚大；中国最早的现代综合性艺术团体春柳社1906年在日本东京成立，是曾孝谷、李叔同、陆镜若、欧阳予倩等人在日本"新剧派"和国内民主思潮影响下发起的；不少卓有建树的近现代文学家，如鲁迅、周作人、郭沫若、郁达夫等都曾留学日本。但是，真正专注于留学生文学创作的并不是文学创作活动早于向恺然的作家，而是向恺然。有学者认为，他是现代留学生文学的开创者，因他创作《留东外史》时的身份是留学生，《留东外史》在中国文学史上第一次以留学生活为描写对象，并自觉地表现起源于留学的异国、异民族、异文化冲突，与其他留日派作家限于对日本作品的翻译或对留学生活的理论思考不同。此外，

《留东外史》具有丰富的思想内涵，发挥了多方面的功能，这就意味着它在留学生文学的起点上已达到相当高度。又有学者认为，随着晚清、民国中国人留学日本热潮的到来，反映留日学生生活的小说也相继问世，虽然第一部完整并专门描写留日学生及游历官员生活的小说是履冰的《东京梦》，但《留东外史》继承、发扬《东京梦》谴责小说传统及故事情节，兼之向恺然创作了《留东新史》《留东外史补》《留东艳史》，因此他是名副其实的留日小说的集大成者。还有学者认为，向恺然的"留东"系列小说对中国留学生、亡命客的集中描写和大胆暴露，使之无愧于中国近现代域外小说鼻祖的美称。从某种意义上说，向恺然对于中国留学生文学而言，是具有整体意义上的开创之功的。由于他有两度留学日本的经历，深谙留学界的诸多内幕，他有意识地比较、研究和分析中日两国的民情风俗、社会心理、武术技巧，写作时便信手拈来，毫不费劲。他的留学生系列小说实录日本东京镜像，描述近代留日潮流中中国浪子的浮行，揭示异质文化对国人的冲击，其鲜明的时代特征、犀利的讽刺笔法、深刻的理性思考、鲜活的形象塑造是前所未有的，吸引了大批读者关注。

《留东外史》是这类小说的代表作。其创作初衷在向恺然《自传》中有清晰表述："民国三年因愤慨一般亡命客的革命道德堕落，一般公费留学生不努力，不自爱，就开始著《留东外史》，专对以上两种人发动攻击。"小说第一章也开宗明义地说："古人重隐恶而扬善，此书却绌善而崇恶。人有骂我者，则'不肖生'三字，生固是我的美名，死亦是我的佳谥，由他骂罢。倘看此书的，不以人废言，则不肖生就有三层请愿：一愿后来的莫学书中人，为书中人分过；二愿书中人莫再做书中事，为后来人作榜样；三若后来的竟学了书中人，书中人复做了书中事，就只愿再有不肖生者，宁牺牲个人道德，续著《留东外史》，以与恶党宣战。诸君勉之。"他将留日学生进行分类："原来我国的人，现在日本的，虽有一万多，然除了公使馆各职员，及各省经理员外，大约可分为四种：第一种是公费或自费在这里实心求学的；第二种是将着资本在这里经商的；第三种是使着国家公费，在这里也不经商，也不求学，专一讲嫖经，读食谱的；第四种是二次革命失败，亡命来的。第一种与第二种，每日有一定的功课职业，不能自由行动。第三种既安心虚费着国家公款，饱食终日，无所用心，就不因不由的有种种风流趣话演了出来。第四种亡命客，就更有趣了。诸君须知，此次的亡命客与前清的亡命客，大有分别。前清的亡命客，多是穷苦万状，仗着热心毅力，拼的颈血头颅，以纠合同志，唤起国民。今日的亡命客，则反其事了。凡来在这里的，多半有卷来的款项，人数较前清时又多了几倍，人数既多，就贤愚杂出，每日里丰衣足食。而初次来日本的，不解日语，又强欲出头领略各种新鲜滋味，或分赃起诉，或吃醋挥拳。丑事层见报端，恶声时来耳里。此虽由于少数害群之马，而为首领的有督率之责，亦在咎不容辞。"作者态度明确，就是针对第三、第四种人，讽刺以周撰、黄文汉为代表的留学生挥霍国家公费而不思进取的行为，揭露以林巨章、康少将为代表的流亡客靠着在国内卷来的款项过上优裕生活而置唤醒国民于脑后的面目，暴露和抨击恶人、恶党、恶势力的决心十分坚定，笔墨也老辣奇绝。沈从文给予高度评价："记叙这个时代留学生的种种活动……为'五四'前最有号召力一个小说作家一种作品。"一些人将这部小说斥为嫖娼指南、诲淫之书，实在是一种误读。

这部小说主要讲述中国留日学生混迹于色情娱乐场的艳事异闻，具有很强的纪实成分。书中人物、事件大多来自向恺然所见所闻，有些人物、事件虽有所掩饰，可但凡多年留学日本的人都能产生联想，说出所影射的某人某事。由于被向恺然揭露、抨击的留学生太多，他不敢署上真名。但即便如此，仍然引来不少麻烦。其夫人成仪则说："他写的《留东外史》，内容是揭露个别留学生的丑闻。书中涉及人物扬言要找向某拼命。他毫不畏惧，并转告对方：从当天起，每天晚上八时至十二时，在横滨沙滩等候。如果他们打死了向某，绝对没人找麻烦。向某打死了他们，也是同样没事。足足等了一个月，连人影子都没见。"

《留东外史》的主要价值还有以下诸端：其一，反思国民劣根性。小说全面展现中国留学制度确立后留日学生的生活及其与日本民族、文化的冲突，描写他们活跃在东京、横滨、长崎等城市的色情场所，寻欢作乐，荒弃学业，甚至无恶不作，凸显了那个时代中国知识阶层的道德危机，体现了作者异常自觉的国民性批判意识。其二，宣传革命思想。小说通过描写全国铁道督办孙中山访日考察、革命志士吴大銮暗杀东京筹安分会会长蒋四立、东京湖南国民党支部长林胡子痛斥流亡日本的革命者意志消沉等情节，以及暴露日本军国主义扭曲尚武精神踏上侵略扩张、穷兵黩武之路等，宣传革命思想，激励革命斗志。其三，宣泄民族仇恨。作者着力表现日本庶民社会和色情行业，将不同阶层和职业的日本人塑造成淫荡下贱、诡诈贪婪的形象，在对日本国民性的批判中宣泄弱国民族情绪，给读者带来报复性的精神享受，迎合了国人强烈的仇日反日情绪。其四，注入武侠内容。作品中耍辫子、拳砸石、使飞刀表演，黄文汉与日本相扑力士的较量，吴寄盦与何家兄弟争斗等片段已包含了武侠描写成分，大刀王五师徒出场、霍元甲死于日本医生秋野在上海开的医院等情节，则可视为《近代侠义英雄传》的先声。其五，塑造立体形象。小说中的人物描写不附着脸谱化标签，作者赋予他们丰满血肉和鲜活个性。如黄文汉贪淫好色、喜欢耍赖、擅长吹牛，却能文能武、正气凛然、充满爱国激情；周撰不务正业、作恶多端、臭名昭著，却处事有方、足智多谋。这些人物贴近生活，真实可感，具有典型意义。

《留东新史》也是向恺然留学生文学系列的代表作，写于1919年，20余万字，由上海世界书局出版发行。

这部小说将批判矛头更集中地指向情态各异的流亡客，他们的身份有典型的时代特征，或是反对专制皇权统治的民党分子，或是受戊戌变法牵连的保皇党人，或是力图推翻旧政权的革命党人，或是被驱逐的军阀和在政治斗争中败北的政客等，他们在国内云谲波诡的政治风波中无以立足，只好逃亡日本。这些流亡客大都改变了原来与政府对抗的政治立场，转而寻求与当局媾和，做出令人不齿的"变节"行为。他们有的腰缠万贯，大肆挥霍钱财，过着宝马轻裘的奢侈生活；有的精神颓废，内心空虚，沉溺在纸醉金迷的欢乐场中；有的不顾廉耻，投机钻营，变身为正牌党人，靠革命"讨生活"……作者以极其憎恶的态度，对这些人作了充分揭露。

现代武侠小说的开山鼻祖

1915年，向恺然从日本回国，加入中华革命党江西支部从事革命工作。1916年年初，他受江西支部司令长官董福开委派，赴广东韶关游说南韶连镇守使朱福全（湖南汝城人）起义，反对袁世凯。当时，袁世凯任命的振武上将军龙济光督理广东军务，先后镇压了朱执信、陈炯明等在惠州、广州等地的反袁武装起义。护国战争胜利后，在滇、桂护国军和广东民军的军事压力下，龙济光于4月宣布广东独立，随即以召开善后会议为名，诱杀护国军代表汤觉顿、谭学夔等人，发生了"海珠惨案"。向恺然《自传》云："遇海珠事变，几遭龙济光毒手。"当指在韶关时被朱福全囚禁。6月，云南护国军攻克韶关，朱福全弃城逃跑，向恺然因而脱险。随后，他应友人之邀，客居上海以卖文为生，直至38岁（1927）离开上海。

这十余年对于向恺然的文学创作而言，既是转型期，也是辉煌期，他发表、出版的小说揭开了与旧侠客传奇迥异的新面目，他也因此被誉为"现代武侠小说的开山鼻祖""民国武侠小说的奠基人"。

1916年，向恺然以卖文为生之初，已着手开辟创作新领域，开始发表以奇闻异事和武侠故事为题材的小说，短篇如《变色谈》《无来禅师》，长篇如《龙虎春秋》《半夜飞头记》等。1922年，包天笑主编的《星期》周刊连载《猎人偶记》《蓝法师记》，与《变色谈》形成系列。这些作品的奇特题材使厌烦了洋场才子俗套故事的读者眼前一亮，杂志销量大增，世界书局股份有限公司创始人兼总经理沈知方主动向他约稿，许以丰厚稿酬，寻求剑仙侠士题材的传奇小说。

这一转机使向恺然步入创作高峰期。1923年，《江湖奇侠传》《近代侠义英雄传》同时在《红杂志》《侦探世界》连载，一时洛阳纸贵。后来，世界书局出版了《江湖怪异传》及《绘图江湖奇侠传》第一、二集和《近代侠义英雄传》第一、二集。1928年，据《江湖奇侠传》第六十五至八十六回改编的电影《火烧红莲寺》在上海上映，开中国电影武侠神怪片先河，引起轰动，"平江不肖生"家喻户晓，名扬世界各地华人社会。茅盾这样描述当时电影放映的盛况："《火烧红莲寺》对于小市民层的魔力之大，只要你一到那开映这影片的影戏院内就可以看到。叫好、拍掌，在那些影戏院里是不禁的；从头至尾，你是在狂热的包围中，而每逢影片中剑侠放飞剑互相斗争的时候，看客们的狂呼就同作战一般……如果说国产影片而有对于广大的群众感情起作用的，那就得首推《火烧红莲寺》了。"向一学也说："（《火烧红莲寺》）据说挽救了业已摇摇欲坠的'明星电影'公司，而使胡蝶成为妇孺咸知的首席女明星。"这部影片引发了武侠片拍摄热潮，程季华在《中国电影发展史》中说："据不十分精确的统计，1928—1931年间，上海大大小小的约有50家电影公司，共拍摄了近400部影片，其中武侠神怪片竟有250部左右，约占全部出品的60%强，由此可见当时武侠神怪片泛滥的程度。武侠神怪片的第一把火是明星电影公司放的……于是红莲寺一把火，'放出了无量数的剑影刀光'，'敲进了武侠影戏的大门墙'。"这一时期，向恺然同类题材的作品迭出，《龙虎春秋》《江湖怪异传》《江湖小侠传》《江湖大侠传》《江湖奇侠传》《新剑侠传》《现代奇人传》《三晋武侠传》《国术名家李富东传》《霍元甲传》《龙门鲤大侠》《革命野史》《太湖女侠传》《侠义英雄传》等10余部长篇小说由上海民权出版部、上海交通图书馆、上海时还书局、世界书局、中央书店、大东书局出版发行，《变色谈》《无来禅师》《蓝法师记》《岳麓书院之狐疑》《半副牙牌》《虾蟆妖》《皋兰城上的白猿》《神针》《没脚和尚》《孙禄堂》等40余篇短篇小说在《民权素》《小说海》《寸心杂志》《星期》《红杂志》《侦探世界》《红玫瑰》等刊物发表，成就了他民国武侠小说大家的地位。此外，《留东外史》《留东新史》《留东外史补》也相继出版。

向恺然在武侠小说领域具有开创之功，但如今人们论及中国武侠小说时，金庸、梁羽生、古龙"三大宗师"的大名如雷贯耳，以他们为代表的新派武侠小说蜚声文坛、名扬寰宇，而"现代武侠小说的开山鼻祖"向恺然却寂寂无闻、鲜为人知。作为"揭开中国武侠小说大繁荣序幕的开路先锋"，他的作品曾引起轰动效应，获得高度评价：上海东方图书馆为满足读者阅读需求重购《江湖奇侠传》达"十有四次"之多、上海明星电影公司据此作部分章节改编的电影《火烧红莲寺》"创票房千万余元"，其代表作《近代侠义英雄传》为霍元甲、王五等各派英雄豪杰立传，被誉为"民国武侠小说中的扛鼎之作"，堪称近代《游侠列传》。金庸、古龙在谈到他们的创作时，都"不可否认其深深得益于平江不肖生、还珠楼主等人作品"，从金庸笔下以侠义闻名于世的丐帮、武当全真七子、华山派剑气两分等情节内容中不难看出《江湖奇侠传》的影子。

《江湖奇侠传》《近代侠义英雄传》是这类小说的翘楚。

《江湖奇侠传》虚构昆仑、崆峒两派，将众多武林高手大体划分至两派中，展现他们助力于湖南平江、浏阳交界地居民争夺赵家坪归属权的明争暗斗，带出许多紧张生动的故事，首开武林门户之争，并构想出峨眉一派，对后代武侠小说创作产生了极大影响。作品突破了明清侠义公案小说的写作套路，让江湖义士们摆脱官府羁绊，具有超然于江山社稷之外的人格尊严与独立意志，以及飘然于江湖之上的行侠胆识与自由精神，这种由"江山"到"江湖"的转型，使武侠小说获得了独立不倚的品格和地位。作者熔武侠、神怪、乡俗为一炉，将超现实的虚幻世界与世俗江湖社会，以及湖南的风俗民情、民间传说杂糅在一起，想象十分宏富，使作品呈现出怪异奇险特色。谴责手法的运用也非常成功，作者在小说中借此手法暴露、讽刺社会丑恶现状。当然，作品也存在一些缺陷，如布局宏大而结构松散，枝蔓横生；取材丰富却缺乏连贯性，内容难以消解；迷信因果，宣扬报应，宿命色彩浓郁。

《近代侠义英雄传》根据真人、真事、真功夫，结合史实写成，是写实的武侠传记，也是"'具有现代意识'的第一部武侠小说"。作品以大刀王五和霍元甲为贯串人物，塑造清末武林各派习武自强、襟怀豁达、正气凛然的侠客义士、英雄豪杰群像，将武侠故事与民族气节、爱国情怀融合起来，立意卓绝，气势不凡，格调高雅。作者第一次呈现了近代中西文化冲突，秉持不自我封闭、不盲目排外的态度，展现中国武艺深层的文化内核和超越实证的科学之处，揭示中华传统文化面临的危机，批判西方帝国主义的侵略行为，肯定建立在实证基础上的西方文明，再现各种社会心理和国民思想变化。小说从谭嗣同从容就义引出大刀王五，继而引出霍元甲，再从霍元甲凭武功威震天津，渐次引出清末各路英雄豪杰，最后以霍元甲被日本人暗算作结，这种采用由一人、一事引出另一人、另一事的结构技巧令时人耳目一新。"作者的文学语言也几乎达到了'文体家'的水平，十分口语化，而又是十分纯正的书面语，有点类似胡适白话论说文的语感，别人极难模仿。"作品的不足主要表现在注重曲折情节叙述，忽略人物性格塑造，存在不少游离于主题外的人物、事件，以致形象单一、取材杂乱、行文拖沓。

向恺然之所以能在武侠小说领域取得丰硕成果、获得巨大成功，除了他所具备的深厚文学功底和武术修养外，还与其阅历丰富、善于交游和勤奋努力分不开，也与武侠小说的创作机遇、商业运作等有密切联系。

向恺然从小习练武术，熟知江湖规矩、门槛。他"常拜师访友，结交当世英雄豪杰、武林高手，对江湖门槛，无所不晓。武林行规，无门不通。阅历既深，见闻亦广，对上海的帮派、洪门（袍哥）青帮、圈子、教门的帮规、黑话，不但能道其来历，而且能详述究竟"。

向恺然生性诙谐，气度豪迈，健谈好客，与黄金荣、杜月笙、刘百川、佟忠义、吴鉴全、郑曼青等帮派头目、武林高手、各路好汉时有过从、交往甚密，许多写作素材便是在与他们的交往中获得的。他在《蓝法师捉鬼》里说："辛亥年十一月，我住在长沙大汉报馆里……当时和我一般住在里面的人，还有一个新宁的刘蜕公。这位刘蜕公的年龄虽是很轻，学问道德却都不错，他有一种最不可及的本领，就是善于清谈种种的奇闻怪事，也不知他脑海里怎么记忆的那么多。那时天气严寒……我和他两人总是靠近一个火炉，坐着东扯西拉的瞎说。"向一学说："父亲在上海，用蒲留仙写《聊斋志异》的办法，邀请侠客武士来家作客，设宴款待，讲武坛掌故或父老传说。清末民初，江湖上的杰出人物，如被人们称作南侠杜心五轻功、北侠刘百川软功、响马佟忠义骑射、弹弓、通臂猿猴黄云标、大刀王五的刀法，以及南拳北腿的流派，都是书中处处有的影子，这是别人做不到的。"又说："柳迟这人，我们晓得就是父亲的好朋友，常来我家串门的柳惕怡。他好像没有正式的工作，可能家里有产业，所以生活过的不错，从衣着上看，常是西装革履，长袍马褂也是绫罗绸缎做的，行有车子代步。长得眉清目秀，一表人才。传说有'法'，传说'小法术'（有）很多故事，还有些'神''玄'的故事。年龄比父亲小岁把，我们叫柳叔。"向恺然的夫人成仪则在回忆丈夫与著名武术家刘百川的往事时也说："百川有一身好武功。他的手指能够将坚硬的木桌子抓成木屑，刀枪眼法很准。从前，有一段时间曾为蒋介石保镖。护送班禅大法师回西藏时，大法师送他一对特大的核桃。这对核桃成了他练指工具，每天不断地抓。年深月久，核桃一动就嗡嗡叫，颜色发亮。他能将核桃抛向空中，手掌运动使核桃在上空旋转自如。他腿功更好，能在很轻的篾箩上跑圈子。一般的墙，他只须轻身一纵，即上去了。刀术准而有内劲，一动刀就有唬唬响声。这些，又成了恺然创作的好素材。"

向恺然擅长编造故事，勤于埋头写作。他习惯于半夜动笔，一直写到天亮。其蝇头小楷堪称一绝，"不到一尺长的稿纸，直书每行可写一百二十个字以上。一粒白果壳上可写满江红词一首，其字要用放大镜方能看清楚，可想书写之工细。字体工整秀丽，不偏不倚，时人见之，叹为神笔"。他写稿很少改动，往往写完后直接送稿，"从不先写底稿后再誊正在稿子上，就是直接在自己签写名字的（先印好的稿子）稿子上一个格子一个格子地写下去，不丢不加，工整笔直"。"这都是在平日接待朋友、武林好汉之中看到武术功夫和民间传说收集起来在心中早打好的腹稿。越集越多，到时则似坝门开闸，直泻而下，只恨纸短墨缺（要翻页，要磨墨）。看父亲的著作，好像就是在讲话一样通俗，没有装腔作势之词。"20世纪二三十年代，当读者对当时侠义公案小说塑造的依附朝廷、缺乏独立自由精神的侠客形象和单调的清官判案、为民申冤的故事情节颇感厌倦时，向恺然创作的武侠小说令人赏心悦目。那些来自诡谲神秘的湘楚之地、隐含深厚文化意蕴的乡野传奇，那个快意恩仇、虚幻奇特而又隐喻人类社会普遍形态、富于鲜明现代性色彩的江湖世界，那群浪迹天涯、诛鬼杀魔、无所不能的剑仙侠客和带着民族国家意识铲强除恶、扶危济困、行侠仗义的英雄豪杰，那种充满时代文化思想色彩的讲求民主、反抗强权、渴望自由平等的精神内核，以及深刻反思传统武学思想、科学理性看待中西文化、重塑侠客理想人格的执着追求，使得他的武侠小说"完全跳出了清代侠义小说的窠臼，真正为民国武侠小说自立了门户"。他的武侠小说一经问世，就受到读者热烈追捧，掀起了民国第一场"武侠热"。

向恺然的武侠小说带来了巨大的市场效益，在很大程度上也归因于杂志主编、出版商的积极推动和商业运作。1922年，沈知方要向恺然写仙剑侠客一类的武侠小说，《江湖奇侠传》就是应邀之作。小说还未连载，《红杂志》《新闻报》及世界书局就纷纷进行广告宣传，竭力为小说造势，激起读者的好奇心。小说连载后便大获成功，人们以谈论武侠小说为时尚，甚至有人迷上了小说中的柳迟、钟宣良，要像他们那样到深山学道。1927年，《江湖奇侠传》因向恺然辍笔造成连载中断，为稳住期刊读者，世界书局总编赵苕狂续写后面的故事，引起版权纠纷案，这从另一个角度印证了当时武侠小说的热度。

一些左翼作家为市民读者沉溺于阅读种种仙剑神魔类的武侠小说而忧心忡忡，认为这种现状对于推动革命事业的发展有弊无利，茅盾即云它是"封建势力对于动摇中的小市民的一碗迷魂汤"，他们将批判矛头指向正在升温的"武侠热"。实际上，1930年后，向恺然武侠小说的创作风格已发生明显变化，即神秘诡谲的色彩淡化，现实感增强。1931年，在《近代侠义英雄传》创作中断5年后，他写成的第六十六至六十八回有意回避奇闻秘事，挞伐日本帝国主义恶行，充满了强烈的爱国激情。他的写作也开始转为创作现实倾向更明显的武侠技击小说。同时，他将更多的精力放在了整理各类拳术讲义、撰写有关国术方面的杂论等方面。

武术理论建树

向恺然与武术结缘较早，曾师从王志群、陈微明、吴鉴泉、许禹生等名家，一生坚持练拳，武艺精深，武德高尚，留下了不少行侠仗义的感人事迹。羊定国在《文胆武魂 铁肩道义——向恺然武术活动寻踪》中写道："有一次，向恺然到长崎去拜访日本剑道家官畸本，在街上碰到两个日本浪人在欺辱一个中国人。向恺然大喝一声：'谁敢动！'随即上前用八拳的虎爪功一手抓住一个日本浪人，怒吼道：'来吧！有本事就和我打吧！不准你们欺负中国人。'两个日本浪人被激怒了，同时飞拳猛击先生头部，向先生将身子一躬，用大车轮手法，竟把俩浪人打出一丈多远，倒在地上不能动弹，当时在场的官畸本先生握住向恺然的手说：'你真好样的！'"钱剑夫也提道："有一天几个日本人侮辱中国人，恺然即愤然出击，将几个日本人打倒，围观者莫不称快。并曾和日本的柔道高手比赛，也得到全胜。"还有一则逸事：在20世纪30年代初举行的一次武术比赛中，向恺然担任评判委员，看到选手柳某赢了比赛后仍不收手，继续暴打已经被打倒在地的对手，便立刻走下主席台，制止不讲武德的柳某，并和他在台上较量武技，借机将他痛打一顿，平息了场内的公愤，大快人心。

向恺然博闻强识，文思敏捷，具有海纳百川的眼界和敢于质疑、勇于探究的精神，其武术理论著作和论文富有真知灼见，产生了较大影响。他14岁聆听王志群讲述拳术理法时，感受到中国武术的博大精深，就立下了潜心钻研武术的志向。22岁时，他写成武学理论专著《拳术》，构建了较完整的拳术认知体系。其后，他参编《国技大观》，陆续出版了《拳术见闻录》《拳术传薪录》《太极径中径》等专著和《我个人对于提倡拳术之意见》《提倡国术之贡献》《妇女界应积极提倡国术》等杂论，体现了极为扎实的武术理论功底。在68岁因病辞世之际，还准备撰写《中国武术史话》，对武术研究的执着追求可见一斑。

《拳术》是向恺然第一部武术理论著作，1912年在《长沙日报》上以"向逵"之名连载，1915年在《中华小说界》连载，署名"向恺然"，1916年由上海中华书局印成单行本发行。作者从步法、手法、功法、源流等方面总结内外家拳术理法，并配图解说，认为任何拳斗都是攻守，内外两家应融会贯通，打破拥户自重观念，指出练拳的目的在于使练习者身体健、魄力雄、意志强，内外兼修方能应对天下事。其中，他提出的"五合""三催"是南北派拳法、内家拳与外家拳的总法："五合者，手与眼合、眼与心合、肩与腰合、身与步合、上与下合。……如心欲杀敌，眼即注焉。眼光所射，手即至焉。然手非借肩腰之力不足以动敌也，故须肩与腰合。肩腰虽合，非进退左右如法不足以胜敌也，故须身与步合。身与步合矣，犹恐上下之不连属也，故上与下须合。""三催者，手催、身催、步催也。……催者，促其进行之谓也。手催，则人莫测其出没，不知所以守。身催，则圆转自如，击西而东，击东而西，人不知所以攻。步催，则进退如掣电，其来也不见其来而已来，其去也不见其去而已去。"他认为此法的精髓在于平易正直，但即使是大拳术家，也难做到尽善尽美。

《拳术传薪录》出自1924年向恺然在上海与姜侠魂、陈铁生等编订的《国技大观》。"国技"特指中国传统武术，近代学者主要围绕拳术就此展开研究。该书全面解读拳术的各种要义，强调习技者出手需老辣，对打应以练眼为要，练拳要注重手、足、气之工劲，练工劲不可作意安排，练手法需灵活多变，传授拳术以口授为要，还对根深蒂固的门户之见、好勇斗狠的鲁莽之行和夸夸其谈的不实之举进行批判。

《太极径中径》大约写于1944年，是太极拳理论的经典之作，也是向恺然感悟太极拳的总结之作。全书由释名、用意、开阖、呼吸、虚实五部分组成，结构简明，内容完整。作者指出："太极拳者，亦即每一动作之中，皆以圆为体，阴阳为用。所谓动静也，虚实也，刚柔也，开阖也，屈伸也，弛张也，存亡也，皆阴阳也。名异而实同也。所有太极拳全部之动作运用，无在不以圆为体，阴阳为用。"明确了太极拳的内涵。他对太极拳的用意、开阖、呼吸、虚实等真义进行诠释，删繁就简，使习练之人从"径"中找到捷径，不致误入歧途。

向恺然的杂论也多是对武术的议论，全面反映了他的武术思想。

1923年收入《国技大观》的《我个人对于提倡拳术之意见》一文，从文化层面强调拳术的非功利性，提出政府应承担提倡和保护拳术责任，消除门户之见，支持拳术理论研究，选择德才兼备的教师，注重武德培养，以中人资质为标准编订教材，依据学员体质进行分类教习。

1933年出版的《湖南省第二届国术考试汇刊》中收入了向恺然的《提倡国术之贡献》《妇女界应积极提倡国术》《写在国术考试之后》《我失败的经验》等文。

《提倡国术之贡献》一文指出，中国武术欲立于世界武术之林，须革除不能持久、实验过少、容易伤人的三大弊端。改革之法主要有三：一是破除门户之见，杜绝江湖流派。"负国术提倡责任之人，绝对不能有门户之见。须知各种派别之名词，皆无是处。崇拜古人，鄙视今人，为吾国社会最普遍之心理。……尤宜力矫此种恶习，并杜绝江湖流派。"二是确定教科标准，规范科目设置。"负提倡之责者，尤宜选择理法用三者较为完善之国术一二种，确定为国家提倡之国术，全国即以此一二种国术为提倡之教育材料。选择既定，即或有理法更完善于此者，亦不宜轻事更张。""国术除拳术而外，器械亦有提倡之价值与必要。惟不可漫无选择，尽大小十八般武器而提倡之，至多刀剑枪棒四者足矣。"三是会集武术名家，编订实用教程。"至教材应如何确定，教程如何编次，如何改良实用之道，非集海内专家商榷，不能妄加论列。如此关系重大专业，创始本非容易，若提倡不以其道，利未见而害已先睹，则亦有乖政府之提倡初意矣。"这些都是富有建设性的建议。

《妇女界应积极提倡国术》一文站在历史高度，希望妇女迈出家门，以拳术强身健体、焕发精神，吹响了妇女解放的号角。他说："体格不强健的人，意志必随之薄弱，稍遇挫折就心灰意懒，缺乏进取的精神了。总之要求国家基础的巩固，社会事业的繁荣，家庭状况的良好，非一般人都有强健的体格不可。要求一般人都有强健的体格，非从妇女界积极提倡国术不可。"他认识到妇女区别于男子的身体特性，建议她们习拳以太极拳、形意拳为宜，器械练习则以剑为宜。文末还提出倡议："现在湖南国术训练所设有的妇女班，并有最好的太极拳形意拳和剑术的女教师，正好前去学习。或组织二十人以上的团体，按照国术训练所特别班的办法，每日派教官教授，这是妇女界练习国术的最好机会。希望妇女同胞，特别予以注意。"

振兴国术建功勋

向恺然不仅是中国武术的践行者和研究者，还是提倡中国武术的实干家，为武术人才的培养、湖南武术的传播、全国武术工作的开展作出了卓有成效的贡献。在《我个人对于提倡拳术之意见》中，他对自己致力于提倡中华武术、推动武术事业发展作了总结：

我为最热心提倡中国拳术之一人。宣统三年，主办拳术研究所于长沙，遭革命之变，所址侵于驻兵，遂为无形的破产。民国二年，复宏其规，创办国技学会，得湘政府辅助金三千元，延纳三湘七泽富于国技知识者，近七十人。才六阅月，又以癸丑之变，我本身亦因政治连带关系，附属的亡命日本。在日本复与吾师王志群赁居市外目白，组设专研拳术之学社，十余同好者，日夕抨击其中。于时北省人叶云表等，设武德分会于神田青年会，延郝海鹏为教员，余亦竭尽鼓吹之力，以期其有成。民国五年，友人电招返沪，复创中华拳术研究会于新闸新康里。未几因有粤东之行，事又中止。民国八年返湘，与吾师王志群组国技俱乐部，现其名尚存于湘。而吾以仇者所忌，不能安于故居。吾师好静，度部务必无发展之望，综计吾十数年来，对于拳术之提倡，不可谓非竭尽绵薄矣。于社会国家，虽未能有丝毫贡献，然对于提倡拳术之经验阅历，自信较现在一般以提倡拳术自任者为宏富。

庚子事变后，以梁启超为代表的爱国知识分子有感于孱弱的中华民族屡受外敌挫败，努力寻求振奋国民精神、抵御外族侵略、拯救民族危亡的途径，提倡恢复中国传统的尚武精神，弘扬强健国民体魄，在全国掀起了一场"尚武思潮"。光绪三十年（1904），梁启超的《中国之武士道》出版，赋予传统侠义精神以新的时代内涵，对开启民智具有极大感召力，却遭到清政府禁毁。

向恺然振兴国术的活动始于宣统三年（1911），他从留学地日本回到湖南，在长沙创办了拳术研究所，从事传统国术基础理论研究工作。他怀着深重的危机感和责任感，意欲通过推广太极拳强健民众、挽救国难。他于此年撰成的《拳术》一书在阐释太极拳理论时注重通俗化、具体化、系统化，有利于以后太极拳的普遍推广。

辛亥革命爆发后，华夏大地战火频仍，国难深重，各界人士越来越深刻地认识到衰弱的身体是难以抵御外侮、自强自立的。于是，以武术为代表的民族传统体育备受关注，一时间，习武救国在全国上下成为共识。太极拳作为国术的一种，兼具健身及技击功效，成为人们寄予厚望的强国、强民重要手段。

1913年2月，向恺然和王志群以私人名义，在长沙市学宫街富国矿办事处内成立了湖南国技会，旨在研究、推广中国武术技术，增进国民身体素质，从而强身、强种、强国。这是湖南最早的国技会，其前身为1911年创办的拳术研究所。湖南国技会虽然是以私人名义创办，却经过湖南都督谭延闿批准，并获得官方资助。湖南国技会聘请徐特立为名誉会长，向恺然、王志群为主事，著名武术家欧阳月庵、黄其昌、蒋焕堂任武术教师，后来湖南不少武术教师就是湖南国技会培训出来的。但由于办会经费来自私人，一时难以为继，兼之向恺然受程子楷之邀出任第一军军法官，湖南国技会仅开办半年就停办了。

1927年年初，向恺然毅然放弃如日中天的写作生涯，参加北伐。他从上海回到湖南，加入国民革命军第三十六军，任军部中校秘书。这年夏天，他随军驻扎在湖北孝感，建议第一师师长廖磊在天后宫设立军民俱乐部，开展文体活动，增进军民情谊。廖磊极为赞赏，命军需处拨款兴建，并委派向恺然与县长阮英华及商会会长商议。军民俱乐部很快建成了，向恺然任主任。在成立大会上，他代表廖磊致辞时说："我们无论从事什么工作，都要有健康的身体，洋人讥笑中国人是'东亚病夫'，这虽是污蔑之词，但也说明了我们在这方面存在的问题。今天来了许多的老师和家长，下一代的体魄强壮我们国家才有希望，我向大家建议，一定要加强体育锻炼，人民体质强壮了，国家也会强大起来。"强国、强种是他的终身追求，只要有机会，就全力宣传、尽力推广。军民俱乐部设有阅览室、乒乓球室、棋类室、健身房，除定期举行棋类和乒乓球比赛外，还经常举行军民武术表演，向民众推介各种武术。可惜俱乐部开放仅半年，三十六军便奉命进驻开平，移交地方后由于缺乏经费和管理不善，没多久便停办了。

1932年2月，湖南省政府主席何键于长沙创办湖南国术训练所，离沪返乡的向恺然应何键之聘，担任湖南国术训练所秘书，主管所内事务。由于当时何键是湖南省主席，工作繁忙，因此国术训练所内大小事务应是均由向恺然实际负责的。向一学说，"以前只是纸上谈兵，以讲侠义倡武术，论拳述棒，提倡尚武精神。今天到了以实际具体的传授武术，讲究武德，增强人民体质，以雪大耻。……聘请了全国各省地有名望和真有功夫的武术界老前辈和武林豪杰拳师"担任武术教师，包括"摔跤大王"纪寿卿，著名摔跤家郭世铨和常东升、常贺勋兄弟，子午"棍精"范庆熙，捌拳能手朱国福，国术全能朱国祯，拳击家白振东，吴氏太极拳创始人吴鉴泉之子吴公仪、吴公藻等。向恺然把这些身怀绝技的武术大师请来，其训练效果自是非同一般。该年10月，湖南省第二届国术考试举行，100多名来自省内各县的武林高手参加比赛，结果获得前三名的都是在国术训练所学习不到半年的学员。这一佳绩让当时的特邀评判郑佐平（名炳垣）由衷赞叹，他在《国术汇刊》撰文说："余于此敢言，三年后之湖南国术，必冠全国。他省之欲继起提倡者，非觅师资于湖南不可。"他没想到，这个预言仅隔一年就实现了。

1933年10月，中央国术馆在南京举办全国第二届国术考试，来自全国21个省市的428名运动员参加这届国考，湖南选派102名选手参加，取得优异成绩：甲等录取34名，湖南队占9名；乙等录取29名，湖南队占7名；丙等录取91名，湖南队占21名。其中，湖南国术训练所的刘九生获得总分第一名，以及甲等短兵、乙等摔跤、丙等拳术三个第一名。向恺然的得意弟子、湖南省武术队教练刘杞荣说："刘九生，湖南醴陵人，身高1米9余，天生神力，学的南派地方武术，自恃功夫极高。选送省国术训练所后，开始时较嚣张，但与比他先来的学员比武后，连个小、力小的也打不赢，摔不过，常被打摔得鼻青眼肿，非常狼狈。经过多次磨合，刘九生才放下架子，虚心向各派高师认真学艺。由于他身体强壮，素质好，刻苦练功，功夫日渐成熟、精进，经过近两年的训练，终于夺得了南京国术考试的总锦标。"从刘九生身上不难看出湖南国术训练所科学训练的显著效果。向恺然主持的湖南国术训练在管理制度、教员聘用、科目设置、教材编订等方面都代表了当时武术教育的先进水平，他在长沙兴办国术教育机构期间，湖南武术水平获得长足进步，震惊全国。难能可贵的是，他认为武术教育并不只是单纯地训练一介武夫，而是弘扬尚武从文思想，着力培养爱国家、敢担当、重大义的武术人才。

对向恺然在湖南国术训练所为振兴湖南武术付出的努力和取得的成绩，《湖南武术史》给予了高度评价："向恺然曾两度留学日本，并与日本武士道的实际较量中，深深感到中国国术的重要，必须把祖国这一块宝发扬光大。因此，向恺然在任国术训练所秘书期间，四处奔波，聘请全国武术名流来湘传授武艺。再加上全省武术爱好者的共同努力，所以湖南武术才能够得到迅速的发展，并且通过学员们的刻苦学习，使武术成绩得到显著提高，这是武术家呕心沥血传授武艺，以及广大武术爱好者的共同努力与勤学苦练的结果。"

1934年，竺永华出任湖南国术训练所所长，建议何键在长沙成立国术俱乐部。国术俱乐部成立伊始，向恺然兼任秘书、高级班太极拳教员。在他的主持、策划下，国术俱乐部的建设颇见成效，拥有礼堂、演武厅、国术大操场、射箭场、摔跤场、弹子房、民众剧院等设施。国术俱乐部组织开展的文体活动也很多，如1934年秋末冬初，举办了湖南第一届摔跤比赛大会，参赛的男女运动员达233人（含儿童组72人）；1936年，主办了摔角（摔跤）、射箭、搏击（拳击）、爬山、骑术、线车、游泳等单项竞赛；1937年，主办了长沙市女子田径运动会。这一系列活动对弘扬国术、宣传体育、推动湖南武术事业发展作出了贡献，湖南武术由此进入发展全盛期。这一切，与向恺然的宣传、组织是分不开的。

抗日战争爆发前，湖南武术的辉煌仍在延续。1935年，第六届全国运动会在上海举行，以国术训练所为主的湖南国术队女子组荣获总分第一名。1936年，第六届华中运动会在长沙举行，湖南省男、女武术队分别荣获武术总分第一名。湖南武术能够在数年时间里独占鳌头，向恺然所领导的国术训练水平之高也就可想而知了。

新中国成立后，向恺然仍然关注武术事业发展，发挥他在武术研究、武术教育方面的专长。1956年，全国第一次武术观摩表演大会在北京举行，向恺然担任武术裁判委员，受到贺龙元帅接见。1957年，他应贺龙元帅之请，准备撰写《中国武术史》，但在反右派斗争中被错划为右派分子，带着遗憾离开了人世。

立场坚定的革命者

一些学者在研究向恺然时，注意到了他皈依佛门的经历。1924年，向恺然在佛学刊物《觉有情》上发表《我投入佛门的经过》一文，其中写道："我投入佛门，在民十二年，由合肥黄健六先生介绍，在上海居士林皈依谛老和尚，并听谛老和尚讲慈悲永忏。"谛老和尚，当即天台宗名僧谛闲法师（1858—1932），俗姓朱，法名古虚，字谛闲，浙江黄岩人。光绪十二年（1886），上海龙华寺方丈、天台宗祖师迹瑞法师授他为传持天台教观四十三世祖，其门下弟子众多，在家弟子十余万人。向恺然皈依佛门，"经历过由儒入佛的激烈思想斗争。但是，明知'做小说总不免犯妄语、绮语、恶口、两舌等戒'，为了维持生活和遵守商业契约，他的'佛徒身份'还是向'作家身份'妥协了"，就像向恺然自己说的："我学佛得力于一位活菩萨，那位活菩萨是谁？是六安大悲庵的胖老和尚。……他在大悲庵几十年的行持活动，写出来又是一部好神话小说。"所以，其佛教徒身份往往被人忽略。

向恺然不仅是文学家、武术家、佛教徒，还是立场坚定的革命者。他因参加要求公祭陈天华、姚宏业活动被开除学籍，因不满留日学生堕落愤而著书，为弘扬中华武术四处奔波，参加过辛亥革命、二次革命、北伐战争、抗日战争，投身到社会主义建设中，拳拳爱国之心天地可鉴。

上文已讲述向恺然积极参与近代民族、民主革命运动，以下结合他的生平经历，梳理其后来的革命活动。

1937年，抗日战争爆发，向恺然还在湖南国术俱乐部任秘书一职时，就积极参与抗敌后援等爱国活动。据向一学回忆：向恺然曾接待、安排了田汉、熊佛西率领的抗日宣传队演出，以及徐悲鸿的绘画展览等活动。

1938年，向恺然应第五战区第二十一集团军总司令兼豫鄂皖边区游击总司令廖磊之邀，赴安徽立煌出任第二十一集团军总办公厅主任兼省府秘书。佘蘋在《向恺然轶事》中讲述了事情经过：

廖磊知道向恺然在湖南办国术俱乐部，想找他北上抗日，但战争期间通信不便，一直没有机会。有一天，廖磊偶遇湖南南县著名武术家冷铁坚，请他带口信给向恺然，要他去安徽一同抗日。冷铁坚回湖南后，把廖磊的邀约转达给向恺然。向恺然把家眷送回长沙县东乡清泰都老屋居住，准备去安徽，却被乡邻挽留，请他担任县抗日自卫团副团长，驻防福临铺。他认为只要是抗日，在哪里都一样，所以欣然接受，并让随行的国术馆教官和学员教乡亲习武。数月后，廖磊又辗转叫人催促他速去安徽，于是，他带着武术教官白振东、异人时漱石和国术训练所学生黄楚生、刘杞荣北上安徽。他还把两个儿子送到前线，大儿子为雨（向振雄，字庚山）参加陆军，小儿子为霖（向振宇，字一学）考取黄埔军校十二期当飞行员。向恺然对为霖说："现在真的到了杀敌的时候了。你在天上，我和你哥哥在地面，我们父子三人打一场现代化的立体战争。胜利后我们再见面庆祝。"

除在军中任职外，1943年，向恺然还兼任安徽学院文科教授，教古典文学，每周授课一天，上四节课，持续了一年多。1944年，他奉命以省府秘书身份领修被日寇焚毁的古庙响山寺。抗战胜利后，响山寺和胜利纪念塔修建完工，"兴建两年时间，不侵占人民的一点一滴"。

总之，在抗战期间，向恺然一直在安徽从事抗日工作，为国家作出了贡献。

1946年，向恺然应国军第八绥靖区司令长官夏威之邀，赴蚌埠任少将参议，主办《军声报》，开始撰写《革命野史》，并任《新学风》特约编撰。次年9月，中国人民解放军晋冀鲁豫野战军解放立煌县（今安徽省金寨县），向恺然被俘。据成仪则及其女儿回忆，审查期间，野战军认为向恺然一无血债，二无劣迹，而且在当地民众中口碑很好，七天后就放回家了。

"野战军的领导同志请他吃了一餐糯米稀饭，豆腐做菜，想留他在部队工作。他因家小拖累，不想在部队，并向领导表示，等到湖南解放，一定举着旗子到郊外欢迎解放军。于是二野开了通行证。我家遂经蚌埠、南京，回到湖南。"1948年春，向恺然携眷赴蚌埠，就任该市中正小学校长。该年底到南京，与儿子向一学相聚，这是抗战后父子俩第一次见面。据向一学回忆，当时南京紧张，各军疏散，有人劝向恺然乘飞机到台湾，他坚决不去，只是犹豫留在南京，还是去上海，想以卖文为生。考虑到程潜竞选副总统落选后一定回湖南掌事，作为其老部下，应回湖南追随他。此年冬，向一学护送向恺然及妻女等乘空运署专机飞汉口，再转火车回到长沙。返湘后，向恺然出任程潜主持的湖南省政府参议。1949年8月，他在长沙随程潜、陈明仁将军和平起义。

中华人民共和国成立后，向恺然任湖南省文史研究馆馆员。据向一学回忆，他在新中国成立后很想得到机会为国家做些事情，但都未能如愿。他在业余夜校任教，收入微薄，但还是兢兢业业。他写的寓言《丹凤朝阳》被指宣扬等级观念，《革命野史》也被禁止印行，生活很艰难。后来他被划为"右派分子"，不久因脑溢血去世，终年68岁。

父子两馆员

向恺然与其子向一学先后被聘为湖南省文史研究馆馆员，与首任馆长杨树达及其女儿杨德娴同为馆员一样，一时传为佳话。

向一学，名振宇，号为霖，以字行。1918年2月在上海出生，为向恺然夫人杨氏所生。向一学《父亲》手稿记录了他的一些经历。

1937年，向一学考取中央陆军军官学校，离开家乡。向恺然也于次年随廖磊到安徽，父子两人各自奔赴抗日战场。1940年，向一学于黄埔军校毕业，1941年被选派到美国鹿克高级航空学校受训，1943年回国，编入空军第四大队（志航大队）对日作战，曾驾机参与鄂西、常德、衡阳等七大战役，完成几十次战斗任务，击落日机两架。

向家所藏的一篇《中国空军抗日英雄谱》，翔实记录了美国培训中国飞行员的情况，中日空军飞机、武器装备的对比分析，中日空军多次空中作战的策略、战况等，具有极高的史料价值。现摘录以下三段文字：

昆明被日机空袭，美国空军帮助训练的总顾问陈纳德天天在场亲眼看到的，掌握了日机的性能、作战技术等资料，考虑到在昆明的飞行训练不能稳定进行，飞机和其他物资不容易从印度运进中国。与中国政府谈判，王叔铭为代表谈妥先为中国训练五百名驱逐飞行员，五十人一批，分十批到美国去训练，每期为期一年，从十二期起。

（日本）飞机型号是零式，中国各战场上都是美式的P-40，和日本的零式相比，各有优点。零式灵活、轻巧，爬高性能转弯半径都优于P-40，而P-40俯冲快，结构扎实，火力大，防弹钢板、玻璃橡皮保护油箱，飞行高度、耐航率都优于零式。在空中遭遇只要不与之缠斗，不与（之）拼爬高转弯，只打直来直去的打"拍司"，零式是打不过P-40的。

衡阳离芷江有三十多分钟的航程，我们为轰炸扫射灵便，不带下油箱，每架带炸弹一千磅，五百磅一个，八挺机轮装满子弹，到敌上空要打个油光弹尽。再向西转飞过一个山头，就是零陵机场，马上加油添弹又起飞到衡阳前线扫射轰炸后再回芷江，这样每人每次两个多小时的战斗任务完成，下午就换接班的人去执行。是方先觉守衡阳城，日本人围攻了四十多天，我们也打了四十多天。

此外，蒋介石到白市驿给四大队有功飞行员授勋并训话、中国飞行员赴美受训途中经过刚被日本偷袭的珍珠港的情状、美国飞虎队的事迹及其飞行员的遭际、常德长沙大会战的空中作战场面、巫家坝机场被敌机低空扫射而损失惨重等，都写得十分鲜活。

这篇手稿还描述了中国飞行员奋力抗击日军的英雄业绩，吟唱了一曲可歌可泣的壮丽赞歌。文中展现了抗战时期中国飞行员的爱国热忱和高昂斗志："人人都有一颗爱祖国的热心和民族自尊感，对来犯之敌，以守土卫国、寸步不让的拼死心情来抵抗。""飞行员的战斗情绪很高，人人有旺盛的精力，很想出任务。"文中提及的中国飞行员有沈崇诲、高志航、龚业梯、周志开、刘粹刚、李桂丹、乐以琴、汤卜生、李向阳、高又新、张光蕴、臧锡兰、屈士杰、李启驰等，美国飞虎队飞行员有史迪文（副大队长）、保罗（兼情报搜集）等。文中讲述了中国空军抗敌的典型事例和相关细节，诸如沈崇诲在黄浦江港口驾机俯冲炸沉日本陆奥军舰、高志航大队长击落多架敌机、龚业梯在武汉空战中驾机与敌人同归于尽、高又新率队炸毁日军高射炮火力网后被击中跳伞、臧锡兰击落日机解救美国飞行员史迪文。其中，周志开孤胆独行、勇歼敌机的事迹写得详尽生动：

1943年6月6日，执行完任务的八架中国飞机在梁山机场加油添弹，当时下着小雨，能见度极差，防空监视探测到高空云层有飞机自西向东而来，但没有紧急报警和迎敌命令，当机场东北角出现飞机时，大家以为是友机返航，却不料三架日机呼啸而至，俯冲下来扫射、轰炸。坐在机舱里检测飞机的周志开连保险伞都来不及背，保险带也来不及扣，就火速驾机强行起飞，离地后先转往机场西头，击落一架投弹后的敌机，接着紧追不舍，将向东逃窜的第二、第三架敌机击落，创造了单机击落三架敌机的空战历史，成为闻名全国的空战英雄，蒋介石委员长亲自授予他国民政府军事委员会最高的"青天白日"勋章和三架纪录的"三星序"勋章，他由上尉升为少校，由副中队长升为副大队长。7月中旬，周志开指挥二十三中队的一组飞机利用厚云层、稀云洞的环境优势，在常德八千尺高空奇袭威胁陆军阵地的敌机，击落四架日本零式飞机，令敌人胆寒。日军在其前线最大的空军基地——湖北荆门机场集结了三十二架零式飞机，等待机会与中国空军决一死战，主要目的就是想击落周志开。后来，周志开请求单机出击汉口机场，想让汉口人民看到中国空军，替中国人争气。但他在长阳县遭遇四架敌机围攻，毅然放弃逃出包围圈的机会，并不顾P-40不能和零式飞机格斗的性能弱点，驾机迎敌，最终机毁人亡，令人痛惜。

在抗战中，向一学从"准尉见习官""跟部队长做僚机"到驾机战斗，先后参加了重庆保卫战、鄂西前线护卫战、常德长沙会战、衡阳会战、洛阳会战，击落敌机两架，获"二星序"勋章。

手稿最后总结说："我们十二期是1937年参军，1939年开始飞行训练，1943年参战到1945年抗战胜利。八年抗战，初期中日空军打成平手，后两年日机猖狂，夺走了中国的领空权，从1942年起，中国空军又夺回了制高权。整个的空军伤亡数字我不清楚，单从我们十二期讲，毕业一百多人，打到抗战胜利只剩下四十人，伤亡60%。"

1949年，向一学随父亲回长沙，住在营盘街，曾靠教人跳交谊舞谋生。一次，他儿子病重，久治无效，父亲请来柳惕怡医治，得以痊愈。后来，向一学跟柳惕怡练习太极推手。他并不喜欢练太极拳，但父亲对他督促很严，并一再要求他向自己推荐的拳术名师学习。如在上海学音乐时，要他与吴鉴泉练拳，摔坏了三把椅子；找来郑曼青，要向一学与他练推手。向一学的武术技能在父亲敦促、名师指导和自己苦练下逐渐提高，在湖南国术训练所里，他多次凭武力解决一些麻烦事，如某蔡氏兄弟闹事，他听令于父亲，打败了他们；柳森严在所里惹是生非，他出面教训柳森严，平息了事端。

据湖南省文史研究馆编写的向一学简历，他曾任长沙市花鼓剧团琵琶演奏员，后转入长沙市农业药械厂退休。1990年12月被聘为湖南省文史研究馆馆员，1992年去世。

撰稿：周柳燕

▶陈云章：
亦儒亦商亦侠

一

陈云章先生，原字仪曾，意思是服膺乡贤曾国藩。我想这恐怕也是当时的风气，听说伟人年轻时字学任，亦即学习梁任公。后以思默行，思默意为乐观豪爽却内心操劳，其笔画是九和十六，据说五格大吉。1911年10月，陈云章出生于益阳县欧江岔。欧江岔是一个美丽的滨湖水乡，阡陌纵横，湖塘交错。陈家世代种田为生，先生的祖父天资聪敏，傍着人家私塾念了四书五经，又自学医道，为人义务诊病。先生的祖母生了九个孩子，七女二男，先生的父亲是老七，名陈天倪，又名陈鼎忠。

因为陈家人口骤增，靠自有的三四亩地无法维生，于是租佃了几亩族产地，苦苦支撑。陈天倪幼年体极弱，见家计艰难，就发愤读书，传说陈天倪幼时随父犁田，父命他坐在田埂上读书，父授书一节，待犁完一圈，陈天倪已能背诵。陈天倪十几岁即考取秀才，废除科考后又考取不收分文学费的法政学校，之后由教中学而大学，成为中山大学教授、著名的经史大师，著有《尊闻室文集》等著作。黄侃评价他："博闻强识，文出汉魏，诗在唐宋之间。"张舜徽说："先生博闻强记，行笈惟衣被杂物，不携一书。讲授诗文，不复持本，悉背诵如流，及门咸惊服焉。"陈衍赠诗，有"三百年来谁抗手，亭林经术牧斋诗"之句，把他比作顾炎武与钱谦益。

陈云章在陈天倪的子女中排行第四，中等身材，从小机敏过人。因陈家在地方上无钱无势，所以，陈云章走上了个人奋斗的道路，他豪气过人，又广交朋友，崛起于草泽之间。1917年陈云章在本乡入私塾，1923年考入长沙兑泽中学，1929年考取湖南大学（简称湖大），攻读土木工程。

陈云章虽然选择的专业是土木工程，但是受父亲陈天倪的影响，他从小就喜爱文史典籍，深受传统文化的熏陶。他能写诗词，尤擅散文，颇具韩退之的气势。诗则有宋人风致。《常华道中》是陈云章现存最早的诗作，诗云："垂杨百里护人行，湖色岚光一样青。极目良田千万顷，麦黄初割菜花馨。"诗句虽稍稚，但注重经济生产，确属难能可贵。

小陈云章12岁的弟弟陈述征回忆，自己8岁时的一个寒假，陈云章回到家中，那天寒气逼人，全家围坐在既作厨房又作烤火屋的矮小茅屋的火炉边。这时，陈云章取出北新书局出版的活页文选中的一篇傅增湘撰《思宗殉国记》，先用极沉痛的语调介绍明朝末年李自成围攻北京前夕皇宫内的情形，再逐句讲解。那天风雨大作，似乎在为他的讲解造势，气氛悲壮极了。

还有一次，也是全家围坐烤火，陈云章向弟妹们讲授了方苞的《左忠毅公逸事》一文，这是一篇记述明代忠良之臣与奸佞斗争的有名的散文。当讲到监狱中史可法跪在左光斗面前，史可法看到左光斗膝下筋骨全部打断时，就抱着他哭泣。左光斗认出后，用手指拨开眼皮，厉声说："庸奴！这是什么地方？国家大事糜烂至此，我已没办法了，你不明大义，天下事谁去支撑？如不即走，我就打死你！"即摸索地上刑具做投击状。史可法出来对人说："吾师肝胆都是铁石铸造的！"陈云章讲到这里，声色凄厉，听众也义愤填膺。几十年后，陈云章先生多次对我讲起先贤的懿言嘉行，也多次出现这样的令人动容的以道义相激的"煽情"场面。

1936年，陈云章从湖南大学土木系毕业后，只身赴南京谋职，入国防部下辖城塞局任技佐，属于技术军官，设计了南京炮台等军事工程。也就在这一年，陈云章与宁乡刘德芬喜结良缘。刘德芬是宁乡名儒刘宗向先生侄女，幼承家学，诗文俱佳，夫唱妇随，十分相得。

次年，陈云章应聘任四川省立重庆工业学校土木科主任。1938年任四川省公路局副工程师，主修川湘公路龙潭桥工程，被晋升为工程师。1940年执教于中央工业学校，任土木科主任。这段经历虽然复杂，总的时间却只有4年，且从教的时间都很短暂。不过，奔走长沙、南京、重庆，陈云章也结识了章士钊等一些名流大腕。

命运就是这样，你苦苦追求，难免失之错肩；而在不经意间，她却往往轻挑窗帘，向你招手。

陈云章先生的从教生涯就是这样富有传奇色彩。

1941年，时第九战区司令长官薛岳（字伯陵）主湘。薛伯陵文韬武略，虽然是战时，也还算励精图治，他将湖南分为10个行署，每个行署办一所师范和一所职业学校。在财政困窘的当时，这已经是大手笔了。而这时的陈云章，经过在长沙、南京、重庆的纵横历练，已非吴下阿蒙，认识了很多杰出之士，其中就有湖南大学校长胡庶华。胡庶华又是出了名的爱才惜才，于是，胡校长向薛岳推荐了湖大昔日学生陈云章。

接下来奇迹发生了。陈云章赶到长沙，面谒薛岳，只谈了一次话，薛岳就一锤定音，派他到沅陵创办省立九职（土木水利专业）学校，担任校长。

我认为，这种神奇的一面之聘，反映了陈云章先生的人品魅力，也说明了薛伯陵尊重知识，慧眼识才。此前先一年的湖大国文系毕业生易祖洛投笔从戎，也被薛岳看中，被任命为副官。60年后，他们在通泰街严怪愚先生的斗室中相晤，当时我亦叨陪末座，他们谈起此事，易先生茫然无记忆，陈先生却还记得当时瘦削、英俊的副官是湖大同学呢。

此外，现在天倪庐中还陈列有薛岳将军1995年致云章先生的信，缘起是婉谢在芷江对其抗日事迹勒石纪念。信中有"对前尘往事，皆以过眼云烟，淡然视之"一语，不知暮年的薛伯陵还记不记得当年对九职校长的拍板任命？

又说回到九职。陈云章是省里任命的10个校长中年纪最轻也最有魄力的校长。在战时物质条件十分艰苦的情势下，九职办得十分出色。据其弟陈述征回忆，陈云章的办法主要是：

1.聘用素质很高的教师（抗战胜利后几个老师随他到长沙创办中原实业公司，其中有曾子泉、李植基、米谷生等，后来曾任湖南省建筑研究院总工程师、长沙市建设局长和总工程师等）。他深信只有名师才能出高徒。

2.学校里不准有任何党派组织，他本人始终是一个无党无派的民主人士，主张学术自由，几乎每周日都请一些学者和名人作学术报告和国家形势报告。这样学校学术气氛和爱国气氛都很重。

3.当时因为抗战，物资供应困难，物价不断上涨，尤其是米价。因为他在军队里有熟人，所以利用军船代他在桃源一带购米运到沅陵，米到沅陵，既能用较高价出卖，又可用米来作工资，这样九职职工的工资，常比其他学校多一点也稳定一点。

4.招生非常严格，在出榜前几周，别人来信一般他都原封不动，以避免熟人讲情。出榜以后才看信，如来信中所荐有未取的，则去信"道歉"。他说我数学不好，我想读水利科，但不准。笔试之后，他还要亲自面试。他是十分注重人的仪表举止和言语的，如衣冠不整，态度与言语有流气，他是不取的。

5.他千方百计充实学校教学建设和设备，为所建立的现代化的教学大楼命名为"大禹楼"，新建的礼堂命名为"国藩堂"（在近代人中他十分崇拜曾国藩，曾自名为仪曾）。另在绿阴深处分别建成有家眷的住宅，名之曰"睦邻里"。另建教师单身宿舍"博学斋"。这里好像是一个学术小天地。

我认为陈述征的回忆很有价值。陈云章先生主政九职的作为可圈可点，不仅表现了他湖湘文化经世的学养，同时一些近似于商业贸易的操作也表现了他身上具有的实业家的禀赋。而这种难能可贵的禀赋，如果遇到了适当的时机条件，就会在人生的河流掀起湍急的浪花，甚至对原有的身份定位反客为主，大放光芒。

二

陈云章先生为人诚恳、热情，行侠仗义、长于交际、善于幽默，能对不同的人在不同情况下使用不同的语言，因此人缘极好，上至达官贵人，名儒大贾，下至三教九流，贩夫走卒，他都能融融相处。遇到别人有急难之时，他更是鼎力相助。我就多次听人说起，得到过云章先生的救助。

1940年，陈云章在常德办有《新潮日报》，他亲任社长，聘请名报人陈楚、黄定戎主持编务，改四开小报为对开大报，大力宣传抗日救国与报道民情，一时声誉鹊起，为抗日救亡作了一定的贡献。陈云章则常常在《新潮日报》上发表文章，黄钟大吕，荡气回肠。如《赠余程万将军〈曾国藩评传〉记》，开篇曰："石坚将军秉浩然之气，精忠神武，提八千饥疲之卒，当四万强悍之虏。凭屋垣土堡，扼守常德孤城亘十六昼夜。"今日读之，还掷地作金石声！

陈云章从1938年在四川任教时，就结识范旭东、李烛尘等名流学者，受其"实业救国"的思想影响，"即心向往之"。他深知救国之道多途，而开启民智，唤醒国人，振兴科技，实现工业现代化，才能使中华民族自立于强国之林。因此抗战胜利后，他带领几个学生，赤手空拳，到长沙购买了三贵街时务学堂原址，办起了中原公司。

当时因为战乱，湖南城市满目疮痍，到处残垣断壁，土木工程很爆，所以中原公司居然大获成功。1948年，陈云章当选为湖南省工业会理事长，后任全国总工业会常务理事。当时全国总工业会只有11个常务理事，湖南的工业界并不突出，他作为实业家脱颖而出，居然占一席地，与杜月笙、卢作孚、李烛尘等大亨坐而论道，这是很了不得的。这段人生经历，也为他以后单骑赴港，说服杜月笙，为保护共和国的财政金融建立奇功而打下了基础。

三

抗日战争胜利后，内战的阴云又笼罩着中国，中华民族的命运又走到了一个十字路口。作为湖南有声望的绅士，陈云章旗帜鲜明地站到了民主的一边、人民的一边。当时的香港报刊就称他为"民主斗士"。

1946年冬，陈云章以益阳代表资格入选为湖南省参议员。陈云章在省参议会揭露并抵制蒋介石独裁统治，反对钦定包办的中央监察委员、立法委员选举，并多次在参议会上慷慨陈词，揭露选举内幕。当时湖南各大小报纸、国内报刊及美国的一些报纸都竞相报道这一消息，"大炮参议"的雅号遂不胫而走。

程潜主湘以后，时局急速发展。人民解放军横渡长江，兵锋直逼湖南。陈云章为使湖南在这次国内战争中免受战祸摧残，争取和平过渡，一方面主动拜访程潜，积极向程潜献策，力劝其脱离蒋家政权，靠拢共产党，并积极为实现这些主张而付诸行动。另一方面，经友人介绍，陈云章与中共地下组织取得了联系。通过与地下党代表涂西畴、刘禄铨谈话后，陈云章表态："多年的思想苦闷为之一扫而空"，"愿无条件接受共产党的领导"。于是三贵街陈寓，成了当时省工委策反组联络点，寓所西楼则作为"湖南进步军人民主促进社"的秘密活动据点。中共地下党负责人周里经常在三贵街陈寓开会、见客。陈云章为隐蔽起见，特说服邻居，开一小门通其家，便于中共人士出入。至今此小门尚存。六十几年后，云章先生引领我穿行于三贵街宅第，告诉我哪间房中共地下党常在此开会，哪间房中共负责人会见过客人，哪间房陈太太故意邀人在此打麻将，哄骗国民党特务，指点历数，唏嘘不已。当年陈云章为湖南和平解放运筹献策，奔走呼号，担任湖南省51个"公法团体和平促进会"召集人，恪尽职守，为国为民，置个人安危于不顾，已达到"生死以之"的地步。1949年1月8日，陈云章领衔以湖南省工业会、省商业联合会、省总工会、省农会、长沙市商会、长沙市总工会六团体为呼吁和平，给毛主席发电，电文曰：

厌恶战争，求取和平，此为人民在完成抗日大业后之一致愿望。窃念先生一介书生，崛起湖湘之间，数十年奋斗所追求之目标，要不外救民救国。

以先生学养之深沉，爱惜民命之殷切，决不至河汉斯言。本会等决竭尽智慧，为先生和平决策之后盾。

60年后，陈云章先生与我谈及此事，还几乎一字不差地背出了上述这段电文。他说，听好友章士钊说过，毛泽东曾经反复阅读《胡文忠公全集》，并将自己的字由"学任"改为"润芝"，因此说："以先生学养之深沉"。云章先生笑着告诉我："这个电文是我亲自起草的。"

黎明前的暗斗是激烈的。至今，一些老长沙还对这位民主斗士"虎口夺金"之事啧啧赞叹。

1948年10月，蒋介石政权行将崩溃，蒋密令将湖南中央银行的库存黄金白银运往上海，转运台湾。陈云章获悉内情后忧心如焚，急忙与副议长唐伯球先生（也是民主人士）商讨对策。于是，抢在国民党军警动手之前，陈云章率领省市工农六团体50多名代表，在对方猝不及防的情况下，冲进湖南中央银行，封存了该行企图启运的几万两黄金、白银及银圆、美元。当时已可以听到远远传来的解放军仿佛助威的隆隆炮声，加上省市新闻界朋友的及时跟进，国民党军警束手无策，以陈云章为首的民主力量成功地保住了这批人民的财富。

1949年4月，白崇禧自武汉败退长沙，对程潜施加压力，急欲控制湖南局势。为了迎接湖南和平解放，陈云章与唐伯球等人商议，由陈以各界团体名义，亲自去东安接一级陆军上将、老牌军阀唐生智来长，密谈对付白崇禧之策。同时还策动国民党湖南保安副司令蔡杞才、益阳地区保安副司令陈扬汉、益阳县县长颜健等成功起义。陈云章除以合法身份，掩护中共地下党的活动以外，还筹集地下党活动经费和起义部队的薪饷共3万多银圆，亲自参与组建"资江南岸联防办事处"，为促进湖南的和平解放，作了许多有益的工作。以后旧《湖南日报》和新《湖南日报》的交接仪式，就是在云章先生主持下进行的。

当然，湖南乃至全中国的解放是历史必然，大势所趋，是任何力量都阻拦不了的，但是，如果没有陈云章先生呢？2005年，我到北京拜会了乡贤，也是陈云章先生的好友李锐老，讲起长沙当年惊心动魄的迎解斗争，讲起一些浅薄之人对云章先生工作的无视或轻视，李锐老说："当时如果没有陈云章等人作的和平努力，湖南要多死好多人啊！"

四

中华人民共和国成立以后，1951年3月，陈云章被错误关押，至1952年岁末无罪释放。1953年2月任水利部参事，执教于南京水利学校。1958年由水利学校借调湖南大学任教。1959年当选为第三届全国政协委员。1966年任湖南省人民委员会参事室参事，系第四、五、六届湖南省政协常委。1989年3月任湖南省文史研究馆名誉馆长。对于这些人生起跌毁誉，陈云章始终处之泰然。诚如1957年他在《游西湖》一诗中所说：

卅年梦里忆前游，重到灵岩快白头。

往事万端宁可说，冰心一片任沉浮。

因无香火禅房寂，岂有诗情石壁留。

八十衰亲诸子稚，未遑移榻结僧俦。

诗中的"冰心一片"应该是指对国家的耿耿忠心。云章先生于此始终是问心无愧的。乡贤、曾任湖南省委统战部副部长的吴立民先生评价说："吾湘前辈，操行本素志，不为环境时势所夺，吾所熟悉者，当以先生为巨擘。"

陈云章先生在新中国履职后，给人印象至深而荦荦大者有三。

一是他的老成谋国。新中国成立后，百废待兴，而列强持封锁政策，因而我国金融紧张，捉襟见肘。蒋介石政权垮台时，大陆的中国银行尚来不及迁徙。中国银行有七个董事，三个去了台湾，三个留在大陆，剩下一个杜月笙则滞留香港。于是，中国银行是迁往台湾还是留在大陆，关键就在于杜月笙这一票投给谁。

杜月笙何许人也？所谓"春申门下三千客，小杜城南五尺天"，当年上海滩呼风唤雨的大佬，交游遍天下，弟子遍天下，连蒋介石都礼让三分。上海解放前夕，杜月笙携眷离沪，因感受到蒋介石政权对自己的冷落，他没有去台湾，而是客居香港坚尼地杜公馆。杜月笙的好友章士钊特地到香港，力劝杜月笙回内地。因杜对共产党疑惧太深，以致章士钊碰壁而归。因为章士钊也是云章先生的朋友，所以云章先生是知道此事的。至于云章先生与杜氏的关系，那就大大不如章杜交情之深了。杜月笙与陈云章都名列全国总工业会常务理事，仅仅一起开过两次会，在上海吃过饭。然而，事关国家振兴，云章先生热血沸腾，主动请缨，单骑赴港，在坚尼地杜公馆找到杜月笙。经过一番披肝沥胆的谈判，杜月笙竟然投了北京一票。从此，中国银行变成了中华人民共和国的国有银行，而且在那特定的历史时期，中国银行还变成了我国的外交代表单位、情报收集单位、金融商业单位，对我国的经济建设发挥了很大的作用。

陈云章先生实在是干得太漂亮了！

半个多世纪过去了，云章先生对我们讲起当年这一豪举，我惊诧他与杜月笙交情很深，他说："哪里谈得上交情深？杜月笙曾是十里洋场权势滔天的大佬，不过当时他流寓香港，已非昔日可比。不过此人讲江湖义气，认同我们都是全国工业会的常务理事。"我又问："您是怎样让他相信共产党的呢？"云章先生笑道："你读过《战国策》吗？哪有这样做工作的？杜月笙不相信共产党，但他爱国，你看日本人占领上海后，他痛心疾首，对抗战投入了身家性命！他蜗居的香港，是英国人统治，他也很怄气。我就是激发他的爱国情绪，促成了让中国银行留在大陆。"

云章先生由杜月笙又谈到了卢作孚。卢作孚，重庆人，号称"中国船王"。他是全国工业会11个常务理事之一，也是云章先生的朋友。卢当然是一位了不起的实业界巨子！抗日战争爆发，宜昌沦陷前夕，卢作孚指挥所创立的民生公司，用自己的船只，经过40天的奋战，抢运了聚集在宜昌的人员150余万人、物资100余万吨，为保存当时中国的政治实体、经济命脉以及教育文化事业作出了巨大贡献和牺牲。卢作孚的民生公司有16艘船只被炸毁炸沉，69艘船只被炸伤，117名员工壮烈牺牲，76名员工致残。这次抢运被誉为中国版的"敦刻尔克大撤退"。这样一位爱国的实业家后来也滞留香港，为何去何从而犹豫不决。在关键时刻，云章先生找到卢作孚，和一些爱国人士一起，力劝卢回内地，共同建设新中国。卢作孚先生深受感动，带着滞留在港的20余艘江海轮及价值2000万美元的财产，毅然返回内地。

二是献身祖国统一大业。在介入文史馆的工作以后，云章先生积极宣传"一国两制"，切磋学术，增进友谊，为海峡两岸"和平统一"作贡献。1995年7月，云章先生应台湾"中华仁学会"邀请，赴台讲学访问，主讲了

《谭嗣同仁学与湖南精神》《湖南文史界现状及展望》《从湖南的观点看两岸文化与经贸交流》等课题。云章先生讲《谭嗣同仁学与湖南精神》，首先重点讲了"仁学"的本质，亦即"将以通世界圣哲之心法，以救全世界之众生"。谭嗣同把中西哲学、宗教和自然科学熔为一炉，提出"仁—通—平等"这一公式和实现"有天下无国"的大同之境，正反映了他思想的伟大。云章先生最后也讲到"仁学"对湖南民性的巨大影响，湖南士人对"仁学"的不断弘扬，从而激发出一种"湖南精神"，在以后推翻帝制、创建民国、北伐、抗战等近现代史大场面中，这种"湖南精神"起到了举足轻重的作用。谭嗣同的"仁学"、黄兴的"无我"，以及之后的毛泽东思想，为湖南精神建立了一座不断发展的宝库，为湖南人民乃至全国人民提供了战无不胜的法宝。湖南精神也就是牺牲精神、奉献精神、进取精神。

他的另外两次讲演《湖南文史界现状及展望》和《从湖南的观点看两岸文化与经贸交流》则站在湖湘文化的高度，重在冲破一切阻碍，探讨两岸文化与经贸交流，受到听众的欢迎和好评。

总之，云章先生1995年秋季的"衰龄访台"，除开与老友刘修如、伏嘉谟、陈绍箕及谭恒岳诸教授把酒话旧以外，还与一些著名文化学术界人士广结新交，切磋学问，缔结君子之谊。这样一来，云章先生借访台讲学，完成了一次两岸湖南同乡之间文化学术方面的较高层次的交流。

以后台湾谭恒岳先生几次来长沙，都是云章先生组织接待的。1995年春节期间，台湾伏嘉谟教授来长沙访问，云章先生以湖南大学老同学的身份接待。伏教授感慨万分，作诗赠陈：

千秋人物白沙陈，万里湘云故国新。

难得老成飞海峡，依然天上石麒麟。

三是对传统文化的挚爱与坚韧的守护。这一点集中表现为对时务学堂故址的保护，这当然是一个凄美的故事。

1945年抗战胜利后，云章先生返长创办中原兴业股份有限公司，向益阳翰林周桂午（周谷城叔祖父）后人购得小东街、接贵街一带大片地皮，建起了公司三层楼房和自己的住宅（20世纪50年代后公司楼房转给了粮食部门）。这一地区原是清乾嘉两朝重臣吏部尚书、礼部尚书、体仁阁大学士加太子少保衔刘权之旧宅。同、光年间刘权之府第转让给周桂午，周将房屋改造成三进四合院式公馆。

维新运动期间，熊希龄等开明士绅倡议设立湖南时务学堂，熊希龄从同榜进士周桂午手中租得刘权之旧邸作为校舍。1897年11月，时务学堂开学，录取蔡锷、范源濂等数十名学生入学，熊希龄任学堂提调（校长），梁启超为中文总教习。

维新运动失败，时务学堂停办后，小东街（今长沙中山西路）校址屋归原主。周桂午的儿媳将宅第租与湘潭人言清华，办起了"泰豫旅馆"。1922年刚任金陵东南大学教授的梁启超应湖南省省长赵恒惕之邀来湘讲学，在任过梁启超秘书的李肖聃的陪同下专程去寻访时务学堂故址。梁启超当年在长沙讲学时才24岁，26年后旧地重游，已年过半百。世事沧桑，他百感交集。在学生蔡锷住过的宿舍内伫立良久，竟泣不成声。在言老板请求下，梁启超提笔写下了"时务学堂故址二十六年前讲学处民国壬戌八月重游沩记梁启超"这一条幅。

后抗日战争爆发，旅馆在大火中焚毁，所幸言老板将梁书带到湘潭老家，墨宝却完好如初。云章先生恰与泰豫旅馆言老板的儿子言泽坤是湖大预科班的同学，遂以40石米买下了这一瑰宝。1958年，云章先生由南京回湖大任教，为利于墨宝的保养，将其寄存至校图书馆。同年，中山大学教授、著名考古学家商承祚参观湖大图书馆，见到梁书，惊奇不已，连呼"国宝、国宝"，并建议将其转存湖南省博物馆恒温室保管。于是，梁任公墨宝被同行的蔡季襄先生带到了湖南省博物馆。"文化大革命"结束后，墨宝又回到云章先生手中。

陈云章深知湖南时务学堂在中国近代史上的巨大意义，深知梁任公墨宝的巨大文物价值，经过深思熟虑，他毫无条件地把梁任公墨宝捐给了母校——湖南大学，又请泰籍好友罗武子先生捐资在岳麓书院建起了美轮美奂的"时务轩"，与唐李邕北海碑亭相映成辉。

至于湖南时务学堂故址的保护，云章先生晚年几乎倾注了全部心血。他请老师李肖聃先生及衡阳李况松先生题写了碑记，与梁启超墨宝一并精工镌刻，在宅院中竖立了"时务学堂故址"牌坊。

五

云章先生一生波澜壮阔，曲折坎坷，但进入老年后，却如同江河流入了平缓的河湾，由热闹而转清静，更多地表现为一个以发展学术为终身事业的人，一个传统文化的守望者。也就在"文化大革命"结束后不久，我认识了云章先生并受教20多年。我当然资质愚鲁，且与先生术业不同，但云章先生诲我以德，外现以品，表现出长者之智、仁者之怀，所以我还是不揣陋劣，陈述于此。

我虽出身书香世家，却因"文化大革命"而辍学，依外祖居长沙通泰街，外祖父去世后，投身苦力，盐车长坂，志气消磨。20世纪70年代初，"笔挟风霜名记者"严怪愚先生迁居，与我为邻，他的朋友纷纷来我们居住的小院朝夕与其聚谈，其中有傅白芦（后任湖南省委宣传部副部长）、柏原（后任湖南省委组织部副部长)、羊春秋、马积高、彭靖、易祖洛诸位先生，飘然一筇的云章先生也是其中之一。这些60岁左右的老知识分子饱经坎坷，都是一些有正气、有骨气、有才气的文人，他们重气节、知使命、思荣辱，所谈极少个人盐米生计，都是忧国忧民之事。承他们不弃，我常叨陪末座，领受教益，常常热血沸腾，夜不能寐，沉浸在一种师友道义相激的沛然正气之中。

云章先生的父亲陈天倪先生是我的外祖刘永湘先生、伯外祖刘永济先生的朋友，故而我们是世交。我父亲陈暄将军参加抗战八年，遗腹生我，母亲艰难抚孤成人。我从小陪侍外祖父读书，老人故去，感到前途茫然。这时，云章先生常常鼓励我："外面越是不要文化，你就越不要放下书本。老一辈在你身上花了心血，你就要担当责任。将来的社会是要学术的，你还年轻，千万不要消沉。"云章先生还再三告诫如何"度厄"。亦即天厄（如地震）顺其自然，人厄则处之有道。后来国家拨乱反正，恢复高考。在这些先生的鼓励下，我以一介搬运工人，自学考取武汉大学魏晋隋唐文学研究生，成了当时长沙的一个新闻。云章先生十分高兴，到处夸我，逢人相告。记得有天晚上10点多钟，寂静的麻石街上响起嗒嗒的手杖声，竟是云章先生来了，他想到我去武汉大学，免不了蚊叮虫咬，特地给我送来小蚊帐。我一时百感交集，竟说不出话来。

后来我硕士毕业，分派到湖南省社会科学院文学所工作，后任所长、研究员。这时单位内部有人排挤我，很不愉快。兼之当时商潮汹涌，有朋友邀我"下海"，我颇感犹豫，就到云章先生家找他商量。想不到云章先生反应十分强烈，他一字一顿地背诵了曾国藩的两段话给我听。一是："耐冷耐劳，耐苦耐闲。"一是："困心横虑，正是磨炼英雄，玉汝于成。李申夫尝谓余怄气从不说出，一味忍耐，徐图自强，因引谚曰'好汉打脱牙和血吞'。此二语是余生平咬牙立志之诀。"

他说："你只想到搞学问清贫，只想到与一些同事不和，没想到所负的学术担当。"我感到迎头棒喝，非常震撼。现在回想当时情景，竟像昨晚上发生的一样。

云章先生曾担任过湖南商会会长一类的职务，又曾活动于政界，很有些领袖才能。到晚年，则特别喜欢与传统文化学者交往。他爱友成癖，待人真挚热诚，常常在天倪庐组织雅集。不管是南下避地震的一代词宗夏承焘，还是台北的浏阳后裔谭恒岳，都视天倪庐为如归之家。承云老厚爱，每有学者雅集，他都命我作陪。大家或议论时事，或介绍新书，或陈述自己的新近研究。到用餐时候，自有云章先生家厨款待。那种文采风流，那种杯盘酬酢、宴集纵谈，至今似乎还回荡在天倪庐廊柱之间。2009年，云章先生哲嗣家书兄曾命我为天倪庐百一亭题联，我撰嵌字联曰："百代萦思，佳人屐齿，硕彦游踪，依约云龙风虎；一亭独眺，巷陌参差，湘流容与，销磨月夕花晨。"边款是："良昔于天倪庐追随云章世丈诸耆旧谈讌论学三十年，诚人生至乐也！今日过此，得无黄垆之叹乎？己丑春月陈书良。"这应该是我抚景伤情的真实反映。

六

2004年11月11日陈云章先生去世，享年94岁。根据他生前的遗嘱，去世后不举行遗体告别仪式，不开追悼会，不告知至亲以外其他任何人，不收任何人的礼物，只准许家人开一个不放鞭炮、不播音响的家祭。陈云章先生就这样静悄悄地走了。

然而，人们却以各种各样的方式悼念他、追思他。大画家黄永玉先生风尘仆仆从北京赶来，礼拜天倪庐，题辞曰："既见黄昏又见黎明，不免生仰止之感。"一寄渴慕之怀。还有服侍其晚年起居的两个保姆，也写下了文辞粗疏而情深义厚的悼念文章。

陈云章先生与刘德芬女士育有五子一女，在各自的岗位都有不俗的成就。

撰稿：陈书良

▶ 杨应修：
论功第一是先生

1988年6月，在荣宝斋出版社第一版《杨应修画集》里，我写了一段千余字序文，介绍杨应修先生：

观杨应修先生的画，使人处处感到中国画"重骨"的气度美，点抹之间，骨气洞达，天趣具足，飘逸着传统神韵的芬芳。

杨应修，湖南老一辈的著名国画家，字可宾，号慎斋，宁乡人，现年76岁。他的书画作品，重传统是最突出的特点。50多年来，他潜心学习传统，不拒各家各派之长，也不囿于一家一派之见。他眼光四顾，多方吸收，山水宗石涛、石溪，人物师黄慎，走兽习张善孖、郎世宁，又一度刻意追摹任伯年、吴昌硕画风。他对传统的学习，并不止于笔墨形式的继承，更主要在借助前人的经验认识和领悟艺术的规律，探求新的意趣和表现形式。因而能渐渐达到"得于心应于手"的境界，孤姿绝状，触豪而出。他的花鸟作品，最为引人称道，墨多色少，奔放而豪爽，或简洁古拙，或淋漓痛快，或冷隽闲远，或沉着幽艳。用色浓丽的，也风彩飘然，艳而不俗，显现出不凡的功力。"清影摇风"的熟练潇洒，"梅兰竹菊"的素雅孤高，"菊花麻雀"的老辣苍厚，都深得前人真趣又熔冶众长，因而其作品有"远观近赏面生辉，细玩更如饮露酒"的称誉。他的山水作品苍劲灵动，华滋浑厚。其青绿与写意山水，或奇胜，或渺迷，或邃密，或旷朗，笔底风云，别具意境。他画人物画，颇重文人画风，或孤翁垂钓，或策杖山行，寥寥数笔，都能传达出深沉而浩淼的蕴藉。他的走兽画，熔工艺特长与国画神韵于一炉，做到了雅俗共赏。《猛虎图》年画，在北京曾印行70万张，可见很受欢迎。我们观赏画家的作品，些微之间，或许能洞幽烛隐地发现前代大师的迹象，但更多的则是感受某种跳荡于传统之间夺人神魂的意韵与美感。"师其意而不在迹象间"，这是画家长期深入学习传统，神而变之，化而宜之的结果。

传统不好学，有人学不进去，也有人进去了，就再也没有出来。杨应修先生的画，有传统又不死守传统，这得益于他"车辙马迹半天下"的奔跑。近十年，靠着一根手杖，他几乎踏遍了祖国的名山大川，爬石级，览云海，望日出，把高江急峡，幽姿秀色，悉数勾入画册。他写生，并不对景描摹，而靠默记，靠神游意会，融入心怀。即或勾画，也是极凝炼的线条，三五数十笔而已。大自然的勃勃生机，给他的画作注入生气。他晚年新画青岩山风景，采用泼墨泼色来表现苔蔓茸茸的岩头；变化着传统的大、小斧劈皴法，来刻划叠起的峭壁危崖；把兼工带写的草虫，点缀到粗笔潇洒的大写意中，使大自然的浓郁幽香，扑鼻而来。这种"半天下"的奔跑，更为他晚年甩开羁绊，尝试变法提供了基础，提供了气度。那种墨彩飘荡淋漓、渗透变幻的画幅，不同样是大自然万千神奇气魄的一种再现吗？

杨应修先生秉性倔强。他能一连几小时站着画画，有时是站在桌椅上。遭受不公正待遇时，他曾把数年积累使用的画笔付之一炬。情不自禁，劳动间隙又铅笔土纸悄悄画起来。他为人更诚恳更率真。教学生他诲人不倦，曾为学生书写了不止一套的字帖，画过不少画稿，被学生们装订成一本又一本。尤其他那"处处留心皆是学"的身体力行的榜样，给学生影响更大。

是湘绣大师，更是艺术大家

杨应修1912年11月6日生于湖南省宁乡县砾石砾乡家。几件事，可以说明他的艺术地位。1979年，他当选为湖南省美术家协会第一副主席，全凭资历、名声，可谓实至名归。1986年3月，他的个人画展在中国美术馆开幕，国务委员方毅为之题写展名。当年荣宝斋出版杨应修画册，全凭画家本身实力影响，是身份象征，也是双赢格局。1986年4月，中央美院教授潘絜兹赋诗赞扬杨应修的从艺生涯和成就："湘绣天下久闻名，论功第一是先生。"湘绣一系列闻名中外的代表作，几乎全出自杨应修之手。

1980年5月，我与杨应修同登泰山写生，同行三人，另一人陈焕章，那边的接待单位是济南和青岛美协。车上，杨老对我和陈说："下车以后，你们两人都不能说学徒出身，这样人家看不来。"他说："你（指陈）是中央美院毕业，（指着我说）你是广州美院毕业。"我们表示为难，我们和杨老一样纯学徒出身（初中不算学历吧）。杨说："你们不是为自己撑面子，而是为我撑面子。"当然，后来掉面子的又是他自己。

在青岛，当地美协邀杨老作画。那天一大早杨老就起来了，上午在美协，他一连画了好几张画。学徒出身的人，有一个绝活，就是笔下来得快。只见杨老挽袖挥毫，一张又一张：这幅美协本部；这幅美协主席你；这幅秘书长你；这幅省美协领导你。画完四张，又兴致勃勃画第五张。这时11点半了，秘书长悄悄在他耳边说："杨老，今天星期天，青岛市的所有大饭店全部订满了，中午还是要回招待所吃饭。"话音落，杨老跌坐在椅子上。只画了半张的画，立马不画了。原来，杨老一早就和我们说起吃饭的事，他惦记着好好撮一顿海鲜呢。

杨老手不停头直晃的时候，我和陈焕章在旁边议论，这时候，应该把他的手捆起来。我想起一句话："艺成不觉自敛手。"艺术家控制不住自己手的情况，是经常发生的。据说王羲之兰亭雅集时，受命写了一篇《兰亭集序》，一时成千古名篇。其实王回家后，还连着写了好几幅。艺术家和常人的不同在于，他自己知道好坏。王羲之最终把另外几幅毁掉了。

20世纪70年代，杨应修家里的画桌下左抽屉旁，贴着一张巴掌大的小纸片，上面用蝇头小楷写着画的润格。为什么写这么小？杨老自己说："明着要钱有点丑。"他还告诉我，这润格旁有口小钉，上面经常挂一片小腊肉。他嘴馋，时不时总要拿下来吃掉，然后又挂一块上去。

那时他从干校回来不久，他在干校认识了省里的一位领导和他的秘书，之后秘书常来他家要画。当然，也送一些礼物，通常是烟酒，但老人一不抽烟，二不喝酒，所以索性写了润格。又羞于见人，半掖半藏，也是一景。郑板桥润格说："礼物既属纠缠，赊欠犹为赖账。凡送礼物食物，总不如白银为妙；公之所送，未必弟之所好也。送现银，则中心喜乐，书画皆佳。"板桥直率得多，这和杨应修也相映成趣。当然，杨应修刚刚从"文化大革命"动乱中出来，他藏藏掖掖的润格，在同行中还算早的呢。（板桥润格附诗："画竹多于买竹钱，纸高六尺价三千，任渠话旧论交接，只当秋风过耳边。"）

还有一件事，当年荣宝斋为杨应修出画册，当时的省文联领导、著名作家、延安出来的文化人，主动为他的画册写了序言。这可是大名鼎鼎的权威，然而杨老却不用这个序言，要我这个后学为他重新撰写序言，并将领导的序言交我看。我说："这恐怕不太好吧。"杨老笑着说："你大胆写，我只用你的。"这要放在今天，会不可思议。这就是民间艺人的秉性。他要相知者的得体评价，而不要位高权重者可能的空谈。

兴要阔

阔，宽广意，谓兴趣广泛。郑板桥题兰竹石词说："画工老兴未全删，笔也清闲，墨也斓斑。"杨应修也是兴阔不输人的。记得1980年我和他一道去泰山。火车上，他把一本《诗韵合璧》翻来倒去，原来是在作诗。我第一次看到这样作诗，当时觉得好笑，不想杨老还反过来问我，请我指点。现在还记得诗的第一句是"平原车速若奔霆"。登泰山时，杨应修兴致很高，正所谓"取数叶赏心旧纸，放浪吟哦"，"将几枝随意新花，纵横穿插"。中天门上，他指着颤巍巍的小脚老太太说："她们上得，我上不得？"他上路了，拐杖挥点，步履稳健，谈笑风生。指画着山沟里、绝壁上的奇松怪石，他能分辨出哪里是"四王"、石溪的笔致，哪里又是马远、沈周的遗韵，兴趣非常高。休息时，杨应修摸出巴掌大的纸片，在上面勾一些直道道的线段。我看不懂，他笑着说："这是石涛的'搜尽奇峰打草稿'呀。"陡峭的、天梯般的十八盘，竟让他用拐杖一点点征服了。这是杨应修的秉性。登山中，他从未留下遗憾，不像有的中青年画师，爬到了洗象池，却没有上金顶。他倒实实地在金顶印下了脚印。杨应修长期从事湘绣设计，工山水、花鸟、走兽、人物。他全靠自学，没有进过高等学府，因此，有时不免露"底"。比如表演，他不会在恰到好处时，戛然停笔，跟着便收进一堆恭维，而只是一个劲地"傻"画。

杨应修秉性倔强。他能一连几小时站着画画，有时是站在桌椅上。晚年他创作《双豹》时，年老尿频，他干脆让人把尿桶放在车间，直接在车间拉尿、画画。水桶尿桶齐备，也是一景。遭受不公正待遇时，他曾把数年积累使用的画笔付之一炬。但他又情不自禁，劳动间隙又拿铅笔土纸悄悄画起来。他为人诚恳、率真。教学生时他诲人不倦，曾为学生书写了不止一套的字帖，画过不少画稿，被学生们装订成一本又一本。

在湘绣所时，我们晨起练字，白天画画，晚上又写字。我那时爱好书法，尤喜草书，天天练岳飞书《出师表》，经常满壁飞龙走凤。有天晚上，杨老来到画室，看我一个人在写字，他很认真地看了看壁上，对我说："小李呀，要先学会走路，才能跑，最后才能飞！"他告诉我，要先楷后行再草。听杨老提醒，儿时写过的《增广贤文》楷帖又出现在我的案头，还约略记得写过"少杯不乱性，忍气免伤财"字样。我说给杨老听，杨老说不行，要从颜柳楷书从头来。现在回想，真感谢恩师指点。

本业

杨应修是从湘绣界走出来的，湘绣是他的主业。杨应修20岁入绣庄当学徒，并从事赝品画制作，广泛临摹石涛、石溪、渐江、任伯年、吴昌硕和"四王"作品，打下了深厚的传统功底。他书法师颜真卿、柳公权和赵孟頫、王羲之诸体，晚年形成纤秀流畅的王赵体。

杨应修早年学艺经历，具有典型性。

1931年杨应修20岁，由伯母肖咏霞介绍，到长沙市广华湘绣庄当学徒，拜粟子稀为师习花鸟，向曾醒樵先生学走兽、文澜先生学人物。三位先生当时都是受聘于绣庄的著名画师。他不满足，又拜长沙有名的山水画家刘松斋为师，习山水。

旧社会学徒艰苦，保守风气浓厚。一般学徒全靠留心，凭强记习画。杨应修常常早晨4点起床，练毛笔字，写完4张大字后，天仍未大亮。白天替老板做杂事，晚上，回忆摹写整理空闲时间记下来的各种画稿画法。由于担心老板发现用多了电，还要把电灯用布包起来。从这段时间成长起来的杨应修，具有极强的默写记画能力，晚年写生也都采用这种记画默画方式。

狮虎是当时生产量大的题材。当时湘绣走兽配景，采用图案方式，如朱树之、陈涉松等画师，用传统的一边黑一边白的草作配景，或略画一排短线条当草地，施以颜色点，比较简单。曾醒樵改进了配景，施以西方水彩画法，水、天染以颜色，丰富了画面。杨应修将跟刘松斋学的山水画配景用于湘绣，加画山石树木，水和天不画满，留白代色，效果好。

为提高画技，杨应修广交朋友，广置碑帖画册，并把自己的作品送去参加市内的美术展览，乐此不疲。这一做法，稍异于当时一般湘绣画师。他坚持练习书法，在刘松斋的指导下，习颜真卿、柳公权和赵孟頫，其中习赵孟頫的时间最长。他也习过王羲之、李北海、何绍基和魏碑四种等，打下深厚根底。晚年他形成纤秀流畅的王赵体。30岁时，杨应修拥有画名。抗日战争前，杨应修离开广华绣庄，与当时湘绣界其他画师一样，以接受订货和计件方式，同时受聘于广华、湘源丽、锦华、胡锦霞等绣庄。这期间，他以画湘绣精品为业，如狮虎、大量人物画、花鸟绣屏和少量堂彩，风格秀丽清艳多姿，工艺适应性强。

19世纪三四十年代，杨应修从事赝品画制作，这对提高技法，促进学习传统帮助很大。这时期，他广泛学习了石涛、石溪、渐江、任伯年、吴昌硕和"四王"的画法。

1953年公私合营，红星湘绣厂成立，黄笃诚、鲁兴浚到杨家聘请，杨应修放弃私人绣庄的高工资进入红星湘绣厂做设计，他是第一个到厂工作的画师。随后，杨应修出面聘请了邵一萍、喻莘农、粟家姑娭毑等画师进厂，组成绘画设计室，并热心培养徒弟，如李望明、叶秀丹、何玉琦等，他们后来都成为湘绣画师。

1957年8月，杨应修作为工艺美术艺人代表（他时任省手工业联社湘绣厂绘画室主任），赴北京参加了全国工艺美术艺人代表会，朱德在会上讲话。会上展览了各地艺人创作的2000多种作品，包括他设计的湘绣绣品。归来后，杨应修在《工艺美术通讯》上发表题为《改进中的湘绣》一文，指出湘绣模仿西洋彩色画片、模仿文人画道路的缺点，分析了湘绣设计构图中的烦琐重叠、交代不清、布局散乱、软弱无力和形象干瘪等问题，他的这些看法，切合当时湘绣实际，具有指导作用。

1958年，杨应修在北京参加组织首都十大建筑中的湘绣画稿征集，结识崔子范、王雪涛、汪慎生、周怀民等诸多著名画家，看过关山月、傅抱石巨幅国画《江山如此多娇》创作过程，包括第一稿的花鸟画稿，获益匪浅。他数进故宫，饱览历代古画，并到北京动物园观察真狮真虎动态神情。适逢任伯年、吴昌硕画展开幕，杨应修观摩了数百幅原作，启发甚深，对他后来的画风影响较大，他后半生崇师吴昌硕，花鸟画致力师承吴派，即从此起。在北京工作一年后，杨应修回到长沙。

从北京归来，他尝试把王雪涛等画家的国画作品，直接移于湘绣绣稿，作写意花鸟画近百幅，潇洒洗练富有功力的笔墨造型，几可乱真，改变了以往湘绣花鸟只以工笔为主的细腻特色，使湘绣增加了新品种。

1965年夏，人民大会堂在湖南征集墨梅绣稿，省美协组织周达、刘寄踪、刘芳和杨应修等八位画家，各自创稿，从中选用。第一轮每人画了六幅，没有一幅入选。杨应修认真体会毛词"已是悬崖百丈冰，犹有花枝俏"意趣，着意于经霜傲雪的"傲"字，在这上面做文章，他的第七幅终于成功入选。画面上，枝干挺拔苍劲，花朵疏密有致，疏不空虚，密不零乱，并以侧重于斜线造成的树枝纹的约略倾斜感，表达俏意；布局满而空灵，铁干繁枝配以勾勒的白梅，墨气间清香四溢。这是继《墨竹》后又一幅大幅写意绣稿。绣成后，陈列于人民大会堂湖南厅。

杨应修1949年前曾与其他画师一道，为在走兽题材中融进中国画风作出过贡献，新中国成立后，他在这方面继续作出努力。在北京期间所见意大利画家郎世宁的走兽画风格，如讲究光线明暗、色泽和谐、形象逼真的画法，使他很受启发。20世纪60年代初杨应修创作的《单虎芦苇》《虎》《松月双雄》等绣稿，老虎动态、情趣各异，或呼啸山林，或徘徊深谷，或藏身荒草，背景简洁，芦花摇曳，水月半轮，皆给人以深幽意境。在绣制上，老虎重工艺效果，布景重艺术效果。这时期他画的人物绣稿，也逐渐由工笔转向兼工带写，由工艺走向趣味。《执扇仕女》仿费晓楼笔法，飘洒略草；《嫦娥奔月》线条放纵，大气斐然；而《关云长》《麻姑》则具有民间美术趣味。他以深厚的造诣，努力丰富湘绣设计的表现手法。

自20世纪70年代以来，杨应修与其他画家一道，走出画室，到大自然中写生，这对改变长期闭门造车胸无丘壑所造成的画风陈陈相因状况大有帮助。杨应修几乎踏遍了祖国的名山大川，爬石级，览云海，望日出，领略急峡高山、幽姿秀色，得写生稿数百幅。1974年秋，杨应修的一幅宽4.15米、高2.6米的大幅湘绣《草泽雄风》参加了广州交易会。绣面上，逶迤着六只斑斓猛虎，顾盼有致，豪情毕现，遗雄风在草泽，遣余威于林泉。精巧的绣艺，更使其栩栩如生，格外引人注目。杨应修打破了湘绣狮虎绣品历来以狮虎为主体的构图，改以风景为主，置群虎于石谷流水与丛林草莽之中，把走兽与环境糅为一体，既扩大了走兽的活动空间，也加强了实感。这种构图法，在湘绣走兽画法上不多见，在一幅绣品上绣众多的老虎，也属首例。虽然秋交会闭幕八天以后，以这幅绣品为导火索，杨应修受到批判，但同年10月，《草泽雄风》就获得平反，到1978年《草泽雄风》再次参加广交会，以4万美金卖出。

1975年，杨应修以写生稿创作的《成昆铁路》绣稿，以青山绿水的形式表现出成昆铁路的壮观，既以用笔用墨的传统功夫见长，勾、皴、擦、点、染、线俱备，又以色彩表现了新意，秀丽丰富，切近刺绣稿特点。

1977年，他创作了巨幅绣稿《大治之年春满园》，这幅绣稿创造性地把国画中工笔与写意两种笔法同时应用在一幅画中，表现了晨曦彩照的春晨美景。画面上，朝霞与桃李辉映，细柳修竹嫩芽勃发，春光明媚燕语莺歌。为了使充满生机的"春"，体现出战胜寒冬的"意"和寄托金秋的"思"，他反复润色，在远景添上"飞涟灌万顷"渡漕，近景点染一片秧田。绣品所传达的轻松喜悦之情，表明湘绣设计在更巧妙地体现创作者的心理感受上，有突出的借鉴意义。

这一年，杨应修还创作了绣稿《猛虎》（2.8米×1.3米），画面上，一株近松挺拔苍劲，一株远松朦胧缥缈，山石突兀，一只斑斓猛虎兀地回首。树不多而具山林貌，石不高而呈峭壁状，收到了"以少少许胜多多许"的妙趣。猛虎当空而立，似有所闻，似有所见，情态逼真。透过那炯炯双目和直竖的双耳，隐约可闻画外幽谷深山的隆隆回音。这幅绣品在1978年2月举行的全国工艺美术展览上获得好评。

杨应修这时期佳作迭出，达到了自己的创作高峰。他较有影响力的重要作品，大都创作于这一时期。这一时期，他的风格技法更趋成熟，品伦格调更为高雅。《清影摇风》竹叶的熟练潇洒，《梅兰竹菊》四条屏的文人画味，融入岭南画风；色彩奇俏鲜丽的《寿羽临风》《红梅寿代》，主体突出背景疏简；吸收刘奎龄画法又兼有工艺性的《雄狮》，以及《松鹤图》《报春图》等，都是代表。杨应修这一时期创作的绣稿更向中国画风靠拢。这样全面吸收各家各派之长又运用自如，标志着画家几十年绘画技艺的成熟。在湘绣界，国画技法达到如此成熟又全面用于湘绣设计的，以杨应修为首创，这无疑提高了湘绣精品的欣赏格调。上述绣品分别参加广州、北京、香港、澳门以及国外的刺绣、纺织展览，均获好评。

这一时期，杨应修的重头作品是1979年创作的绣稿《百鸟朝凤》（高1.5米，宽4.5米）。百鸟朝凤是传统题材，他本人也画过这类题材。但这幅画摆脱了传统的以花衬鸟、花鸟相配的画法，舍浓艳花卉而取淡雅的竹、松、梅、柳、石作陪衬，既使主鸟凤凰突出，又给人清新悦目的感受。构图打破图案化，直接采用风景画构图，以虚实手法，将鸟分布在空中、枝头、水面，有远近、有显隐、有疏密，动静相宜，生动活泼。画中102只鸟，共38个品种，各具姿态。有的各适其适地自由飞翔，有的悠然自得地偎依顾盼，表现出大自然中的山林景色和雀鸟群自由自在的生活写照。这幅绣品参加了同年在香港举办的"中国刺绣展览会"。杨应修本人也应邀赴港，港澳的报纸、电台、电视台纷纷报道。1979年8月，杨应修被授予"全国工艺美术家"称号。

1981年，杨应修创作了《雄狮》绣稿，绣品于1982年获全国工艺美术百花奖金杯奖，1985年又入选工艺美术国家珍品。

1982年4月，湖南美术出版社出版了杨应修的画集，湖南省文联主席、老作家康濯撰写前言。前言写道：花鸟是画家最引人之作。《松寿图》树干硬骨铮铮，浑朴苍劲；《芙蓉八哥》枝疏远而鸟丰盈；《墨竹》萧萧风采，

《牵牛花》《白荷》《葫芦瓜》的浓叶、艳花、轻枝，远衬悠悠无限。《青岩雾霭》近屋浓烟，远山雄峻，云幽洞邃，千般奇丽引人寻。人物画虽不算杨应修的专长，但《苏东坡》的深沉浩渺，也显示了老画家难能可贵的功力。康濯写道："重要的是透过画幅，我们能学到一位从旧社会来的老画家对新社会的热爱，学到他在思想磨炼、生活体验和艺术钻研上永不停息的追求的可贵精神。"康濯评价："杨应修技艺精而全面、笔力劲柔争辉，花鸟、山水、人物、走兽造诣均深。"这本画集的出版反映了社会对一个长期从事湘绣设计的画师艺术成就的重视和承认。

一年以后，杨应修创作了巨幅双面绣《洞庭清趣》。作品高一米多，宽四米多，绣在透明尼龙纱上。绣品取材于湖南洞庭湖滨的莲湖野鸭。画面上，荷叶在微风中翩翩起舞，莲花亭亭玉立，红绿相映，十多只野鸭嬉戏于莲荷碧水之间，秀美清新，生机盎然，令人心旷神怡。画面讲究色彩对比，以墨色为主，大笔潇洒的墨荷奔放恣肆，十分醒目。1984年年初，这幅清香飘逸的双面绣，跟随时任国家主席李先念，来到罗马尼亚首都布加勒斯特，作为国礼送给罗马尼亚。1985年绣的第二幅《洞庭清趣》，被陈列于人民大会堂湖南厅。

《双豹》是杨应修去世前的最后创作，也是他绣稿设计最高水平的代表。这幅作品新意盎然，动物神态的刻画别具情趣，毛发结构准确细腻，可谓一丝不乱。《双豹》绣稿直接绘制在杭缎上，其笔情墨趣更易于刺绣针法的表现，这可视为杨应修一生绣稿设计的总结。

大匠功事

杨应修从事湘绣设计五十多年，在此过程中知名扬世。他对湘绣的贡献与此也不可分离。杨应修的贡献，大致如下：20世纪30年代他步入湘绣之时，正值湘绣的兴盛时期，湘绣风格初具。在画稿设计方面，由于杨世焯、朱树芝等人的努力，逐步完成了从早期幼稚图案向中国画的靠拢和过渡。然而，在此后湘绣界涌现的画师中，尚无在社会上享有盛名的国画家。杨应修是第一位在国内有名望、有较高造诣而又长期从事湘绣设计的书画家。他几十年书画技艺探求及其修养，推进并完成了湘绣风格的中国画化，提高了湘绣精品的欣赏格调。

数十年中，杨应修创作了数以千计的绣稿，绝大部分是精品。这些设计也并非完全撇开湘绣风格而单纯书画化，而是把二者结合在一起，互相融合。他画的狮虎走兽题材及工笔翎毛花卉，成为湘绣的传统名牌。以大型花鸟绣屏为例：《花开翠屏喜东风》是全面继承传统反映湘绣风格的作品；《百鸟朝凤》是传统与创新的结合之作；《洞庭清趣》则是完全书画化的雅趣作品了。这三件代表性作品正好说明了湘绣技艺风格的历史发展和演变过程。他本人的从艺活动和名声，给湘绣带来了十分积极的影响，他在技艺上的全面造诣，标志着湘绣历史的高峰。

说一件杨老晚年逸事。中国美术馆个展后，杨老把展览的100多幅力作，悉数捐给了长沙市人民政府，希望能建个博物馆。这表明了老人一生艺术追求的最后心愿和情怀。限于条件，当时还只能举行一个捐赠仪式，画仍放在杨老家中。这样，又过了多年，杨老建个博物馆的想法仍然不能实现。最后，在台湾画商的一再索求下，这批画最终被台商以人民币100多万元的价格整体收购。这虽然为杨老庞大的家庭缓解了经济压力，为他的多个子女带来了一些收入，但终归，老人是有失落感的。一次，我和他在宿舍区相遇。他告诉我，那一笔钱全部分给子女了，他一分钱也没留。他说，刚才在街上看到烤红薯摊，想买一个，一摸身上，一毛钱也没有。这就是那一代艺人的真实境况，今天的人也许无法理解。看着老人的落寞身影，我完全理解。"瓜圃豆棚虚点缀，衰草斜阳暮雀"，"只有青山还是旧，恐青山笑我今非昨"，一代大匠的背影，有点凄凉。

湘绣界人才辈出。光是湘绣画师，就一个个传奇特出。黎盒子黎益山，画属文人逸品，出手快捷，有"手上自有黄金屋"之称，死后却"敲砖无土，扫地无灰"，要同人"缘薄"才能完丧，古董铺画价却暴涨；江湖画人喻莘农，终身以作赝品画为生，与张大千一起混过假画江湖，画技乱名画之真，可谓绝招；湘绣诗人李云青，为湘绣各类题材作诗数百首，如"山鸣谷应声威壮，雨啸风从草野寒"等至今为题虎名句；日用品设计大师李凯云，1929年为国民政府"奉安大典"设计过孙中山棺罩，这件湘绣棺罩，最终入殓中山陵。在这众多非凡艺人之上，站着堪称全才的杨应修。

1986年4月，中央美院潘絜兹教授在首都中国美术馆看杨应修画展后，挥笔题写了一首热情洋溢的诗，全面赞赏评价了他一生的从艺生涯及其成就：

机参造化笔通灵，花鸟虫鱼俱有情。

万壑千崖随心出，且容先生策杖行。

湘绣天下久闻名，尺幅粉本苦经营。

飞针走线有纤手，论功第一是先生。

性耽丹青老更成，况复桑榆逢休明。

今日门墙桃李艳，更喜前贤畏后生。

撰稿：李湘树

▶ 林增平：
学高为师　德高为范

少年时代

　　林增平先生是江西萍乡人。父亲道一，民国初年入湖南高等工业学堂学机械专业，毕业后即在安源煤矿任技师，其母张世芬，共生育六个儿女（四男二女）。1923年农历十一月二十三日，林增平出生在安源，取名增禄。1929年，林增平进族中设立的小学念书。族学颇为传统，即使已经民国十八年，仍需向孔夫子和老师行跪拜礼，只是念的已经不是"人之初"，而是当时商务印书馆编撰的新式识字课本《国文》。族学启蒙师周先生嫌增禄之名俗气，为他改名增平。在族学中，林增平获得了良好的启蒙，为他日后的求学生涯打下了基础。

　　1932年，时年9岁的林增平随父母迁居南昌，就读于南昌北营坊小学。1935年，12岁的林增平从南昌北营坊小学毕业，考入当时在江西颇有名气的心远中学。它的前身为1899年清光绪年间，南昌县月池熊村熊元锷先生所创办的私立"英文学塾"，是江西最早由私人创立的学堂，也是中国最早出现的私人创设的三大学堂之一。儿子能考入这所著名学府，林道一欣喜若狂，对儿子的学业更为看重。林道一少时曾在湖南高等职业学校修业机械工程，擅长理科，在儿子学习时即对其数学功课进行辅导。可惜这时林增平由于小学基础尚未牢固，初中跟不上学校进度，初中一年级考试后，林增平由于考试不及格的课程已达到留级的界限，于是当了"降班生"重读一年。这段留级经历对林增平起到了鞭策作用，之后，他的学业渐渐有所提升，若无意外，应能以优异成绩顺利毕业于心远中学，无奈一场席卷全国的战乱，使这一愿望破灭，林增平的求学生涯也随之被迫颠沛流离。

1938年，15岁的林增平随父母前往四川，定居于成都，转入成都石室中学上初中三年级。高中生涯对林增平而言是极为艰苦的。为避日寇飞机轰炸，石室中学不得已将师生疏散到成都新繁县的清凉寺中，该寺离县城有五六里，由于经费不足，学校除利用寺内破旧殿堂外，教室和大部分宿舍都是稻草盖的茅屋。学校伙食很差，到了晚上，学校无钱购买蜡烛照明，给学生每人发放一盏菜油灯。在这样艰难的读书环境下，林增平克服重重困难，用功读书，成绩渐渐有了起色，功课也逐渐能跟上，由初中一直读到高中三年级。1941年年末，因父亲转到湖南芷江工作，18岁的林增平不得不出川回江西，后转入萍乡中学借读半年，次年高中毕业。

进入大学

1942年夏，林增平高中毕业，面临未来选择问题。由于当时林增平成绩优良，可以被保送免试进入已迁至遵义的浙江大学师范学院就读。同时，创设于当时江西省政府所在地泰和县杏岭、刚刚开办两年的国立中正大学也在招收学生。前方战事不断，而在战时省会泰和，以熊式辉为首的江西省政府仍筹划在本省创立一所大学。在此背景下，国立中正大学于1940年10月

31日正式创建，校长为著名植物学家胡先骕，下设三院九系，其中文法学院师资力量颇强，先后由马博厂、陈清华任院长，余精一、姚名达、陈戚鹏、任启珊、方铭竹、唐庆增、高柳桥、吴华宝、王易等教授都在国内颇有影响，从而保证了文法系的教学和研究质量。在两相权衡下，林增平决定两所学校兼顾，一方面参加国立中正大学文法学院文史系，另一方面与族兄一同前往贵州。此时正值抗日战争相持阶段，大城市和主要交通线均为日寇所占领，二人行至广西金城江一带羁留一个多星期，搭不上北行的汽车。正当他们在那个满是棚屋、骤然兴盛的小镇上踟蹰歧路的时候，邂逅一位刚从江西泰和来到、准备去迁设于独山的唐山铁道学院上学的同学，这位同学告知，林增平和他二人均已被中正大学录取。由于北上之路已被阻断，林增平在与族兄商议后，决定循原路返回江西，前往中正大学就读。学校规定，文法学院和工学院的新生须先到赣县分校读一年，第二年才到校本部学习，故林增平于10月绕道赶往赣州城外龙岭分校入学，入校时，同系同学二十余人。

　　一年级时，分校由于交通往来全要步行，很难向校外请人来讲演，校内又全是一年级新生，老师也不多，所以课外学术活动甚少，社团组织也大多是同乡会或校友会之类。晚饭后同学们三三两两在龙岭散步、聊天，晚自修时间一到马上回宿舍用功，并能保持安静，互不干扰，学习气氛甚浓。在这样浓厚的学习氛围中，林增平在文史系诸位老师的教导下，对历史产生了浓厚的兴趣。当时文史系的系主任为王易，擅长文史，通经史诸子百家之学，在任系主任后，他致力于扩充学生文史知识，设编辑部创办《文史季刊》，刊载内容为文史学术论文。除他之外，系内教授有欧阳祖经、姚显微、刘泳溙、黄辉邦、吴宗慈、胡光廷、程臻、王纶、严学窘等多位大家，开设课程多种多样，为学生学习提供了良好的师资力量。此外，虽然正值抗日战争期间，情况困难，但中正大学还是努力为学生学习创造条件，学校有一座还算不错的图书馆，藏书比较丰富，各种中英文书籍、刊物不少，很多影印的外文书，纸张低劣，字迹不清，但总算满足了学生读书的需求。但在战时环境下，愿意就读文史专业的学生尚为少数。在二年级转入泰和本校就读后，林增平同系二十余位同学基本转至其他专业，剩下的只有三人，且分为文、史两组，除林增平因对历史产生浓厚兴趣选择历史外，只有从厦门大学转来一位借读的，加上一位复学的一共同窗三人。这段时期，林增平在众位老师的悉心指导下，阅读各类历史书籍，为今后的史学研究打下了良好的基础。

1945年秋，抗日战争胜利后，国立中正大学拟选定正式校址准备迁校，后学校迁回南昌市郊望城岗，借用军政部旧营房为校舍。11月初开始复员，师生分两路，自行寻找交通工具北上。12月底，搬迁工作基本结束。1946年1月7日，学校复课。此时林增平才得以返回学校重新就读。复校后，中正大学对院系进行重组，其中文法学院的文史系分为中国文学、外国文学、历史三个学系，林增平继续选择历史系就读。

虽然抗日战争已然胜利，但战争的阴影和内战的火苗仍在蔓延。在林增平就读完三年级即抗战胜利一年后的暑期回家时，从南昌至萍乡的铁路、公路都未修复，林增平与同学只好结伴沿着荒废的公路步行，冒酷暑走了一个星期，才抵达家乡。1947年，国民党统治区内掀起反内战、反独裁、反饥饿的学生运动，开辟了第二条反蒋战线。中正大学于1947年2月爆发了名为护校运动的学潮。当时，学校经费困难，师生生活每况愈下。学生要求增拨经费，增聘著名教授，开展了以抢救教育为目标的经济斗争。斗争开始时，同学们成立了各系级代表联合护校委员会，由陈潘旭、贝效良、林炳生、张天佑、蒋桢等五人组成主席团，学生们成立社团，开展罢课、游行示威、请愿等活动，一直持续到6月上旬，为期四个月。在这样艰难的环境下，1947年林增平克服重重困难念完大学四年级，于是年7月毕业，获历史学士学位。

1947年7月，林增平从中正大学历史系毕业并获学士学位，由于学习成绩优异，学校将他留校历史系担任助教。1948年7月20日，林增平与李维秀喜结连理。李维秀出生于1929年9月10日，比林增平先生小6岁，后与林先生相伴一生，伉俪情深，是林增平的贤内助和坚强后盾。

1949年5月，人民解放军解放南昌，解放军开进望城岗校园，获得师生热烈欢迎，随后江西军管会对中正大学予以接管。1949年8月1日，"国立中正大学"更名为"国立南昌大学"，8月27日，江西省人民政府决定并发布命令，以南昌大学、江西八一革命大学为基础，与原省立江西工业专科学校、江西农业专科学校、江西体育师范专科学校合并为南昌大学，下设政治学院、文学艺术学院、工学院、农学院、理学院和体育专修科，文学艺术学院下设历史系。

南昌解放后，各机关缺少干部，相关方面就创办了江西八一革命大学，用抗大式的短期政治训练班方式，招收青年知识分子和社会青年，经过培训后，把这些人员充实到干部队伍中去。9月初，南昌大学文、法两院（外文系除外）与"八一革大"合并为南昌大学政治学院，但实质内容与南昌大学其他学院有很大区别，它依然是由中共江西省委与省人民政府所领导的一个短期的革命干部学校。在政治学院毕业的同学将来都要分到革命工作岗位上去。

1949年10月10日，林增平被南昌大学改革委员会聘为南昌大学政治学院助教，任期从1949年9月1日至1950年7月31日。1949年11月，林增平入"八一革大"第二期学习，为期四个月，在学习期间，他的思想得到了升华和提高。由于"八一革大"与南昌大学性质截然不同，因此两校在合并后不久，于1950年2月下旬，即奉南昌市军事管制委员会命令，又分开办学，恢复江西八一革命大学，南昌大学独立设置，南昌大学由中南教育部直接领导，经费也由中南教育部直接拨款。林增平于1950年2月即返回南昌大学继续担任助教一职，承担历史系政治理论课的辅导和部分讲课任务。7月8日收到南昌大学校务委员会临时聘函："兹经本委员会决定，下学年度聘请先生继续留校任教，除呈报中南教育部，侯奉批准、再行致送正式聘书外，特先函约，敬请惠允为荷。此致林增平先生。"

1952年8月，林增平由校务委员会正式聘请为南昌大学文学学院文史学系助教，任期至次年7月。1952年11月15日，林增平复由校务委员会聘为文法学院文史学系讲师，任期从本年8月至次年7月。林增平在文法学院文史学系任讲师，主要是担任政治课教师，讲授的课程有《社会发展史》《中国革命史》《新民主主义论》，同时也兼任教育系的《中国近代史》课程。

以史学为志业

在少时，林增平的学业并不出众，据他回忆："从我六岁进小学起，一直生活、学习、工作在学校里。青少年时代，既没有什么'夙慧'，也缺乏'家学渊源'，更不是什么自幼就有志于学。解放前，我之所以株守在历史这个冷门里，主要是依据自己的兴趣，并图谋获得一个仅免于饥寒的文史教师的席位。"在南昌大学学习期间，林增平广读史籍，在阅读古籍、整理和考订史事方面积攒了扎实的基本功。在阅读古籍方面，林增平有自己独特的见解。他认为，读古籍除了掌握语法知识外，更主要的是精读和背诵一定数量脍炙人口的名篇佳作，选读范围不仅为史籍，也要选择诗词歌赋，读到一定程度，古汉语的语法规律就大体了解了。从古文的阅读中可以积累用于抒情、叙事、析理、述评的词汇，行文逻辑，在撰写白话文章时可以增添文采，避免行文枯涩、索然寡味的缺陷。当然林增平也反对沉溺于古文词句，食古不化，以致写文章时文白缠夹不清，那就是适得其反，有害无益。从林增平对古籍阅读的见解可以看出，扎实的基本功底和深埋书堆的勤奋努力为他之后的史学成就打下了坚实基础。但这一时期，由于社会环境动荡，林增平并没有将史学视为自己毕生为之奋斗的事业，而仅仅将其视为一份用以谋生的工作。

新中国成立后，社会各方面都除旧布新，林增平的思想也经历了前所未有的洗涤。

1950年，江西省广泛进行土地制度改革，根据当地人民政府的指示，南昌大学校务委员会决定：自11月14日起，文法学院中的文史、教育、经济三系，外语系的英语组，银行专修科，师范部的教育、中文、史地、体育、艺术各科及体育专修科一律停课编组参加土地改革，林增平积极参与其中。他与南昌大学师生一起分别参加了黎川、新余两县的土地制度改革，历时近三个月。在当地土地改革工作团的领导下，他广泛接触群众、发动群众，自觉地克服自身的弱点，虚心向工农干部学习，思想感情发生了深刻的变化。

土地改革让林增平深入农村，在实践中接触马克思主义理论，而知识分子的思想改造学习则让他系统、深入地学习了马克思主义理论，使他具有了辩证唯物主义和历史唯物主义的修养。新中国初期，虽然有大量知识分子饱含爱国热情，参加祖国建设，但他们长期受封建主义、资本主义的教育，在思想上难免留下旧社会的烙印。1951年年末，全国开展知识分子思想改造学习运动，南昌大学响应号召，成立"南昌大学思想改造学习委员会"，动员全体师生广泛开展批评与自我批评，肃清封建买办思想影响，批判资产阶级和小资产阶级思想，站到人民的立场，为今后系统地学习马列主义、毛泽东思想打下基础。学校十分重视政治课教学，增设了不少新的课程，全校开设了共同必修课，如辩证唯物主义与历史唯物主义、政治经济学、中国近代革命运动史、俄语等，各院系为了适应社会需要，普遍增设了专业基础课和专业课。学校还根据指示成立了"政治课教学委员会""新民主主义论教研组"。

在这些理论学习和实践中，林增平的思想发生了翻天覆地的变化。在参加工作的三四年间，林增平的主课是学习马克思主义理论，致力于使自己具有起码的辩证唯物主义和历史唯物主义的修养，用以进行历史的研究。为此，他切实学习马克思、恩格斯、列宁等人的著作译本和毛泽东著作，参加土地改革等民主改革，对辩证唯物主义和历史唯物主义的理论学习效果无须赘述。值得一提的是，除了上述著作外，林增平还选择了郭沫若、范文澜、吕振羽、翦伯赞等前辈史学家运用马克思主义观点、立场、方法编写历史的书籍，认真择要做些札记。虽然这些从20世纪30年代到50年代初的著作，不同程度地存在某些不够完善的地方，纪事立论也偶有失误，然而，在探索不同阶级社会性质、阐明人民群众创造历史、剖析史事内在联系、揭示社会发展规律等重大问题上，毕竟作了开创性的、向导性的工作，其前驱先路、嘉惠后学的作用，是应当承认的。对马克思主义理论的学习和阅读这些史学家著作，让林增平对史学研究的态度发生翻天覆地的变化。他说："在党的教育下，我才改变原来那种碌碌无所作为的心理状态。通过认真地学习马克思列宁主义，我把自己的业务，同探寻历史发展规律，启迪人民坚定建设社会主义、通往共产主义的信心这样一项重大使命结合起来。于是，在工作中我就有了自觉性，有了进取心，愿意并勖励自己竭智尽力，为马克思主义的历史研究作出贡献。"通过研究学习思想认识提高后，从事史学教学研究就不再是一份用以谋生的工作，而是成为林增平立志奋斗终生的事业。正是这种潜心钻研、不断学习的精神，为林增平之后的研究打下坚实基础，从此时开始，林增平正式走上以史学为志业之路。

离赣入湘

1952年年底，党中央提出了党在过渡时期的总路线。从1953年起，中国进入第一个五年计划建设时期。为了使高等教育适应社会主义建设的需要，根本改变旧中国在学校设置、分布和专业分工等方面的不合理的状况，教育部按照"以培养工业建设人才和学校师资为重点，发展专门学校，整顿和加强综合大学"的总方针，对全国高等院校进行了院系调整，同年8月，湖南大学撤销，建立了中南矿冶学院、中南土木建筑学院和湖南师范学院。湖南师范学院实际上是以原国立师范学院为基础调整扩建而成，在专业设置上，湖南师范学院成立了中国语文、历史、教育、数学、物理、化学和生物七系六科（教育系未设科），这些专业的针对性很强，都是根据当时中学培养目标的师资需要而设立的，特别是湖南当时没有师专，因此师院的当务之急就是在短期内培养一批初中教师。为此，南昌大学文法学院的教育系和师范部的中国语文、历史、数学、物理、化学、生物六个专修科被并入湖南师范学院，因此1953年10月，林增平调入湖南师范学院历史系任讲师。院筹委会派韩罕明教授赴江西，迎接南昌大学调入的师生到校，一同从南昌大学调到湖南师范学院的有生物系的尹长民、化学系的林立炟等人。到了1956年，林增平的妻子李维秀也从南昌调来湖南师范学院，从事档案工作。

在进入湖南师范学院后，新成立的历史系开展了一系列活动让师生进行自我批评与思想改造。1955年1月29日，在全国范围内热烈开展的对胡适反动思想的批判，引起了师院历史系教师的高度重视。中国史和世界史两教研组分别举行了座谈会，皮名举、雷敢两教授作中心发言，并开展了热烈的讨论。大家认为清除胡适派资产阶级唯心论观点在史学教学和史学研究中的影响，具有重大意义而且是刻不容缓，加强史学中的马列主义阵地建设是每一个史学教学工作者和研究工作者的迫切任务。1956年，历史系的重点研究项目之一即为批判资产阶级唯心主义反动史学思想。中国近代史讲师林增平在此次批判活动中撰写《胡适历史唯心主义怎样污损和歪曲中国近百年历史》一文，批判资产阶级唯心思想。林增平在文章中以历史唯物主义为指导，批判了胡适的历史唯心主义思想。该文从三个主要方面进行了批判。第一，历史唯物主义认为，生产方式乃是决定社会面貌的主要力量，必须用社会的经济基础与上层建筑的关系和联系的规律来考察近百年中国的社会。而胡适的历史唯心主义与历史唯物主义相反，它认为决定社会性质和社会历史发展的是某种思想、理论或某种政治的、法律的制度。第二，历史唯物主义认为，一种社会制度为另一种更高级的社会制度所代替，是经由生产方式的改变而实现的，生产方式的改变取决于各阶级在物质资料生产方面相互关系的改变，因而生产力与生产关系的冲突就表现为阶级斗争，并经由作为阶级斗争最尖锐形式的革命来解决。所以，阶级斗争规律贯穿着阶级社会的全部历史，是阶级社会发展的根本动力。而胡适主张的历史唯心主义却搬运了欧美资产阶级腐朽的庸俗进化论的观点来曲解社会历史发展，大肆传播反科学、反革命的改良主义论调。第三，历史唯物主义指出，人类历史首先就是身为生产过程中基本力量的劳动者的历史、人民群众的历史。研究历史，绝不能把人类社会的发展归结为帝王将相的行动、归结为少数杰出人物的行动，首先应当研究劳动群众的历史、各国人民的历史。而胡适主张的历史唯心主义却荒谬地认为个人的主观愿望和思想动机可以创造历史，人类历史是随着帝王将相、英雄豪杰的主观思想和偶然动机而改变的，根本排除了人民群众在历史中的首要地位和历史发展的规律性。

除了批判历史唯心主义，历史系还举办了"关于林则徐的历史评价问题""印度奴隶制的崩溃和封建制的形成问题""中国土地所有制问题""批判中国近代史研究中的现代修正主义""关于历史主义问题"等多项中小型学术活动，在这些活动中，林增平与湖南师范学院历史系诸位师生一起探讨学术问题，在交流中拓宽思路。

编写《中国近代史》

在湖南师范学院任职讲师期间，林增平确定了自己未来的方向是中国近代史的教学与研究。自入职以来，林增平每年都承担专科、本科中国近代史课程的教学任务，每年都把讲义从头到尾校订、修改、充实、提高。他说："我于1951年起在前南昌大学担任中国近代史的教学工作。1953年夏，中南地区进行高等学校院系调整，我调到湖南师范学院历史系，仍操旧业，几乎是每学年都周而复始地从鸦片战争讲到五四运动。每一次轮回，我都将讲义从头到尾修改一遍。"为了把讲义修订完善，"我一般地说得上是专心致志，埋头苦干。除了炎天三伏，午睡这个程序是被我从日常生活里排斥出去了的；而且，还经常捐弃了文娱活动，开夜车是每日例行功课。这当然不足为训。但话又得说回来，做学问，在年富力强的岁月，是应当下点苦功夫的"。林增平在这些讲义的基础上完成的巨著《中国近代史》与这种苦干的精神是分不开的。

1956年，教育部召开了师范院校文科教学大纲讨论会议，拟为中国近代史课程设立基本线索和框架体系。这年8月，教育部在北京召开师范院校文科教学大纲会议，邀请全国各高校历史教师参加讨论制定《中国近现代史教学大纲》。在会上，教育部通过了《师范学院历史系中国近代史试行教学大纲》（以下简称《大纲》）。这个《大纲》是师范学院历史系专业课中国近代史的教学大纲，它基本上对中国近代史的内容进行了梳理，对主题进行了归纳，强调革命史观，逻辑清晰，条理分明，为中国近代史的教学和教材编写工作起到了重要的提纲挈领的作用。在会后，除了林增平之外，参加讨论的或未参加讨论的学者却没有谁下功夫根据大纲编写教材，唯独林增平抓住了这一机会，遇事认真、坚持不懈，依据大纲的内容并结合实际教学，一丝不苟地重新修订平日讲义，最终编成了一套教材，获得了学界的广泛认可。

1957年，林增平编订的《中国近代史》正式完成，据教育部《关于修订暂行教学计划的通知》，湖南师范学院与北京师范大学、东北师范大学、华东师范大学合作担任了历史系教学计划的修订工作，并在湖南师范学院召开了定稿会议，审议通过了林增平编写的《中国近代史》。1958年，林增平通过了最后的修订，最终完成了湖南省委下达的《中国近代史》教材的编写任务，并于同年完成了《中国近代史》的出版工作。这本书的体例和结构符合《大纲》的规定和要求，以《大纲》为参照并吸取了史学界关于中国近代史分期问题的意见，按照分期的办法将中国近代史划分为三个大的历史时期，即1840—1864年、1864—1901年、1901—1919年，按时间段将全书分为三编，下设各章节。每章以年代的起讫为界限，可以将其视为这一时期的不同发展阶段。为照顾每章各个阶段的特点，在描述同一时间阶段内的历史事件时，大体按照年代的顺序进行梳理。但同时，本书也并不仅仅突出革命史观和政治史，对中国近代经济史、社会史、文化史等内容同样进行了一定程度上的描写与概括，从而尽可能最大限度地还原了中国近代历史发展的全貌。

《中国近代史》经由湖南人民出版社于1958年出版面世，成为新中国第一部完整的中国近代史大学教材，颇受海内外学者欢迎。这也使林增平在20世纪50年代成为中国近代史年轻学者中首先脱颖而出者之一。在1958年，年仅35岁的林增平即正式担任湖南省历史学会副理事长，亦可见当时学界对他成果的认可。

遭批判下放

1957—1965年是湖南师范学院发展过程中的一个重要时期。在此期间，学校取得了较大成绩，学校规模得到了较大发展；但由于"左"的指导思想影响，学校也有过不少的失误。林增平遭遇了错误的批判，当时的他根本无法继续开展正常的教学科研工作。

1961年9月，《中华人民共和国教育部直属高等学校暂行工作条例（草案）》正式颁布，该条例是根据1961年中共中央"调整、巩固、充实、提高"的方针对教育界乱象的纠正。随着这一条例的颁布，湖南师范学院的各项政治运动也开始逐步被叫停，被错误批判的人名誉得以恢复。10月24日，学院党委讨论党外教师甄别平反材料，同意对林增平等人的甄别材料，在一定范围内宣布平反。在1961年恢复名誉后，林增平先后被委任数个要职：1961年10月，学校决定成立以校长为首的校务委员会负责制，建立校务委员会和系务委员会，11月林增平被任命为历史系系务委员会九位委员之一；12月，林增平被任命为历史系副系主任；1962年1月，院行政164次会议决定恢复出版《湖南师院学报》，林增平担任常务编辑一职；1963年，林增平升任为历史系副教授。

这些职务的委任一方面源于对林增平学术成果的肯定，另一方面也源于对林增平教学水平的认可。1962年学校对林增平教学工作表现的评价为：教学认真负责，效果良好，师生反映教材娴熟，讲授能基本上运用自如；讲课条理清楚，重点突出，善于归纳、抓关键，使复杂的历史事件条理化，便于学生记忆；能比较正确地运用经典理论来分析历史事件，基本上能贯彻论史结合的原则。业务基础知识比较广博，写作能力较强，对中国近代史史料比较娴熟，尤其是对近人的著作阅读得比较普遍，并能记述其内容。比较系统地掌握了有关理论知识，能一般运用于教学和研究。从评价来看，林增平上课循循善诱，业务能力扎实，他的教学能力获得了师生的普遍认可。

在恢复正常工作后，林增平的学术研究开始步入一个新的领域。1961年，应中华书局邀约，林增平撰写了一本知识丛书小册子《辛亥革命》，共5.8万字，由中华书局出版。1962年，林增平应邀参加在武汉举行的纪念辛亥革命五十周年学术讨论会，得识史学界前辈吴玉章、范文澜和不少同行贤达，很受教益，其中有几篇文章讨论到了会党问题，林增平提出了不同见解并发表文章回应，获得了诸多学者的认可。从这些对辛亥革命的研究中，林增平发现辛亥革命研究有诸多课题值得问津，他感到中国近代史虽只八十年，但却是一个内外交迫、新旧杂陈、变化万千的时代，以个人有生之年，似乎难以做到博识精通，因而决计收缩战线，确定专攻辛亥革命史。从后来的成果看，林增平在辛亥革命史研究领域收获了众多引人瞩目的成果。

1966年5月13日，湖南师范学院全校停课开展"文化大革命"，林增平作为著名学者被点名批评。除了林增平外，当时师院一同被批斗的还有中文系教师马积高、羊春秋。对林增平的批斗铺天盖地，不只在湖南师范学院，黔阳、武冈、岳阳、长沙、湘潭、新化、株洲、零陵等地，都开过批判林增平的大会。之后，林增平与其他被批斗的人士一起被下放至湖南师范学院的平江学农基地进行劳动改造。在这里的改造生涯可谓是艰苦至极，据他回忆，在农场不仅要种地，还要烧水泥："当年烧水泥时，汗水与泥沙混在一起，在头发上凝结起来，真真是毛发倒竖，活似怒目金刚。"农场里，他们住牛棚，夏日酷暑难耐，冬日严寒刺骨。一向乐观的林增平对这段经历的详细经过很少提起，总是三缄其口，滴水不漏。即使提到，也多是以诙谐的口吻一语带过，又或者不着痕迹地改变话题。

这种艰苦岁月持续了整整十年，常人若遭遇这种待遇，多半自暴自弃，怨天尤人，而林增平在提起这段经历时，却仅仅遗憾于研究工作停顿了十年："令人不无遗憾的是，从学识、精力等方面来说，这正是我能够提供若干稍有分量的研究成果的十年。"这就是他对这段经历的全部表述，可见其心胸。在经历苦难后不怨天尤人，同时还不忘帮助他人，更见林增平夫妇人品。湖南大学岳麓学院的陈成国教授1964年考入湖南师范学院中文系，1966年被打成"反革命"，他和林增平、羊春秋、马积高等人同在平江农场劳动改造。寒冬临近，家境贫寒的陈成国仍没有一双干活穿的鞋子，林增平的夫人，当时在中文系办公室工作的李维秀老师见状十分同情，连忙买了一双解放鞋给他。

1983年林增平参加湖南省第六届人大代表会议期间接受了《湖南日报》记者采访，对过去的坎坷经历深沉而又风趣地表白道："我可算是一个老'运动员'啦！1958年，我被当作'白旗'拔过；1959年，被当作'右倾'反过；1960年，说我学术上有'修正主义'观点，被批过；1964年到1965年，我又成了'洗手洗澡'的对象；'文化大革命'时更不用说，我成了'反动学术权威'，上报刊，进广播，关牛棚，搞劳动。然而，这一切我都经受住了。""有人曾经关切地对我讲，你一生走过的路真是坎坷不平呀，我倒觉得不怎么样。"记者问为什么？他动情地说："党犹如我的母亲，在我的生命途中，离不开党的培养。我28岁时，晋升为讲师。1963年，当上了副教授，担负起系的领导工作。50年代，党组织就为我创造条件，发表了我写的著作《中国近代史》。我对党是有着深厚的感情和爱的。再批再斗，我只觉得自己给予党和人民的太少太少了……"记者赞道：一个受过多年迫害、冤屈的人，却作起自我批评来了，这是多么高尚的情操，这是一个真正革命者的气度！

编写《辛亥革命史》

1973年11月中旬，人民出版社林言椒来长沙，邀林增平参与编写一部通俗的中国近代史以教育青少年。没想到林增平此时依然在接受审查。经过上下各层多方磋商，总算同意让他出来参加编写《中国近代史史话》的工作。林言椒与林增平在湖南宾馆第一次见面，商谈了《近代中国史话》的编写计划。

1974年7月13日，湖南师范学院党委为林增平与羊春秋、马积高等人进行平反，错整的材料当众烧毁，被迫写的检查交代材料退还本人。17日，湖南师范学院史地系总支委员会亦为林增平进行平反。同年，林增平所撰历史知识读物《辛亥革命》由中华书局出版。这本小册子的出版为之后林增平参与《辛亥革命史》项目的撰写埋下了伏笔。

1975年，人民出版社编辑林言椒向华中师范大学讲师章开沅提议撰写《辛亥革命史》，由于担心仅靠武汉学者力量不够，他提出联合中南各省的学者，通力合作，他很快列出了一个人员名单，包括湖南的林增平、四川的隗瀛涛、河南的王天奖、贵州的吴雁南等。特别是林增平，早就出过一本《辛亥革命》的小册子，又撰写过上下册的《中国近代史》，富有科研和写作经验，并且已经是副教授，很适合参加，但因当时林增平尚在劳动改造中，为避免麻烦，项目刚开始没有联系林增平。

章开沅从《历史研究》编辑部回到华中师范学院，回到了日常的教学工作中后，一时还无法承担起组织编书的工作。林言椒行动很快，以人民出版社的名义与上述学者取得联系并得到大家的一致响应。至此，除林增平之外，编写组其他学者已集合完毕。1976年夏秋之际，《辛亥革命史》编写工作开始启动，随着编写组工作的开展，章开沅越来越感到有必要请林增平出山，和他一道主持编写工作。于是章开沅向林言椒表达诉求后，林言椒马上行动，跑到湖南，好在当时的湖南省委宣传部部长比较开明，了解到林增平此时在乡下的一个茶厂并顺利将他调入编写组。据章开沅回忆，林增平第一次来参加编写组会议时，还穿着带有尘土的劳动服装，并与我们谈炒茶经验，认认真真，一丝不苟，和他治学的态度一模一样。从那以后，《辛亥革命史》便有了两个主编，开始了"章林配"。1977年4月14日至25日，《辛亥革命史》编写组在贵阳召开全体会议。编写组成员一致认为"史论结合"必须贯彻全书始终。会议讨论过程中，大家对林增平、隗瀛涛、章开沅提供的初稿表示赞赏，因此提议由三人在5月底分别交出各自编写任务中的一节作为样稿，以供参考。1977年10月26日至11月23日，《辛亥革命史》编写组在成都召开了初稿讨论会。林增平整理大家的发言意见，总结出第一编的主要任务，应是认清国情、社会性质，要说明基本矛盾激化、人民群众的新觉醒、革命斗争的新形势，这些为全国革命高潮作了阶级上、思想上、组织上的准备。因此，在原定内容前面要加1901年以前社会变化、革命发展和孙中山早年活动的回顾，并制定了新的第一编编写要目。第一编由林增平负责统编，在之后的会议中林增平还成为五人定稿小组中的一员。1978年6月，林增平到北京师范大学参加《辛亥革命史》统编定稿工作。林增平、章开沅同住一间宿舍，学者们来自不同的地区，也有着不同的性格和特点。大家相处得久了，个性被大家知晓，也就相互取了"雅号"。作为组内资历最老的成员，林增平获得了"教授"的称号，他也确实是组内唯一的一位副教授。章开沅回忆定稿期间的林增平称："增平属于外朴内秀类型，表面似乎迟钝，实则大智若愚。平常埋头工作，少言寡语，但每逢疑难问题，大家计议未决，他却能不慌不忙'挤'出三言两语即能'点化'。大家在倾服之余常恭维他'老谋深算'，其回应也无非是憨厚的微笑而已。但增平并非毫无生活情趣的工作狂，忙里偷闲也爱喝酒聊天，哪怕是坐在一边执杯啜饮静听别人胡侃，他也自得其乐。更多的时候是临睡之前，摸出花生少许，剩酒半瓶，自斟自饮，有时也赠我半杯，聊以相伴。这时，也只有这时，他谈兴最浓，中外古今、天南海北，无所不谈。"睡前的小酌畅谈更使得两位主编的感情日笃。在谈到关于全书编写成员之间的协调时，章开沅对林增平在把握全局上的功绩给予了赞扬。因为定稿期间章开沅受邀出国访问，是林增平坐镇北京师范大学，并且是他将全部书稿从头至尾、一字不落地通审。章开沅则是在观点和理论创新方面起到了引领作用。章开沅主外，林增平主内的"章林配"模式可谓默契十足，章开沅也笑称自己同林增平是天生一对。林增平生性淡泊，尽管他是编写组中最具资历的成员，但每每提及主编《辛亥革命史》，总说自己是襄助章开沅，从不居功。两位主编的亲密合作和高风亮节也成为史学界的美谈。

《辛亥革命史》这部书的初稿出自多人之手，质量参差不齐，风格也不一致。在编写组中，林增平是当时唯一有高级职称的人。为了保证全书质量，他受全组委托承担了全书的整合工作，为全书订正史实、核对引文、润饰文字、统一格式，对一些质量达不到要求的章节，做了局部改写甚至全部重写。参加该书从组织人力到修改定稿全部工作的林言椒写道："林先生为整合全书，前后居北京三年之久，先住人民出版社办公室，后借住北京师院学生宿舍，有时四人住一间房，吃大食堂，工作条件之差实难想象。""林先生对这些无一怨言，始终以完成工作任务为第一，置物质条件于度外"，"终年如一日，一丝不苟，孜孜不倦。他为提高全书质量而忘我的工作精神为编写组全体成员所敬佩"。又说："林先生为《辛亥革命史》全书呕心沥血，历时六年，以团结为重，从不争名，不争利，高风亮节，薄海同钦。""林先生有关辛亥革命史长期的研究成果以及卓越见解，尤其是关于中国资产阶级的形成、产生与发展的精湛研究，全部融合在《辛亥革命史》一书中，使该书的学术质量为史学界所称道。"

由章开沅与林增平共同主编（萧致治、冯祖贻、刘望龄、隗瀛涛、吴雁南、王天奖分任各卷主编）的《辛亥革命史》三卷本于1980年3月出版面世，这本饱含林先生心血的著作，是世界范围内第一部研究辛亥革命的通史性、综论性大型专著；按照唯物史观，客观全面地叙述辛亥革命的发生发展过程，阐明革命取得胜利及其失败的原委，以显示这段错综复杂历史的发展规律和特点。全书取精用宏，材料丰富，充分体现了20世纪80年代中国辛亥革命研究的观点、方法和水平。不仅在国内学术界，而且在世界辛亥革命史研究中引起重大关注，被誉为当时研究辛亥革命篇幅最大、最为系统的一部书（2010年由东方出版中心出了修订版）。该书与李新主编的《中华民国史》和金冲及、胡绳武合著的《辛亥革命史稿》并称为20世纪80年代初三种多卷本学术专著，标志着我国辛亥革命史研究开始进入一个比较全面、系统和深入的新阶段。

恢复名誉

1979年，湖南省委决定为林增平平反。中共湖南省委发出文件《关于解决文化大革命中几个遗留问题的决定》，对"文化大革命"中几起重大错案给予平反，对林增平、马积高、羊春秋等，给予平反，恢复名誉。在十年岁月中，林增平遭受了许多不公待遇，不过他并不囿于过去，在恢复名誉后，他迅速投入工作之中。1979年11月，他向学校申请成立了中国近代史研究室，以中国旧民主主义革命史为研究方向，以辛亥革命史为主攻方向。作为辛亥革命研究的权威，林增平在研究室中是当之无愧的领头人。

以林增平的学识与成果，申报教授为水到渠成之事。1979年7月评职称申报教授，王永康、孙秉莹为他主要著作论文写鉴定意见。8月，湖南师范学院党委为林增平撰写《关于历史系林增平提升为教授的材料》，谓"林增平同志教学成绩卓著，在学识水平方面，是已具有更高水平的副教授，根据国务院关于高等院校教师职称确定与提升办法第三、七条的有关规定，经群众讨论，党总支研究，院学术委员会鉴定，评审委员会审议，党委通过，同意林增平副教授提升为教授"。但该项工作一度推延，10月，湖南师范学院学术委员会又为先生讨论通过了一份《关于历史系林增平副教授的鉴定意见》，到12月20日，湖南师范学院党委在林增平的申报教授表上签署了审查意见，上报省教委，次年获批准为教授。

1979年，林增平成为湖南师范学院第一批研究生导师，第一位学生是鲜于浩。此后数年，林增平悉心教导，为史学领域培养出了一批又一批人才。对鲜于浩的指点，因为他原是学英语专业的，对历史学不够熟悉，林增平就指定他看两本专业书，要求做笔记。但鲜于浩的笔记本上全是原书摘录。林增平知道他还不很会读专业书，于是指点他读的要求和方法，并提出一些问题要他思考。而据林增平弟子欧阳哲生回忆，林增平培养研究生，注重培养学生的科研能力，他的教学方案贯穿了这一意图。他布置作业有各种文体，如人物传记、考证、综述、读史札记、论文，使学生能掌握各种体裁的写作技巧。他注意把学生带入一些前沿研究课题，每有重大学术活动，都鼓励学生去参加。可见林增平培养学生注重打好专业基础，而且鼓励学生进取和拼搏。

此外，林增平淡泊名利，一心扑在史学研究和培养人才上。在恢复名誉后，林增平心情舒畅，深感失去的时间太多，决心在"花甲"之后摆脱一切职务，专心教学与科研。1980年，他在一年一度教师工作登记卡中对工作安排的意见一栏中这样写道："兼职太多，拟请解除历史系系主任、省政协委员等兼职，希望不再任任何行政职务，增加本系基础课教学任务，准备开出《近代中国资产阶级》选课，俾可抽出时间编写讲稿、教材。"他这是想尽力把失去的时间再找回来。

最后的十年

虽然林增平本人淡泊名利，但他的学识和名望早已得到人们认可。尽管1981年他如愿辞去历史系主任一职，但是年2月23日，他却被湖南省政府任命为湖南师范学院副院长。1983年，林增平赴京参加中国史学会首次学术年会暨中国史学界第三次代表大会，他是以湖南史学会理事长、中国史学会理事的身份参会的。同年，原任湖南师范学院院长的尹长民调省里任职，林增平于11月30日又由省政府任命担任院长，书记为张楚廷。是年，林增平还担任湖南省第六届人大代表、常委。

林增平担任院长期间注重培养师资力量，1984年，学校召开师资工作会议，林增平在会上作了题为《建立一支又红又专的高质量师资队伍而奋斗》的报告。他说："我们正处在一个新的世界技术革命时期。邓小平同志向我们发出了'教育要面向现代化，面向世界，面向未来'的指示。我院师资会议就是在这种新形势下召开的。如何迎接世界新技术革命的挑战，如何贯彻三个面向的指示，这是我们必须认真对待的问题，也是我们这次会议要很好研究的问题。院党委和院行政，为了不失时机抓好师资队伍建设，今年

2月29日发出了在5月份召开师资工作会议的通知，为了使准备工作做得更充分些，会期延迟了一个月，到今天才召开。这次会议的任务：一是总结工作；二是交流经验、研究问题；三是讨论今后师资队伍建设的设想，提出措施。会议时间两天。师资工作关系重大，希望大家聚精会神，全力以赴，把这次会办好。"他主要讲了三个问题：一是师资工作的问题；二是现有师资状况；三是今后师资队伍建设的设想。

1984年9月28日，应湖南师范学院申请，湖南省人民政府同意将湖南师范学院改名为湖南师范大学，林增平任校长。在更名庆祝大会上，林增平首先讲话，他总结了学校31年来办学成就中的特点，指出学校无论师资队伍水平、教学科研成果，还是师生人数、设备及校园建设等方面，在全国68所本科师范院校中都居前十名左右，大体上具备了办师范大学的条件。此时此刻，校党委不失时机，乘机构改革的东风，决定有计划有步骤地进行管理改革、教学科研改革与思想政治工作的改革。为此，校党委召开了民主协商会，请来师生员工各方代表，对学校改革和本期工作任务进行协商。

一年一度的教育实习开始后，在林增平的带领下，校领导分赴湘西、常德、邵阳、株洲、长沙等地实习学校看望实习师生，了解教育实习情况。他们每到一处都深入课堂听课，召开座谈会，走访实习学校领导及有关老师，全面掌握实习情况，及时解决实习上的困难和问题。

作为一名纯粹的学者，林增平并不愿意将有限的时间浪费在行政职务中。在他的自传中，他表达自己的愿望是："能在二三年内摆脱一切行政职务，专门从事学术工作。计划有：继续与章开沅同志等合作，编纂一部《辛亥革命编年实录》；参加《中国近代史资料丛刊·辛亥革命》（续编）的编纂工作；1987年起修订三卷本《辛亥革命史》。与此同时，还参与白寿彝同志主编的多卷本《中国通史》的编撰工作，将偕章开沅、龚书铎同志分担第十二卷《近代前编》的主编；参加戴逸同志为首的'《清代人物传稿》（下）编辑组'，分担编辑任务。此外，我还不自量力，担任'《魏源全集》编委会'主任委员，不时得为此事张罗奔走；今冬明春，将与周秋光同志合作，完成《熊希龄集》的编纂计划。工作如此繁杂多头，能兑现吗？好在我们的后续力量已上来了，他们中有的正崭露头角。这使我满怀信心。"

1986年，林增平如愿辞去湖南师范大学校长一职，决计此后专心学术研究工作。综计林增平担任校长一职仅有短短3年，但任职期间他尽职尽责，尤其十分看重义务和素质教育，在1988年的全国政协小组会议上，林增平坦言："我以为国家办教育事业有失策之处，只偏重于高等院校培养人才，没注意到提高全民族的科学文化素质。现在出了多起严重交通事故，企业的经济效益不高，都是与职工的素质不高有关。立国之本，教育为先。可是，对义务教育的普及不重视，只注重办好大学。青年人考上大学包吃、包教、包分配，'入了大学门，就成国家人'，所以形成片面追求升学率。自古华山一条道，都想考上大学，这种情况应当改变，一定要很好落实《义务教育法》，普及基础教育。"他任职校长期间注重提高教学质量，培养了一批又一批优秀的师范生，为全国义务教育事业输送合格的师资力量。

林增平在担任行政职务的同时，仍继续从事学术活动并出新的成果。1978年，《辛亥革命史》编写组的诸成员拟仿照太平天国史研究会，成立一个辛亥革命研究会。1978年年底，中南地区辛亥革命史研究会第一届理事会在中山召开，湖北、湖南、广东、广西、贵州、河南、四川的相关单位，都派代表参加，北京、上海等地也有学者作为特邀代表出席。在这次会上，章开沅被选为理事长，林增平、张磊被选为副理事长。1979年，第一届"孙中山与辛亥革命学术讨论会"顺利召开，同一年，《辛亥革命史研究会通讯》发行；1980年，《辛亥革命史丛刊》创刊；不久，《国外辛亥革命史研究动态》也问世了，学会呈现出一派活跃景象。

林增平在中国近代史研究领域有三大跨越。第一大跨越是1958年由湖南人民出版社出版的著作《中国近代史》上下册。第二大跨越是1980年与章开沅教授共同主编、由人民出版社出版的《辛亥革命史》上中下三册。第三大跨越便是开展近代中国资产阶级研究。林增平的近代中国资产阶级研究和他的辛亥革命史研究转向几乎同时发生。他说："由于钻研辛亥革命史，劈头就碰到中国资产阶级的问题。1964年，我重读《共产党宣言》，发现其中关于西欧资产阶级来源的叙述，和我们对中国资产阶级前身的理解，迥然不同：在西欧，中世纪的城关市民等级和小农等级是现代资产阶级的前身。在中国，一部分的商人、地主和官僚是中国资产阶级的前身。我把西欧和中国资产阶级出身的不同加以比较，从而说明两者性格上的差别，藉以探讨中国资产阶级与辛亥革命的关系。我就此写成《中国民族资产阶级的软弱性是从娘肚子里带出来的》。"这篇文章发表于1965年8月20日的《人民日报》。林增平在与章开沅主编完成大部头的《辛亥革命史》后，从1979—1980年，便在《湖南师院学报》1979年第1期、第2期，《湖南师院学报》1980年第3期接连发表了《论中国民族资产阶级的软弱性——近代中国资产阶级刍论（一）》《洋务派—早期官僚资产阶级——近代中国资产阶级刍论（二）》《中国民族资产阶级形成于何时？——近代中国资产阶级刍论（三）》三篇文章。1981年，林增平又把在这三篇文章中所提出的观点进一步深化，撰写成《近代中国资产阶级论略》长文，刊登于1981年11月出版的《中华学术论文集》。还有刊于中华书局《辛亥革命史丛刊》第2辑的《略论民族资产阶级上层与清末立宪派》、刊于《湖南师院学报（哲学社会科学版）》1981年第4期的《评辛亥革命时期的立宪派》、刊于1986年第3期《历史研究》的《革命派、改良派的离合与清末民初政局》等，这些论著全面系统地阐述了他在近代中国资产阶级研究上的一系列观点和看法，在学术界令人耳目一新，影响很大。

林增平在近代资产阶级研究告一段落，又开拓了区域的湖湘文化研究。1987年，他在为湖南省文史资料工作培训班授课时，简单回顾了湖南历史上尤其是近代以来产生的重要历史人物，并重点对近代以来湖南人文蔚起，人才辈出的原因进行了阐述。授课提纲经整理发表在《湖南文史通讯》1987年第2期，题目为《熟悉湖南近代史，进一步做好我省文史资料研究工作》。1988年8月15日，他便在《历史研究》1988年第4期发表了《近代湖湘文化试探》一文。文章梳理了近代以来湖南人文荟萃，人才辈出的盛况，并对近代湖湘文化形成与内涵进行了深入分析和探讨，提出了一系列令人耳目一新的看法。年轻学者茅海建对他的关于近代湖湘文化的作用与影响提出不同的看法，撰成《也谈近代湖湘文化》一文寄来与他商榷，他读过之后，认为不错，很有见地，便将茅的文章推荐给《湖南师范大学社会科学学报》于1989年第1期刊出。1991年10月，由林增平主编的《湖南近现代史》由湖南师范大学出版社出版，值得注意的是，有记者对林增平进行采访时问他："是否想把主攻方向转到近代湖湘文化研究上去？"林增平答道："我的主攻方向仍然是辛亥革命史，特别是近代中国资产阶级。只是近年读了著名史学家谭其骧先生的《中国内地移民史——湖南篇》中所提到的：'清季以来，湖南人才辈出，功业之盛，举世无出其右。'引起了很大兴趣，遂撰文探讨近代湖南人才辈出的原因，探讨中发现这与数百年来氤氲绵延的湖湘文化关系极大。因此，我觉得从区域文化的角度探讨这一现象，将有助于从更广阔的视野上揭示中国近代历史的客观进程，同时对当前培养人才的工作也不无借鉴意义。我们将对'近代湖湘文化'这一课题花更大的气力，深入加以研究。可以说这是我们近年开辟的一个新的研究方向。"

林增平希望在辞去学校行政职务之后能够专事学术工作，完成上文所提到的他所开列的多头计划。然而实际上他的愿望和目标是无法实现的。因为行政职务解除了，他的社会兼职和学术兼职仍然很多。早在1959年，林增平出席省第二届政协会议，担任"社会科学团体"界别政协委员；1962年，他又担任湖南省哲学社会科学联合会副主席；1986年，林增平被华中师范大学（时任校长章开沅）评聘为华中师范大学中国近现代史专业兼职博士研究生导师，此前由华中师范大学申报国务院学位委员会认可，取得博士生导师资格。1987年又被中国人民大学（时任校长袁宝华）特聘担任清史研究所兼职教授，是年开始招收博士生，挂靠华中师范大学博士点。第一个博士生为郑焱。1987年他加入了民主党派——中国民主促进会，1988年他当上了民进湖南省的主委。1988年，参加华中师范大学第一届博士生的毕业论文答辩，和茅家琦轮流担任论文答辩会主席。1989年，被湖南省政府聘为湖南省文史研究馆馆长。5月4日，被四川大学历史系聘为近代史专业研究所客座教授。9月，被评为全国优秀教师和湖南省劳动模范，并获"全国优秀教师"称号。

提携后进

林增平因在"文化大革命"时被迫耽搁和停止学术研究十年，这十年正是他43—53岁这个人生最宝贵的时段。拨乱反正后恢复学术研究已近暮年，痛感失去的时光已不再来，目睹当时中国近代史学界青黄不接的现状，于是把希望寄托在加速培育20世纪40—50年代出生的这批年轻人身上。当时章开沅也与他有着同样的想法与期待，于是二人联手，联合了国内研究辛亥革命和中国近代史的一批重量级学者，实施了一系列奖掖提携后学、为年轻人铺路搭桥的举措。

一是鼓励和吸引一批年轻学子参与辛亥革命史学术研究。具体是：在1976年组建的《辛亥革命史》研究团队里面吸纳许多年轻学者参与；在1978年成立的中南地区辛亥革命史研究会（河南、湖北、湖南、广东、广西、海南）吸收大批青年学子入会，会内的《辛亥革命史丛刊》和《辛亥革命史研究会通讯》（后更名为《辛亥革命研究动态》，从1979年创刊一直坚持到如今）成为青年学子刊登研究成果和研究动向的园地。

二是向教育部提出举办为期一年的培训全国高校青年教师的"中国近代史研修班"。获得批准，该班于1980年9月至1981年8月由教育部委托华中师院在武昌成功开办，招收来自全国各高校推荐选拔的30岁左右的青年助教（也有3位40岁左右的讲师）25人，并邀请国内外一批知名的学者即姚微元、朱士嘉、戴逸、章开沅、林增平、王庆成、汤志钧、胡滨、张磊、岛田虔次（日）、路遥、陈辉、刘望龄等进行专题授课。

三是在1981年专门为全国的青年研究工作者组织一次在长沙举行的"纪念辛亥革命七十周年全国青年研究工作者学术讨论会"。据《湖南师院学报（哲学社会科学版）》1982年第1期所刊当时的会议报道称："纪念辛亥革命七十周年全国青年研究工作者学术讨论会，于1981年12月5日至9日在长沙举行。会议由中南地区辛亥革命史研究会和湖南省历史学会联合举办。到会代表九十五位，来自二十七个省（市）、自治区；另有年长的专家教授二十余位，被邀请到会指导工作和作学术报告。由各省（市）、自治区历史学会或相类机构推荐来的论文共九十五篇。到会同志就论文所涉及的、较为共同关心的问题，展开了热烈的讨论。并经十四位专家组成的评议组反复评议，最后进行无记名投票，又参考了部分代表所填写的意见表，评选出一等奖四篇，二等奖十篇，三等奖十五篇。为嘉奖作者勤奋治学的精神、或论文在某一方面确有新意，大会另对二十篇论文的作者亦予以表扬。在二十九篇得奖论文的作者中，计大学讲师一人，助教三人，研究机构助理研究员一人，研究实习员七人，攻读硕士研究生十七人。这说明推行学位制，通过培养研究生的途径，是确能加速我国科学事业的发展，以较高效率成批地造就人才的。"

四是在1984—1987年林增平与林言椒合作主编，邀请李喜所、潘振平参与，编写了一本《中国近代史研究入门》（1990年由河南人民出版社出版），这完全是为中国近代史研究初学起步者提供的一本入门工具书，书的架构分作上下两编共八章。上编内容包括基本理论著述简介、中国近代史资料的特点和类别、重要资料书简介、重要论著介绍。下编内容包括鸦片战争至太平天国研究近况和争论的问题、洋务运动至义和团运动研究现状和争论的问题、辛亥革命至民国初期的研究现状和争论的问题、近代史专题研究和讨论的问题。该书出版后很受欢迎，成为全国各高校中国近代史硕士研究生的必读书，为初学者全面快速了解中国近代史研究行情提供了极大便利。类似的工具书还有他与郭汉民、李育民编的《辛亥革命》（1989年由巴蜀书社出版），他与郭汉民、饶怀民主编的《辛亥革命史研究备要》（1991年由湖南人民出版社出版）。

逝世前后

1991年10月19日，隗瀛涛、刘望龄、萧致治在发起"林增平教授学术思想研讨会"时称："他是新中国以马列主义为指导研究中国近代史的前驱者之一，著作宏富，成就斐然。其人大智若愚，治学严谨，胸怀宽阔，博大精深，在国内外皆有广泛影响。"由此他们主张"讨论总结增平教授丰富的执教、治学经验，推动学术研究工作，并弘扬我党尊老崇文的传统"。

1992年年初，林增平被评为湖南师范大学一九九一年度"十大新闻人物"。5月，他到北京参加社科基金评审。8月28日，他因身体不适检查住进湘雅附二医院，本来是要为前列腺开刀动手术，结果检查出为胃癌。林增平住院治疗4个月整，省政府和学校以及各方面对他的病情十分关注，副省长郑培民到医院看望了他3次。

1992年11月23日上午，湖南师范大学在学校图书馆一楼报告厅为林增平举办七十寿辰庆典。他特从医院赶来，出席了祝寿庆典。他很高兴，坚持坐了两个多钟头，讲不出话，只喊谢谢。

1992年11月23日下午至24日上午，湖南师范大学、民进湖南省委、省政协文史委、省社科联、省社科院、省文史研究馆、省博物馆等多家单位共同发起举办了"林增平与中国近代史研究"学术讨论会，北京、河北、湖北等9省市区的100多名专家学者共同研讨林增平对中国近代史研究的贡献及其治学精神、道德文章，认为古人要求史学家必须具备有德、才、学、识四长，林增平兼而有之，其道德文章，堪称一代师表。作为国内外著名历史学家，其传略收入《中国当代社会科学家》一书和英国剑桥国际传记中心的世界名人录。

　　1992年12月27日，林增平因患癌症而不幸去世，享年70岁。湖南师范大学在悼词中称："他的道德文章，人品学问，有口皆碑，海内同钦，堪称学界楷模，一代师表。"为弘扬林增平的学术精神，激励学子努力治史，湖南师范大学在林增平逝世当天作出决定：设立"林增平史学奖"，每年在他诞辰开奖。至今，湖南师范大学已有一大批青年学子膺受这一荣誉，或在这一荣誉的引领下，步入了史学殿堂。

撰稿：周秋光　欧阳均灵

▶ 王憨山：
田园宰相

他出生于民国，就读于旧式学堂，参过军、当过教师、做过县文化馆的美术专干，曾师从高希舜、潘天寿，是第一个为"麻雀""平反"的人。63岁从乡村田野出山，67岁成为轰动京城的花鸟画大师，他的艺术成就被人总结为"其诗如白石，字似金农，画则崇尚周颐论词的'重、拙、大'的审美法度，磅礴大气，不阿流俗、独辟蹊径"，倡导画画"墨要给足，色要给足"的技法。他的作品《群雀图》入选"百年中国画展"，《大吉图》《麻雀图》入选中学美术教材，《不随丹凤朝阳去》《野塘秋水立多时》两幅画作被故宫博物院破例收藏，是故宫博物院收藏在世画家第一人。他就是被誉为"田园宰相"的湖南省文史研究馆馆员、当代著名画家王憨山。

嘘云变憨山

王憨山，1924年农历十一月三日出生于湖南省双峰县龙田乡，父亲王肇基，母亲毛氏。王憨山出生时，个头异于常人，出生就有12斤重。王父特别高兴，虽说王憨山出生没有什么特别的迹象，但因块头大，俗话说十大九不输，冥冥之中，王肇基升起了一股振兴王氏家族雄风的希望，所以给起了一个大气的名字王嘘云。寓意为呵气成雨，吞云使电，龙也。王嘘云这个名字寄托着王氏家族人一片美好的希望。

王肇基祖上是做茶生意的，所销的茶叶，从湘中重镇永丰出发，下涟水，入湘江，越洞庭，到武汉，再在武汉设店，往北出嘉峪关，生意做到了俄罗斯。1840年鸦片战争后，王家的生意一落千丈，并慢慢衰落，最后从武汉退守乡下，成为一个土地主。王氏家族生意失败后，就再也没有从商，开始设立族学，少年王嘘云便在父亲开设的族学中开始学习写字画画。

王氏家族祖上有作画的基因，父亲王肇基当过画伞师，也就是在油伞上画一些花鸟虫草。王嘘云从小就喜欢画画，在自家的院墙、门板上涂抹，院子里的鸡鸭花木，也成为王嘘云学画的题材。王肇基发现后，因势利导，拿出自己珍藏的《芥子园画谱》让王嘘云临摹起来，其条件是他必须每天背诵"子曰诗云"并临一大张楷书字帖。八九年的学习临摹，为王嘘云的诗文、绘画打下了基础。

1939年春，王嘘云入读县高等小学六年级，插班读了一年，于1940年春考入了湘乡中学，被分在第23班。由于他的"家国论"文章写得比较好，被国文老师刘先生作为范文在全班进行点评，说："嘘云同学将家与国、民族与个人的关系论述得条理清晰，有论有据，行文跌宕有致，笔力老到刚劲，只是这毛笔字太秀气了。希望字如其文，男同学嘛，字要雄浑点。"放学后，王嘘云便去找了刘先生，问道："先生，您认为我学什么体为好？"刘先生看了看他，说："你人魁梧高大，字和名字太秀气了，回家后跟你父母商量商量，名字改刚健一点，字嘛，学颜体。"第二个学期开学后，王嘘云便为自己改了一个名字：王憨山。先生问他："是你自己改的还是父母改的，这个名字有什么讲究或者来历？"王憨山回答："我自己改的，没什么来历和讲究，就是想厚重一点，憨者，仁厚宽实之态，山者，安稳不移之形。"从此，王嘘云便成了王憨山。

在湘乡中学，王憨山不但国文成绩优秀，美术课也是数一数二，常有同学向他索画，其中有一名叫刘光的同学特意向其索要了一幅《荷花》。1987年，当王憨山在湖南师范大学举办画展时，已成为教授的刘光，在想起当年往事时，不禁赋诗一首："少年会友见精神，出水芙蓉一片新。雀跃鹰翔风雨后，嘘云豪气憨山真。"

湘乡中学毕业后，1943年春，王憨山考入了设在湘潭的华中高级艺术学校，但他只读了一个学期，听同学说南京美术专科学校（简称南京美专）在益阳招生，便立马来了兴趣，邀约几个同学赶赴益阳参加入学考试，均被录取。在南京美专读书期间，师从著名国画大师高希舜。在南京美专学习的两年里，王憨山坚持每天练线条，练得手腕酸痛。那时画画，非常注重形似，可以说画物状形，惟妙惟肖。他曾画过一幅《百鸡图》，共有103只小鸡，在母鸡的带领下去草丛中觅食，母鸡翅膀下半露半掩的雏鸡，毛发都清晰可见，这与晚年王憨山的画风相去甚远。高希舜老师在画风上注重写实，不大讲写意，作画又不题字题款，王憨山心里觉得不太合自己口味，从内心上讲，他自己更喜欢吴昌硕、齐白石的画，在表现手法和画法技艺上更想学习他们。在以后从书中逐渐接触到八大山人、石涛、徐渭等人的画后，王憨山便想走中国文人画的路子。在南京美专学习的两年里，王憨山总感觉自己仍处于"昨夜西风凋碧树，独上高楼，望尽天涯路"的境界。

这两年学习中，王憨山在形象上有了较大的转变，从一个乡下孩子到喝了点洋墨水的学生的转变，从学校放假回家后，经常穿着背带西裤、头戴一顶礼帽，有时宽袖长袍、长发披肩、戴一顶礼帽，走在乡间的小道上，被老辈人称为行为举止新潮怪异之人，是一个时尚者，也更像一个叛逆者。

贵州岁月

1937年7月7日，抗日战争全面爆发。1944年夏，日寇为了打通南北通道，贸然南下进犯湖南，时局动荡，战火纷飞，地处中部的湖南也变得越来越紧张，一些机关单位也从长沙迁往更加偏僻的湘西、黔东南等避难去处。南京美专也办不下去了，只得让学生结业，就地疏散。王憨山首先想到的是回到老家娄底双峰，但在回家的途中，听说老家人都在往外跑，家也不能回了，王憨山只能随着逃难人流往贵州逃难。来到贵州铜仁，王憨山碰到两个双峰老乡。异乡异地碰到故乡人，感到格外亲切，特别是在战火纷飞的年代。三个老乡抱在一起大哭，各自叙述自己的经历。三个人慢慢擦拭完眼泪，听其中一个老乡介绍说，铜仁有很多逃难过来的双峰永丰人，其中有一个张老板还在此开起了饭店，做起了老乡生意。三个人便相约一起来到了张老板的饭店吃饭。吃饭时，张老板听说王憨山会画画，便邀请王憨山为饭店画一幅画，王憨山便为张老板饭店画了一幅财神画。正因为这幅财神画，王憨山被当时西迁铜仁的明德中学的宁校长看中，留在明德中学教书画画。在明德中学一年时间里，由于远离战场，王憨山有机会读了很多书，也可以静下心来画画。在铜仁油印了一本《墨园画稿二十稿》，只可惜这本《墨园画稿二十稿》连同在明德中学画的《百雏图》，一并丢失于战乱之中。这期间，王憨山先后在晃县（即新晃县）、铜仁、沅陵三地举办了个人画展，这也是王憨山一生的首次画展。

抗战胜利后，1947年的中秋节，王憨山回到了久违的家乡——双峰县永丰乡保丰村。一家人经历战争后的首次相聚，十分高兴。母亲毛氏立即到走马街上买了鱼肉回来，一家人围在一起高兴地吃着，堂弟王海云回忆：

"他吃肉，吃得我们都怕，一顿吃了五斤。"

命运之争

1947年，王憨山已经23岁了，这在农村乡下是到了该娶媳妇的年纪了，如果那个时代23岁还没娶媳妇，是要被别人笑话的。父亲王肇基因为战乱而变得越来越现实，他再也没有把光大家族的希望寄托在王憨山身上，首先考虑的是一家人的肚子吃饱问题，所以在父亲王肇基看来，当前的首要问题是要帮王憨山谋一份差事，增加一点收入，添补家用。另一个问题是，王憨山23岁了，也是到了该娶媳妇成家立业的时候了。

王肇基决定与儿子王憨山当面好好谈一谈。这是一次非常重要的谈心谈话，王肇基深知儿子性情刚烈，也怕谈崩了不好收场，便邀请了族里有威望的人来坐镇做工作，准备谈两件事：一是王憨山的婚姻问题，二是劝王憨山去邵阳当画伞师的问题。

王憨山心里很清楚，自己23岁了，在乡下与自己同龄的人，小孩都有好几岁了，都可以打酱油了。至于去邵阳当画伞师，家里多了一个人赚钱，也多了一份收入，可以解决家里的基本需求。他心里很乱，也并不是自己铁石心肠，也曾想过不再外出，好好待在家里，为家里做点事情，为家里增加点收入。可是，前不久，有位同学捎来一封信，说邀请他一起去南京参加中央大学美术系的招生考试。而且这次中央大学美术系的招生是由著名画家傅抱石担任主纲。他太想去了，他对美术有着一种强烈的爱好和狂热的欲望，太想在美术这个天地里闯出自己的一片新天地来。但是，父亲和族里的长辈们苦口婆心地劝说，让他一时也拿不定主意，自己又不想放弃自己的事业和梦想，不知道怎么说服他们。这时，叔父王邦英说："憨儿，你心里有什么想法就说出来，不管对与不对，只要说得有道理，叔父为你做主。你这样不说，我们也不知道你想做什么，也不知道你心里的想法嘛。"

王憨山想了想，站了起来，向在座的一干长辈深深地鞠了一躬说："我本来不想说的，因为我知道你们不会支持我，但是你们逼着我不是找对象，就是去当画伞师，我真的不想去，我就是想画画，就是想在画画这个行业里做一番事业出来。前两天，我的一个同学捎信来说，中央大学美术系在南京招生，我还是想去读书。"

"读书？"这大大地出乎王肇基的意料，"我已经送你读了好几年美术，就是想着画画当伞工，比别人多一门手艺，多挣一点，况且你也学了这么久了，完全可以当伞工了，可以谋生挣钱了，为什么还要学？"族中长辈也一一劝说："憨儿啊，画画末技，学了没用。"王憨山不服气地说："清代进士多多，有几人留下名字，何绍基官位不及当时朝中人高，但他以书法闻名于世，那状元榜眼探花一代又一代，有几人能比？"王肇基气愤地说："你开口何绍基闭口何绍基，你是何绍基吗？你有何绍基那本事吗？"王憨山无法反驳，只能闷着一股子气，呆呆地站在那儿，久久不说话。此时，他回想起了自己离开贵州铜仁明德中学时宁校长说的话——你不鸣则已，一鸣惊人。心里便暗下决心，一定要去，不管你们支持还是不支持，哪怕自己背上"忤逆不道"的罪名也要去读书。

"憨儿啊，你怎么这样跟你父亲说话呢，不要顶嘴，听你父亲的话，还是先把婚结了，再去邵阳当画伞师，以后生活好一些，你想学画画再学嘛。"众长辈的劝说不停。

王憨山清楚父亲的性格，是一个说一不二、认准了的事必做的人，再加上父亲斩钉截铁、不容商量的语气，自己想去读书的愿望可能要泡汤了。由于内疚、自责、悲愤，心中的浊气在王憨山胸口聚集、加压、发酵，突然，"噗"的一声，一股鲜血喷射出来。

一屋子人乱了，赶紧请来了乡里郎中朱先生。朱先生搭过脉后，对着焦急的王家人说："急火攻心，只宜静养，千万不能再刺激他了。"这时，王邦英拉着王肇基的手说："你让憨儿在家里结婚、谋一份差事，不是没有道理，但是，憨儿说的也没有错。他既然爱画爱得如此疯狂、如此痴迷，现在强迫他去当画伞师，恐怕他也干不长久。他这是心病，心病还需心药治，干脆不如同意他去读书吧。"王肇基此时也不好再逼他，压迫总不是解决问题的最好办法，万一再逼出个好歹来，又如何是好呢？他长长地叹了叹气，说："成也命，不成也命，我也只好再苦几年，有没有出息，就看他自己的造化了。"

听说父亲和叔父他们同意自己去读书，王憨山的病就好了一半。没几天，王憨山便背着行囊赶往南京赴考。离家时，他对母亲说："您回去吧，我会好好读书的，放心。"母亲毛氏送他到村口，看到儿子回家不到一年又要离开自己，不禁流下了眼泪。父亲和叔父王邦英一直送他到永丰上船。站在船沿上，王憨山望着自己的父亲在擦着眼泪，自己的鼻子一酸，低头落泪。

这是王憨山第一次与父亲面对命运的抗争，如果没有这次抗争，也就没有后来的著名画家王憨山了，也就不是现在意义上的王憨山。

来到南京，王憨山已错过中央大学美术系的招生考试，没法子直接入学。但既然来了，就不可能放弃，王憨山决定自己直接去找傅抱石先生，来个毛遂自荐。于是，他从一个瓜农手上买了一担西瓜，自己挑着来到了学校，直接奔向傅抱石的办公室。

傅抱石看着这个个子高大的年轻小伙子，挑着一担西瓜进得门来，感到非常诧异和莫名其妙。正要想问他时，王憨山放下担子，主动说明来意："傅先生，我叫王憨山，我不是来卖瓜的，是来拜师学艺的，我想来这里插班读书，恳请您一定要收下我，我是从湖南来的。"同时，将自己的习作和自己如何喜欢美术、喜欢什么流派等，向傅先生作了汇报。傅抱石看罢王憨山的几张习作，心里有了底，便说："憨山同学，你画风大气，写意山水不错，我觉得你的画与潘天寿先生的画风接近，都雄浑宏大，我建议你去他那儿学习，他现在正在杭州主持国立艺术专科学校。如何？"王憨山听到这个建议，高兴得不得了，因为自己心中早已仰慕潘天寿的名气，自己也非常喜欢他的作画风格，连忙鞠躬表示同意并感谢。

傅先生便拿出一张便笺纸，写了一封推荐信："潘公：兹有王君憨山，画风大气，特介绍来你处学习，望接纳为感。"

王憨山拿着这封推荐信，虽然没有进入中央大学美术系学习，但还是兴冲冲地奔向了杭州。

由于王憨山曾在南京美术专科学校学习过，并师从高希舜老师。潘天寿接到推荐信后，虽然是傅抱石先生推荐过来的，但他又是高希舜的弟子，总感觉到有点不妥。便摇头说道："不可以不可以。"

王憨山是铁了心的要拜师学艺，见潘先生没有收下的意思，便扑通一声跪在地上，一副不同意决不起来的样子。潘先生看到王憨山这种犟脾气，也就没辙了，只能同意他做旁听生。"行。"王憨山一听潘先生同意收他，高兴地说道。旁听生就旁听生吧，只要能读书就行。

潘先生是国画大师，作画以写意为主，这对王憨山坚定走文人画的路子以很大启迪。王憨山认为，文人虽不都是画家，但画家却必定是文人。中国画融诗、书、画于一体，所以学画必先读书。王憨山的一枚闲章为"二分写字，二分画画，六分读书"，就是源于这种认识。

但是，好景不长，此时的中国并不太平，国共两党展开了激烈的斗争，南京、杭州、上海等地，虽然没有战火燃烧，但同样处于动荡不安之中，学校举行"反饥饿、反内战、反压迫"游行示威活动，基本处于停课状态。1948年秋，王憨山离开学校返回湖南长沙，在长沙丽文中学教美术。有一天王憨山在长沙地摊上发现了一枚古印：石质似玉，8厘米见方，高12厘米，重达7.5斤，阳刻着"田园宰相"四字。再仔细把玩，印体上还有浮雕山水与"雨雅山人"及"项子京鉴赏"等题刻，属明代旧物。他以一块银圆得手，从此变成了他的闲章。

"文化大革命"期间，为了保护此印，王憨山曾将这枚闲章寄存在一个朋友家里。后来风声日紧，朋友认为"宰相"是封建名词，故用锯子锯了一把叉，倘若被搜去，亦可表明自己已划清了界限。

由于王憨山画画，用得最多的闲章就是这枚"田园宰相"，他又出生于乡间田野，画的又是一些花虫鸡鸭和鱼虾，所以人们便称他为"田园宰相"。

1949年夏，王憨山回到自己老家——双峰县，参加了刘资生领导的湘乡地方兵团政治部从事宣传工作。当时的双峰县属于湘乡，尚未解放。刘资生领导的这支队伍是共产党领导的游击武装。同年8月，湖南和平解放，9月，湘乡县解放，这支队伍也完成了它的历史使命，于是王憨山便参加了中国人民解放军成为一名革命战士，在湖南省军区政治部《战士画报》社任编辑。

1951年，湖南省军区准备举办一次大型展览迎接八一建军节，军区政治部首长便把这个政治任务交给了王憨山，并指定他负总责。受领任务后，王憨山便指挥人员开工。由于王憨山心中的传统文人画，与部队领导的要求及艺术实践南辕北辙、相去甚远，他根据自己对美术艺术的把握，把整个展板底色设计成栗色，结果领导检查时，大发脾气，指着展板的底色说："这是什么？这是古墓里的古董，革命是什么？是流血、是红色，你搞成栗色像什么话。革命是战士用鲜血换来的，一定要讲政治，主题一定要突出。"尽管王憨山据理力争，还是被狠狠地批评了一通。由于王憨山的倔强脾气，一气之下，便申请转业。他在省幻灯制片厂当了一年编辑，在中南民族事务委员会协办了一年少数民族文物展览，但因为他脾气倔强的"憨"，都没干多长时间。

经历这两年的工作后，王憨山似乎明白了一个道理："憨"好，像"山"一样的"憨"更好，就像自己的名字一样，也许是自己当年改名字时就冥冥之中注定了似的。

两段婚姻

王憨山有两段婚姻，第一段婚姻时间极短，可以说只有一个晚上，也没有实际意义上的婚姻。1952年3月，还在省幻灯制片厂当编辑的王憨山，接到家里的一纸电报："家有大事，速归。"王憨山不知道家里出了什么大事，请了假急匆匆地往家赶。回到家后才得知是父亲给自己说了一门亲事。女子身体结实，做农活是一把好手，也会做女红等针线活，符合农村媳妇的标准条件。但对从事美术艺术的王憨山来说，这个标准太不符合自己的审美观了，自己想娶的媳妇，除了身材好外，还必须有一定的文化。所以，结婚的当天晚上，王憨山整整坐了一个晚上没有上床，天刚亮就走了，走得很坚决、很坚定。

1953年，失业了的王憨山，又一次回到老家双峰保丰乡下。回乡后的王憨山被周围乡邻用一种异样的眼光看待，快30岁的人了，媳妇没娶到，读了大学，还没有工作。有时甚至被当作一个反面典型，都说有工作不好好干，回到家里来当农民，还利用王憨山来教育自己的孩子，说不好好学习，就会像王憨山一样，以后什么也干不好。乡邻们的闲言碎语把争强好胜的王憨山击得粉碎，他在家一连睡了三个月。母亲毛氏看着很心疼，决定要给儿子找一个粗通文墨、性格温柔、心地善良的女子做媳妇，而且必须要快，否则，儿子这辈子就毁了。由于王憨山近30岁了，加上又从长沙回到老家，从一个有工作的变成了没有工作的，乡邻或多或少有些闲话，所以有好些年轻女子也都看不上他。但有一天，一个女子找上门来，将自己的表妹推荐给了毛氏。她这位表妹叫谢继韫，湘乡二女校毕业，是一个读书人家的女子。王憨山见了面后，看到谢继韫长得秀秀气气，讲话也显得比较有文化涵养，就同意了这门婚事。于是，王憨山与谢继韫年底就结婚了。后来，王憨山用这样一段话来评价妻子："当我快倒下去的时候，继韫没有遗弃我，她用自己的青春和欢乐，来挽救我的可怕的痛苦，是她使我重新获得勇气。"可见，王憨山对自己的妻子是何等的感激。

婚后，妻子谢继韫看到王憨山除了干农活外，还是喜欢画画，便鼓励他说，既然还想画画，就不要放弃，想画就画嘛。在妻子的鼓励下，王憨山在自家的墙壁上写上了四个大字：从头学起。

从1953年到1980年退休前的近三十年间，王憨山利用自己的"一技之长"在县文化馆谋得一个临时工，后在馆长的推荐下，到双峰县永丰镇一完小教一年级算术，继而调到双峰县二中教书并由代课老师转为正式老师，1965年调入县文化馆担任美术专干直至退休。这段时间，王憨山忙于应付办展览、画墙头画、写忠字牌等任务，早已把什么"八大山人、石涛、徐青藤"等丢到九霄云外。

这段时间，有一个人对王憨山后来的人生有很大帮助，他就是朱剑宇。

朱剑宇是双峰县文联原主席，第一次认识王憨山时，他还是双峰县文工团的编剧。1964年，双峰县出了一个全国劳模——聂炳发。当时的县领导高度重视，要求开足一切宣传机器，全力宣传聂炳发的事迹。县文工团接到任务后，作为编剧的朱剑宇，利用一个月时间写出了《梅山下活龙王》剧本，在县内公演引起了很好的反响。省里知道后，要求县文工团7月赴省城演出，省委领导将亲自观看。县领导把这场演出的背景创作任务派给了王憨山。

这是一项政治任务，王憨山在看完朱剑宇的剧本后，潜心构思，过了几天，布景画便画好了，等朱剑宇来察看时，惊呆了，不可思议，太不可思议了。朱剑宇看着布景画，一连说出两个"不可思议"，简直画得太好了。省城公演非常成功，省领导直夸剧本好、题材好、演员好、布景美。从此之后，朱剑宇与王憨山便成了忘年交了，后来的长沙画展、北京画展、广州画展、深圳画展等，朱剑宇都成了王憨山的得力助手。

麻袋装画

1980年，王憨山退休后，又回到乡下老家，潜心画起画来。从此，他过着与外界很少接触的平静而寂寞的生活，什么展也不参加，什么评比也不参与，他只是一心一意画好自己的画，真正是"不辞日暮重抖擞"，夜以继日，日以继夜，发誓"要用完一千担洗墨水"。

1985年，朱剑宇建议王憨山去参加湖南省群艺馆、文化馆系统举办的一个画展，王憨山便从众多作品中挑出一幅名叫《便觉春光四面来》的作品送了上去。这次展览在湖南省展览馆举办。开展当天，人头攒动。人群中有一位专家、学者模样的人，神闲气定，缓缓稳步，陪同他的工作人员边走边向他介绍画作的基本情况。当他来到王憨山的画作前时，便停了下来，他注视着这一群活泼可爱的小鸡。小鸡只只生机勃勃，领头的那只，张开翅膀飞在前头，后面七只疾步紧跟。鸡的形态各异，具有浓烈的生活气息。画法看似不经意，实则笔笔老到，可以说多一笔则繁，少一笔则简，题识"便觉春光四面来"更是恰时恰景，点石成金。那字，极有个性，看似稚拙，实则大智。浓墨重笔，与简洁线条勾勒的小鸡相映成趣。

这位专家、学者模样的人便是时任湖南省群艺馆馆长、著名画家黄铁山。黄铁山被这种"大、重、拙"的特色所吸引，顿感耳目一新，便肯定地说："有这样的参展作品，证明我们的画展办得好，质量高。"这次展览，王憨山的《便觉春光四面来》被评为一等奖，这也是他参加展览以来得来的第一个一等奖。在省城领奖时，黄铁山馆长邀请王憨山到长沙举办一次个人画展。

王憨山对艺术追求到了痴迷程度，有时为了画好鸡的形态，他会叫妻子谢继韫借邻居家刚养出的一抱小鸡仔过来，天天蹲在坪里，看这些鸡怎么觅食、怎么追逐、怎么嬉戏，一看就是半天；为了画好小鱼小虾，他会把从小河里捞起来的小鱼小虾养在脸盆里，时不时地用一根筷子去拨弄它们，看鱼虾是怎么受惊、怎么游动、怎么聚散的。有一次在附近的太平寺火车站等车去外地，看到周边有两头公牛在斗狠，眼睛瞪得充满了血丝，他便跑了过去看斗牛，一看就是一两个小时，耽误了上车。

1987年，为了准备好长沙的画展，王憨山把退休以后的近七年时间的画作，一张一张地铺开，在数以千计的画作中，一张一张地挑选，凡有不满意的、有半点犹豫的画作，他便拆下来，经过多次反复挑选，最后敲定了长沙画展的作品。

春节刚过，在双峰去往长沙的班车上，王憨山穿着臃肿的棉袄，身边放着一个麻袋，麻袋里装着自己的宝贝——长沙画展的作品。为了保护好自己的画作，他把麻袋放在自己的车票座位上，宁愿自己站三个多小时，直到车过易家湾后，有几个座位空了出来，王憨山的屁股才落了座，真是人的屁股没有麻袋值钱。

到省城后，王憨山来到了湖南省美术家协会副秘书长黄定初的家里。在听完王憨山的来意后，黄定初副秘书长热情地说："省里正在搞个首届老年人艺术作品展，美协王金星秘书长主抓这个事，我们现在就去找他。"

来到王金星秘书长办公室，王憨山把画作一幅一幅从麻袋里掏出来，一一摆在桌上、地上、沙发上，让大家一起来看。王、黄像发现宝贝似的，兴奋地四处打电话，请来了著名画家杨福音，湖南美术出版社《画家》杂志主编何山，湖南省文联副主席、著名作家莫应丰，湖南省文联副主席、画院院长、著名画家陈白一等湖南美术界的大咖。大家在一起看了画，也都非常兴奋。杨福音说："我看不是光参加首届老年艺术节的问题，应该搞个个人画展，这个事，我可以帮忙来操办。"莫应丰说："展标我来写，序言呢，陈主席来写最合适。"陈白一说："行，行，我来写。"就这样，王憨山长沙个人画展被敲定了。

举办个人画展是需要钱的，可王憨山最缺的就是钱。为了筹钱，朱剑宇从县文联每年一千多元的办公经费中，硬是挤出五百元，支持王憨山办画展。龙田乡政府听说王憨山要举办个人画展正在到处筹钱时，主动帮王憨山贷了两千元，还支持了一千六百元。这些钱，对于王憨山意味着什么，他非常清楚，以至在后来举办个人画展时，非常节省，不该花的绝对一分钱都不乱花。画展地在河西的湖南师范大学，而自己却住在河东的火车站对面的一家客店，因为这里住宿每晚只需一元钱。虽然东西相隔十几公里，他也不嫌不方便，主要是为了省点开销。

1987年5月，王憨山个人首次画展在美丽的岳麓山下的湖南师范大学美术系展厅开幕。时任湖南省人大常委会主任焦林义来了，并留下"朴实雄浑、别具一格"的题词；省文联主席、著名作家康濯来了，省美协主席黄铁山来了，莫应丰来了，陈白一来了，杨福音来了……《湖南日报》《长沙晚报》《湖南文化报》、湖南电视台、长沙电视台与新华社、光明日报社驻湖南记者站、《文坛艺苑》《文艺生活》《画家》等杂志社新闻媒体来了，场面非常宏大，人山人海，蔚为壮观。王憨山这次画展成功了。

陈白一在这次画展的"序言"中写道："……他给我留下的印象：高大、憨厚、朴实、诚恳，和他的名字一样，人如其名，多少带些痴气、憨气，不会巧言令色，只会憨笑实干，确是一个忠厚老实还带点蛮气的'宝古佬'。观其画，画如其人，憨厚、天真、朴实无华、自然不琢、落落大方，大方中还显大气，可谓有个性、有特色的花鸟画家。"在展览中，他还留言："白石老人的名言'似与不似之间''贵在传神'，正是王憨山的独特之处。"

展览结束后，莫应丰、陈白一、杨福音、黄定初等艺术家、作家亲自送王憨山回乡，这是湖南艺术界前所未有的一段佳话。湖南电视台、广州电视台联合录制了《花鸟画家王憨山》的专题片，在中央和一些省、市电视台播放，湖南美术出版社为他出版了《王憨山画集》，扩大了王憨山的影响。

心向北京

长沙画展成功后，对于一般人来说，会选择在长沙拓展自己的事业，但王憨山仍然退守田园，回到了自己老家，闭门读书、作画。其间，他给著名画家杨福音写过一封信，表达自己自"展出至今，长时间忙于社会应酬，尽管画了不少画，也交了一些朋友，但于自己则全无长进，虚度了有用的时光……用一年或三年时间，争取完成百幅新作上京展出"。

王憨山用了四年时间，认真读书、习字、作画。每天作画三张，从不间断，四年下来画过的草稿有三千多张。这种精神，对一个六十多岁的老者来说，是何等的寂寞，又是何等的弥足珍贵，珍贵得有点残酷。

1991年夏天，王憨山由老朋友贺安成（株洲市美术家协会画家，双峰人）陪同，就北京画展问题来到北京，与北京战友、国画家林凡商量。通过商量，决定将画展地点放在中央美术学院（简称中央美院）陈列馆，其原因：一是中央美院档次不低；二是学生多、教授多，方便人来看画展，容易增加人气，扩大影响；三是林凡妻子在中央美院工作，让她找靳尚谊院长联系，也很方便。没几天，林凡夫人果然找到靳尚谊院长落实了画展场地，林凡也非常慷慨地答应为王憨山画展写"前言"。

9月14日，中央美院陈列馆，一场没有开幕式、没有剪彩仪式的王憨山个人画展开幕了。展厅外没有花篮，没有彩旗、气球等装饰，展厅里唯一称得上有档次的，就是国画家林凡为这次画展写的"前言"。林凡在"前言"中这样介绍王憨山："他用笔蘸着农民一般的质朴与真诚，画小鸭、小鸡，也画斗鸡、雄鹰。""他的艺术永远属于泥土、属于禾黍、属于古老的岩石和历久弥新的山风。""他的画简极生神，着笔极少，却从不'玩'艺术。他的画永远有土地的凝重和田野的深沉……王憨山，是真正楚泽三湘艺术精神的传人。"这是美术界历史上最别具一格的画展。门口也没有迎宾，只有画展主人王憨山站在门口，迎接着自发而来的观展者。他的装扮实在是太寒碜了，与这艺术氛围明显非常地不协调：白发如雪，苍老得如一个世纪；皱纹深深，脸上刻满着风霜雪雨；一袭衣袍，一双布鞋，就像刚从乡下田埂洗完脚进城的老农。

中央美院是美术狂热者的会聚之地，中央美院学生什么画展都看过，不同流派、不同档次的，都只是来看看、转转。国画系的看国画展，油画系的看油画展。可这次不一样，不仅是国画系的、油画系的，甚至连雕塑系、版画系的都来看了。开展的前两天，一批又一批的中央美院学生来观展，他们读着林凡写的"前言"，观看着王憨山的画作，感觉很不一般，很值得一看。有时连见面，同学们相互之间都会问："陈列馆的画展你去看了吗？""快去，特别值得一看。"

一般的画展，中央美院的教授是不会来的。由于口口相传，一些教授知道了这件事，也纷纷主动来到展厅看画。雕塑系的钱绍武教授来了，看完画展，他对王憨山说："憨山先生，你的画很好，这次，你不会空手回去的。"版画系的广军教授来了，看了画展，他说，王憨山话不多，但画里的话多，他的传统不是书本上的，而是整个中华文化的。周建夫教授来了，他对陪同参观的朱剑宇同志说："憨山先生的画展在我院展出，好像一股大风来了，一个很大的声音来了。"国画系刘小岑教授来了，他说："这是高层次的东西，低层次的人不一定喜欢。像陈景润的数学，多少人懂？没有，行吗？但一个国家需要，否则就没有文化了。"《人民中国》的编审杨士俊来了，他看完画展，当即拍板，撤下这期《人民中国》的四个彩版，改上王憨山的四幅作品，连同作者的肖像和简介。

9月19日，对王憨山来讲是一个特别重要的日子。因为这一天，他的画展迎来了一位重要客人——著名诗人艾青，他还接到了一个重要电话，当代美学泰斗王朝闻要会见他。

世纪诗人艾青是坐在轮椅上看完画展的，老人慢慢地看着每一幅画作，看得很慢很慢，有时示意停留下来，他想看清这些来自田野山溪里的天然景色，聆听来自旷野山村里的田园牧歌。众人猜不透这位老人到底是喜欢还是不喜欢。"刘海粟来了没有？"老人突然这样问道。刘海粟是中国近现代中国画家、油画家、书法家、美术教育家、美术史论家、社会活动家，与艾青早年一同在法国留过学，学过绘画。刘海粟绘画主张中西结合，艾青绘画主张中国画要是纯粹的中国画，有着自己的传统，与西画相独立。所以当艾青老人看到王憨山的画正是他内心所想要的纯粹的中国画、文人画时，才突然想起了刘海粟这位老同学。在得到"没来，他不在北京"的答复后，老人继续看画。

促成王朝闻会见王憨山一事的是中央美院院刊《美术编辑》的副主编杜哲森，他在看完王憨山的画展后，来看望他的老师王朝闻。当时王朝闻正在生病，对外界发生的事情关心不多，但当他的学生杜哲森来看望他，兴奋地向他介绍王憨山在中央美院办画展的事宜，并说"王老，我看这个王憨山，今后要把他的花鸟艺术纳入整个中国美术史来探讨才行"时，王朝闻对这位67岁来中央美院办个人画展的老人产生了兴趣，决定邀请他来家中见见、聊聊。后来，陪同王憨山一同举办画展的朱剑宇，拿着杜哲森的推介信，来到了红庙王朝闻先生的住处，联系具体会见的时间，并带去了一本贴有王憨山画展作品的相册。

会见约定的时间是19日下午3点，因中央美院陈列馆离王朝闻先生家红庙有十几公里，在离会见还有一个多小时的时候，王憨山一行三人（同去的还有双峰的朱剑宇、株洲的贺安成）便搭的士往王朝闻先生家赶去，紧赶慢赶比预定的时间还是迟到了10分钟。

王憨山一行三人来到王朝闻先生府上，王朝闻在客厅非常热情地接待了他们。经过短暂的寒暄后，很快就进入了正题。只见王老从口袋里掏出一张写满了字的稿纸，那是他谈话的提纲，看来王老对这次会见非常重视，也作了充分的谈话准备：一是他想说的话很多；二是他是美术界的泰斗，位高名重，说话一向很谨慎。王老用浓重的四川方言开始了他的谈话，王憨山一句也听不懂，王老几乎是对着贺安成和朱剑宇侃侃而谈。王憨山因为左边臀部长了一个大疖子，还贴着膏药，怕弄脏了沙发，只能忍着痛侧着身子靠在沙发的一头，完全不是一种洗耳恭听的坐姿，又加上连日劳顿，人已非常疲劳，竟又犯起困来。当王朝闻激动地讲到齐白石是一座大山，不必说你比齐白石高，也不必说齐白石比你高，各人有各人的长处，在场的人都被王朝闻这句突如其来的评价惊出了一身冷汗时，突然响起了王憨山重重的鼾声，隆重而和谐的气氛陡然变了。只见王朝闻先生面带怒色，同时将讲话提纲迅速折拢并放进口袋，终止了他的谈话，但还是宽厚地说了句："王先生怎么睡着了？可能是太疲劳了，今天就算了吧。"同去的贺安成连忙打圆场，说了很多解释的话。等气氛稍微缓和了些之后，贺安成请求王朝闻先生在王憨山的相册上题个词。只见王老又拿出一张纸来照着抄写，连题词他也预先准备好了，这令王憨山一行人感动万分。

王朝闻的题词是："湖南不是我的故乡，但我的祖宗是由湖广麻城县孝感乡入川的，因此，我不只觉得四川自然美，也觉得两湖自然美。两湖的自然美有无限性。生活于其中的诸位画家，如何扬长避短地发现它们，表现它们，从而使自己作品既表现出爱乡精神，也表现出爱中华自然的精神，这是人民对各地画家的期待。"随后贺安成又提出与王老合影作为纪念，真是大神不计小过，他也答应了。

到王朝闻先生家会见一事，从进门到出来，前后一共才半个多小时，这中间王憨山几乎一言未发，只因他的双峰话难懂，又不会讲普通话。在会见完回中央美院的一路上，王憨山真是懊悔万分，他的鼾声让他和美术界泰斗王朝闻的对话失之交臂。如果那天王憨山不睡着，说不定《美术研究》杂志上真的会有一篇著名美学家王朝闻对湖南画家王憨山的评论文章。

画展非常成功，好评如潮。中央美院院长靳尚谊和教授们对王憨山的写意花鸟创作给予了很多赞许与鼓励，还提到了他们印象很深的一些画，如《秋来霜叶红似火，未受春风一点恩》《最爱一春新雨过，阶前又见笋穿泥》《初打春雷第一声》等作品，都有"重、拙、大"的艺术境界，是高层次的东西，希望他今后不断画出更好的作品。中国美术家协会领导雷正民、杨悦浦也对王憨山立足基层、为群众性美术工作作出的成绩表示赞许。著名雕刻家、画家、书法家钱绍武教授鼓励王憨山不要轻易地改变自己的简洁的艺术语言和题材取向。许多美术界领导及书画名家都当面或在留言簿上盛赞王憨山，并合影留念。首都多家媒体如《人民日报》、新华通讯社、中央电视台等也作了重点报道。林凡、陈瑞林还专门撰写了一篇评论文章，发表在《美术》杂志上。

从1991年北京画展起，王憨山就不再只属于双峰、湖南，他已经被中国美术界认可，他已属于整个中国。

南下办展

北京画展取得巨大成功后，广州电视台热情邀请王憨山前去广州举办个人画展。当年12月26日，王憨山画展在广州江南大酒店的"艺术家画廊"开幕。开幕式由双峰县副县长主持，隆重热烈，广州的各大新闻媒体，甚至连港澳记者都悉数到场。

画展"前言"是由著名油画家、广州美术学院教授李正天先生所写，他在"前言"中用诗一般的短句，表达了对王憨山画作的敬重与推崇："有的人很年轻，但画已经老了；有的人老了，而画却十分年轻。饱吸天地之精气，体悟时代之脉动，吞吐深沉，笔力千钧，全无旧文人的萎靡。这，就是王憨山。"

广州画展的人气自然不可能有北京的盛况，但主办方想借此出售画作让这个农民出身的画家在广州展出时有一些经济收入，也就是这个原因，王憨山觉得这是个好机会，可以增加点自己的收入，刚好自己家里也想在双峰县城盖一座房子，自己的六个子女挤在一起终究不是那么一回事，况且自己也想有一个独立画画的地方。哪里知道展出作品在展厅挂好后，主办方有个别人坚决要求将作品的标价在原有的基础上提高十倍，原因是广州大老板多，有钱的人也多，台湾、香港的收藏家也有可能来买画。结果在展出期间，一幅小品也没有卖出去，因为标价实在高得离谱。

此次广州画展虽然没有取得丁点的经济效益，但是在学术上还是有较大收获的。画展期间，主办方在江南大酒店举行了一次高规格的王憨山作品研讨会，广州美术学院（简称广州美院）的诸多领导和教授胡一川、王肇民、梁世雄等，都给予王憨山画作以高度评价。时任学院副书记、副院长的张治安教授将王憨山的画概括为八个字："力劲气厚，韵高情深。"时任学院党委书记、院长的郭绍纲教授则称赞曰："有一种阳刚之气。"而当时已八十高龄的老院长胡一川教授则说："岭南画纤弱无力，没有中华民族的大气，而王先生的画一到岭南，就像一股大风来了……"

胡一川教授的"一股大风来了"，与9月份刚在北京画展时，中央美院周建夫教授的"一股大风来了"，是如此的高度契合，赞美的是对同一个人、同样的画作，发出的同样的感慨和高度评价。

研讨会后，应广州美院的邀请，王憨山为广州美院国画系的老师和研究生作了一次学术讲座。这是67岁高龄的王憨山生平第一次面对这么多的大学教授、研究生，谈自己的学画经历和绘画主张。为了讲好这次讲座，王憨山与同去的贺安成一起研究讲座提纲，并先后进行讲座预演。他从小时候临摹父亲珍藏的《芥子园画谱》，如何观察小鸡觅食、小鱼小虾嬉戏，如何进南京美专拜高希舜为师，又怎么进到杭州艺专当旁听生、拜潘天寿为师等说起，再讲到自己在乡下潜心作画四十年的体会和感悟。他很兴奋，也很自信，讲着讲着就完全忘记了事先准备的讲座内容，并已经离题甚远。他在说到"文化大革命"时期他因为会搞宣传、写语录，一点没有受到冲击时，却不知道在场的很多学者教授都在"文化大革命"中被打成牛鬼蛇神，并吃尽了苦头。他在说到齐白石画的是池塘小溪中的虾，他画的是江河湖海中的虾时，遭到了极个别人的哄笑，他好一阵子说不出话来。此时，主持讲座的张治安副院长机智地说，"下面请王老师挥毫作画吧"，王憨山才如释重负，拿起笔来，大刀阔斧地画了一幅早已画得滚瓜烂熟的《鹰击长空图》。这次讲座开启了他在高等美术学府进行学术交流的先河，《羊城晚报》用较大的版面进行了报道。

王憨山深圳画展原定在1996年的6月。深圳这座改革开放的前沿阵地、现代化的年轻城市会对王憨山的这些田园牧歌大感兴趣，主要是缘于开展前的预热。在画展之前的一个星期，也就是6月22日，当时的《深圳商报》发表了一篇长文，通栏标题——《欢迎王憨山》。许多普通的深圳市民在办公室里、在公交车上、在公园里、在早餐桌上，读到了《欢迎王憨山》这条消息。王憨山也由于北京、广州画展赚了很大的名气，很多深圳市民知道湖南出了一个农民画家王憨山，也想目睹王憨山的画作，很期待这次画展，况且《欢迎王憨山》这篇长文又为王憨山增添了不少煽动性和吸引力。

长文作者是王憨山的双峰老乡、深圳著名的文艺评论家聂雄前先生。他第一次知道王憨山这个人，是1987年王憨山在湖南师范大学举办画展以后。看到憨山老人在杂志上发表的两幅画，聂雄前被王老的花鸟大写意给震撼了，于是他给王老写了一封信，要王老寄两张画的照片和一些个人资料给他，他作为双峰人，想好好介绍介绍、宣传宣传王老，以表达一个乡里后学的心仪。但是，这次写信没有收到任何回信，直到1989年，他才知道王老没有回信的原因是王老从来不给自己的画照相。1991年元旦，在双峰县城，聂雄前第一次与王憨山见面，见面的第一感觉，就是画如其人。从玉成他们俩见面的双峰县委组织部科长的口里，聂雄前知道了当时王老的画已身价百倍：县里需要去批什么项目，要什么款项，就带几幅王老的画去；蔡和森纪念馆落成、曾国藩故居修复等活动，用来赠送领导、记者的，也是王老的画。而这些画是没有给王老带来一分钱收入的，这对老实巴交、憨里憨气的王老来说，全是政治任务，不愿做也得做。聂雄前也知道了，在那个平庸的乡里，一个真正的艺术家活得有多么艰难和不容易。

在《欢迎王憨山》一文中，聂雄前从尝遍人间苦难"九死九生"的奇人狂人、第一次用放纵的笔墨将花鸟注入淋漓的悲剧意识的徐渭，经历亡国之痛只能在孤独的鸟、怪异的鱼所组成的残山剩水中寄托哀思的朱耷，承续中国画中这一极富艺术张力的花鸟传统、给国人留下一个秀美以外优雅、圆融的艺术空间的石涛和扬州八怪，到"恨不生前三百年，或为诸君（指徐渭、朱耷、石涛）磨墨理纸，诸君不纳，余于门之外饿而不去"的齐白石，再到憨里憨气的王憨山写起，回顾了中国花鸟画的历史。从齐白石时代到王憨山的崛起出现，花鸟画整整沉寂了三十年。

聂雄前先生这样肯定王憨山："如果不是王憨山的出现，中国画中最富有分量和中国艺术精神的花鸟虫鱼一脉就不可避免地在齐白石身上打上了终结号。王憨山生于乡村，长于乡村，未受任何污染，只有对传统的执着，只有对土地的执着，因而成就了他艺术创造的中国气派和中国风格。他笔下的花鸟虫鱼，天趣充盈，生机勃发，生动表现出大自然雄强的生命力量，没有丝毫搔首弄姿矫揉造作之态。他作画笔墨简练，挥洒自如，重墨重色，显示出十足的分量；构图奇崛，大虚大实，疏密有致。他画游虾，不像白石老人那样着力于表现晶莹圆润的肉质、水游的悠然，反变为坚硬挺拔、翻江倒海的峥嵘意志；他画苍鹰搏击太空，如挟风带雷之势；他画斗鸡，姿态雄强，力的表现无可束缚。这是一个强力弥满的艺术家局促于泥涂之中，仍存'直上九万里'的高远志趣。""以我浅陋的学识和见识，窃以为王憨山已处在中国花鸟画杰出画家序列中的最后一个点上。这不仅因为花鸟画在新时期以来流于俏丽轻弱纤庸少骨，更重要的是造就花鸟画的农业文明背景正在失去。我们所处的过渡性世纪，已使地球上最后一片完整的农业文明风景逐渐变为记忆，工业化的进程最终会使城市作为现代艺术家的家园。想想，到哪里再去找寻王憨山'细数游鱼过半百，消闲一辈要无能'的闲适，到哪里再去找寻王憨山'写得一架青瓜卖，市面菜价贱如泥'的达观，还有'秋来颜色红胜火，未受春风一点恩'的自傲和'沧海涌虾君莫笑，万里烟波笔底生'的自雄呢？在花鸟画的农业文明背景失去之后，在花鸟画家的情趣乡野和乡野情趣失去以后，王憨山的艺术再也不可能复现了。王憨山的艺术创造是正在式微的花鸟画艺术的最后一次回光返照。跨入工业文明门槛的深圳人，看看王憨山的画展，无疑是对民族历史和民族文化的一次深情回眸，是对故乡和童年的一次温情打量。既然王憨山这位老农民在受邀去台湾举展前，选定深圳作为考验现代人趣味的考场，那么，我们不应让他失望，就像我们不应让我们的父亲在城市感到隔膜与陌生一样。"

聂雄前是第一个提出"王憨山已处在中国花鸟画杰出画家序列中的最后一个点上"的观点，大胆而确切的定位，也让后来的美术界接受了他的这一观点。

深圳的画展，与北京画展相比也很成功，北京画展主要是人气、名声，而深圳画展不同，深圳是一个商业意识很浓的城市，是改革开放的前沿阵地，是可以赚实惠的地方。在画展的第二天，就有人开始来订画买画了。但是，王憨山等人还不知道自己的画应该卖多少钱一平尺，最后综合各方意见，定价为每平尺4500元。一天，一位姓丁的画商敲开了王憨山的宾馆房门，手里提着装有100多万元现金的密码箱，开门见山地说："王先生如果愿意卖的话，我要，但有一个条件，必须全部卖给我。"王憨山从来没有见过这么多钱，心动了，就请同来深圳举办画展的朱剑宇和儿子王雪樵代为谈判，但对方开出的价格只有2000元一平尺。其实，在卖与不卖这个问题上，王老也十分矛盾，一是画商开出的价格太低了，二是自己辛辛苦苦画出来的画，一下子全部卖出去，有点舍不得。他当时想着卖画，主要是想卖出点钱来，把因建房欠的钱还清就可以了。王老自己心里清楚，有些艺术比金子贵，但又不能这样说。

深圳画展后，在高雄市文艺协会理事长萧飒先生和时任湖南省作家协会主席孙健忠先生的牵线下，1996年8月，距离深圳画展两个月后，王憨山画展在台湾举行，时任高雄市市长也莅临参观了画展。台湾媒体对这次画展进行了广泛报道："王憨山与齐白石都出生于湖南，他们生长在朴质、勤劳、敦厚的农村，花鸟鱼虾、鸡鸭虫草，俱是生活常见，一样地表现了土地质朴的感情，这些别人视为淡乎寡味的平常题材，在他'重、拙、大'的笔情墨趣下，以其人之性情为本，作品洋溢简括诙谐、丰富充实的意蕴。犹如飞龙腾空，神定气足。"王憨山对台湾画展的成功举办非常满意，并写了这么一段话："从师少小学雕虫，弃凿挥毫习画虫，莫道野虫皆陋俗，虫入滕溪是雅君，春虫绕卉添春意，夏日虫鸣觉夏浓，唧唧秋虫知多少，冬虫藏在本草中。"时隔十多年后，台湾再次向王憨山的儿子王雪樵发来邀请，希望在佛光山举办王憨山画展。在画展开幕式上，宋楚瑜委托秘书亲送花篮，星云大师亲切接待了王雪樵，并与他共同回忆了王憨山的台湾之行。

憨派画风

王憨山一生为人朴实、憨厚，满头白发，一脸憨笑，乍一看就像一个老农，所画的又都是乡里常见的山花野草、鱼虫鸡虾，曾一度被人称为"农民画家"。但细读其画，那构图之险绝，造型之夸张，作笔之坚挺，用墨之凝重，物象造微入妙，辄取装饰美感，花鸟拟人传情，意象生发不穷，其书法朴拙厚重，其题识韵味无穷，充分体现了王憨山"重、拙、大"的画风，正如他自己所说："墨要给足，色要给足。"这要归功于他长期生活的田园。那最广阔的天地，在太阳底下敞着胸膛的肥田沃土，到底和花盆里的细土腻壤不一样，它的自然粗犷和鲜活生动，会让真正沉进去的人空灵脱俗，形成独特的"憨派"画风。

知名画家林凡认为，"王憨山对白石老人是师心、师神，自有创造的。""崔子范之反复着笔，成浑厚华滋一格；……而憨山先生之逞情一挥，成豪纵强劲之一格。""他在自己的作品里标举这些，是可以得到反复澄见的。作花鸟画要达到'重、拙、大'的艺术境界，正是元气淋漓、真体内蕴的缘故，而这都源发于王憨山深厚的艺术修养根基。"

著名画家张仃认为："王憨山的画，谓其有四气，一是土气，他自号'田园宰相'，扎根乡野，作品满溢泥土芳香；二是文气，'六分读书'的努力，使他的诗文书法同画一样灿然可观，升华了篱落池塘的小天地；三是才气，造型的奇拙、构图的惊险、入骨三分的神情刻画，表现了画家的才情和修养；四是大气，开张胸臆，刚健清新，小题材画出大气象。这四气，当是中国画至为宝贵的元气和真气。"

王憨山曾为《画家散文》一书撰写过一篇题为《不辞日暮重抖擞》的

文章，文章叙述了自己的艺术道路，也为我们目睹20世纪80年代前后中国美术界的"怪事"找到了答案。他在文章中写道："中国画融诗、书、画为一体，非文人不能及。文人画不工于形，而重于神，故以写意为主。动于情趣，发于意旨，达于神韵，这情、意、达的发挥，又是由其人全部修养所决定的。所以，学画必先读书，还得真正读进去。我的一枚闲章，'二分写字，二分画画，六分读书'，就是源于这种认识。"

中国文人画经历了宋、元、明、清的辉煌之后，其最富有分量和中国艺术精神的花鸟虫鱼一脉，似乎早已在齐白石身上打下了终结号，取材多成定格，鲜有新创。正如林凡所说，"时下追文逐雅，演绎成奇。画以金梅郑竹为雅，题以抄诗掇句为雅，人以峨冠高髻为雅，文以洋词洋调为雅"，"至于个别新文人画家，娇其形以为怪，徒取其妍奇，未得其拙正，尤有甚者，专画小足、兜肚，衍为艳情，又奚以为训！"于是有人哀叹："中国文人画已步穷途末路。"

中央美院美术史系主任罗世平说："在中国画传统受到时代与外来冲击，生存受到威胁时，有人哀叹中国文人画已走向穷途末路。王憨山却具有一种自觉的责任感与使命感，用自己的艺术实践回击了那种哀叹。王憨山灵活运用法与理的辩证关系，无意把玩文人画的笔墨，宁可舍弃一部分东西，强化另一部分东西，来充分表现时代精神脉搏。从王憨山的年龄看，似乎很难与现代性扯在一起，但王憨山能与时俱进，现代意识很强。王憨山的花鸟画，为我们提供了一个新的艺术样式，推出了一种更加雄浑、更加富有张力的绘画语言，画面效果十分突出，从传统中走出了一条新路，是现代形态的中国画。传统应是一个生长的概念。在传统的树上，你添了几枝新枝，几颗新芽？每一个画家都要为传统增加新的东西，传统这棵树才能枝繁叶茂，越长越高大。艺术要有创造。没有创造，就没有艺术。王憨山开启了中国文人画在新时期的转换过程，这也决定了他在中国美术史上的地位。"

《中华文化画报》主编郭晓川说："王憨山选择了一条非常艰难充满风险的道路。所以他耐得住寂寞，下功夫做学问；所以他的写意花鸟不同于一般的文人画，没有伪的东西，不是空洞的东西，虚的东西。王憨山幸运，终于找到了自己的语言，喊出了自己的声音，有了自己的面貌。无论谁看到，确实不一样。至于'刚'与'柔'的问题，王憨山强调'刚'，却并不缺乏'柔'，画册《王憨山》反映的并不全面。我们要做的工作，就是要全面介绍王憨山艺术，使之成为取之不竭的源泉，不断地去研究，挖掘，使王憨山艺术成为活的、生的东西，让大家认识王憨山的价值，培植新的力量。薪火传承，继往开来……"

王憨山是开拓者，亦是实践者。他开拓了中国文人画的新局面。王憨山说："如今中国还有什么？中国人还有什么？穿西装，打领带，喝XO，唱卡拉OK，……我还在这里苦苦地涂这些墨坨坨。有人说中国文人画已走向穷途末路，我实在心有不甘。中华文化，源远流长，博大精深，像唐代兼容并蓄外来文化，盛极一时；就是在元代、清代，少数民族入主中原，还是化入中华文化主流。难道到我们这一代就这么没出息，只等着别人来化我们？别人好的，我们要学，但要实行鲁迅先生的'拿来主义'。吃别人的东西，长自己的肉。不能把自己变成黄头发、绿眼珠。有的人变不来，就把头发染黄。你还是中国人，变不了的。所以，我还是坚持涂我的墨坨坨。"

深谙传统，拥有生活，是王憨山的两大优势。年轻时候师从高希舜、潘天寿两位老师，有着较为深刻的美术基础。退休后僻居乡下几十年，对农村生活无微不至的体察，面对山花野草、鱼虫鸡虾殚精竭虑的思索，为他作画提供了鲜活的素材。所以农村常见的公鸡斗架，一经王憨山画出，题上"胜乎？败乎？"立即有了无限的想象空间；他画的《越过洞庭路八百》，画上七只麻雀正振翅飞翔在滔滔八百里洞庭湖上。人们看见的是飞越过洞庭的七只麻雀，还有多少没有飞越过洞庭，掉在湖中淹死了的呢？还有一幅画，画上只有一只青蛙伏在水中，与其相邻的只有水中的月亮。王憨山题道："相知只有中天月，伴我唱歌到天明。"这是画家的自况、自叹，更是自傲。蛰居农村的生活，成就了王憨山的绘画艺术和绘画风格，鸡、麻雀、青蛙是王憨山常画的题材，在他创作的几百上千幅的艺术作品里，画法不同，形象不同，姿态亦不同。既异于前人，又高于前人，得益于他的生活，也得益于他的"二分写字，二分画画，六分读书"。王憨山不但熟读了书本上的小书，也熟读了生活这本大书。

故宫破例藏画

1997年秋天，距离北京画展已六个年头，73岁的王憨山再次来到了北京，这次不是举办画展，可这次接受的是比画展更为严格的考试，他将在北京故宫博物院举行一场内部的小型展览，接受国家最高级别的专家鉴定。

小型展览在故宫的漱芳斋举行，四面墙上挂着王憨山的艺术作品，观展的是一群国内艺术水平最高的专家学者。观展后，专家们召开了研讨会，并进行了热烈的讨论。经过一个小时的研究讨论，故宫博物院副院长杨新代表专家组宣布：北京故宫正式决定开历史先河，收藏王憨山的《不随丹凤朝阳去》和《野塘秋水立多时》两幅画作。王憨山的眼睛湿润了。杨新双手从王憨山手中接过这两幅画，工作人员再捧走。杨新代表故宫博物院授予王憨山收藏证书。

王憨山成了生前就有作品被故宫博物院收藏的画家第一人。这既是故宫的慧眼，也是王憨山的莫大荣光。

促成故宫博物院收藏王憨山画作的是民间收藏家蒋国良。蒋国良，湘阴人，在认识王憨山之前，并不热爱收藏，也不懂画。1991年他在湖南省文物商店看到过王憨山的画作，感觉非常亲切，因为自己也是从农村出来的，一下子就被王憨山的画吸住了。遗憾的是他并不认识王憨山，直到1994年，他才从朋友手中收藏到了王憨山的第一张画。

1995年，湖南省组织了一次赈灾义卖，省内有名的画家都应邀来作画，王憨山也在应邀之列。蒋国良知道这个消息后，便到了现场，第一次见到了王憨山真容。蒋国良一直守在王憨山身边，看着他作画，一守就是一上午，也将王憨山所画的画，花了一万二千元全部买下，共二十多幅。从此，蒋国良便经常从王憨山手中买画。当年8月，王憨山因建画屋严重缺钱，便向蒋借钱。蒋二话没说，一口答应。蒋国良从老家信用社贷款八万元交给了王憨山，但是要求王憨山以画相抵。12月，王憨山认为蒋国良为人诚实，便与他签订了协议。从此，蒋国良成为王憨山书画作品经营的唯一代理人。

1997年初春，蒋国良托朋友将王憨山的作品推荐给了故宫博物院副院长杨新。杨新看到王憨山的画作后，不禁脱口而出："画得好啊，不完全是齐白石。"故宫是什么地方，作为故宫博物院副院长的杨新，什么画没有见过，什么奇珍异宝没有看过。杨新是第一次看到这种用墨如泼、简练传神的画法。"齐白石画鱼，点两点表示眼睛，王憨山不点，这便是其的妙处。"杨新继续欣赏着。"你的意思是值得收藏？"友人问道。"当然值得。"杨新说。于是就有了王憨山带画进故宫博物院举办小型画展，且有两幅作品被故宫收藏。

三年之后的2000年，王憨山的遗作展在中国美术馆举办，王憨山长子王雪樵不得不来到故宫博物院，暂借这两幅画，用于展览。他一一拜访了故宫博物院领导，说明来由，几经上下审批，终获同意。但在办理手续时，从登记、编号、签字出门，再到回收、销号、验明真伪等，手续繁多，门禁森严。因为，这就是"国宝"。

憨山不死

继1996年的"变法"开始，经过两年的努力，王憨山修改、创作了80多幅精品，他许下了一个心愿：2000年到最高的平台——中国美术馆去搞一次个展。但是，这只是一个未了的心愿，因为他的小儿子鲁青生病了，而且病得很严重，是绝症。他无论如何也要挽救自己的儿子，这是作为一位74岁老人眼下最为要紧的事。

1998年5月，是齐白石纪念馆建馆五周年。应副馆长王志坚邀请，王憨山在纪念活动期间去齐白石纪念馆举办了一次个人画展。王憨山走向了这个神交半个世纪的师长、知己、乡贤齐白石生活过的地方。这次画展的"前言"是他自己写的。他在"前言"中这样表达自己对这位往哲先贤的敬重："能有机会再赴湘潭，并能踏入巨匠之门——齐白石纪念馆举办个人画展，显然是一种幸运。我将珍惜这个机会，在这块沃土上吸取养分，不断地生长起来……"

虽然，王憨山此时的心情因小儿子的病情折磨而时好时坏，但当他站在巨匠齐白石的雕塑前时，又雄心万丈，信心满满。10月，他又应邀参加了炎帝陵公祭大典。这次，他画下了有生以来最大的一幅画卷，九张四尺整宣，这似乎是王憨山人生有史以来，最为张狂的一次宣泄。

1999年3月，幼子鲁青去世。鲁儿之死，让王憨山食之无味。人生最大的悲哀莫过于老年失子。情何以寄？只是宣泄在纸上，他全然不画画了，只写字。虽然王憨山的脚步有些苍老，但他仍然想去心中的圣地——中国美术馆做一次人生的最后总结，想去中国美术馆举办一次个展。但祸不单行，他近两年来的画作，分两次被偷了。一次是在娄底，仅中午吃顿饭的工夫，10幅画作放在宾馆不翼而飞；另一次在湘潭，23幅作品也被盗走。

虽然画被偷了，但他仍然没有放弃去中国美术馆举办个展的愿望。因幼儿鲁青生病，他几乎花费了自己所有的心血，使计划中的画册都没有经费出版了，这时，一个叫李舜平的会计师无偿地资助了他。这年，他频频前往北京，为筹划新世纪第一场画展奔波。

2000年2月，大年三十晚上，家人团聚，晚上叫了他几次，他才停下笔来吃饭，边吃边感叹："到北京去办画展，总不能拿些旧作去。这些日子，我耽误得太多了，脑子里打了几百幅腹稿，想快一点画出来啊。"

正月初四，杨慕如夫妇来给王老拜年，王憨山给来客四人一人送了一幅画——《鱼为奔波始化龙》。正月初五，他的学生李希特来拜年，他送的也是这样一幅《鱼为奔波始化龙》，这是王憨山老人一生送出的最后一幅画作。

2000年2月12日，王憨山老人因心肌梗死，永远停止了他心爱的美术事业。他没能看到中国美术馆为他个人准备的画展，这是他心中永远的梦想和憧憬！但世人为他完成了。

同年6月22日，湖南美术界在长沙举办了王憨山艺术展，以这种方式，来纪念这位刚刚辞世的艺术家。

9月12日，由北京故宫博物院、中国美术家协会艺术委员会、中国画研究院（今中国国家画院）、中国美术馆、湖南省美术家协会等主办的"王憨山艺术展"在中国美术馆举行。靳尚谊、张仃、廖静文、高占祥、林凡、冯远等众多艺术家参加了开幕式。这是一次怀念的画展，睹物思人，不禁想起这位起于草泽林莽之间，从出山到去世，短短16年，终成丹青高手、一代花鸟画大师的王憨山。这次画展成为中国美术馆"有史以来最大的个人画展"，甚得各界好评。10幅作品被中国美术馆收藏，4幅作品被北京故宫博物院珍藏，1幅作品被中国画研究院收藏。

2001年，王憨山画作《群雀图》入选"百年中国画展"。2002年，王憨山两幅画作入选全国美术教材。2011年，中国美术馆专家经过多次认真调研考察，将王憨山艺术作品列入拯救性收藏，王憨山家人捐献了40幅王憨山的作品给中国美术馆永久收藏。2012年3月16日，中国美术馆联合湖南省文学艺术联合会、湖南省美术家协会等五家单位，为王憨山举办了为期两周的"王憨山艺术展"。2013年5月，中国国家画院与湖南省文学艺术联合会在中国国家画院，共同举办"王憨山花鸟画作品展"，共展出王憨山生前花鸟画作品130余件，代表了他不同时期的艺术风貌。2019年5月，在第十五届中国（深圳）国际文化产业博览交易会期间，"湖湘艺术论坛"围绕王憨山的艺术作品、艺术价值展开讨论。

2020年9月，"湖南著名美术家推介工程·王憨山艺术展"在湖南美术馆开幕，并召开王憨山艺术研讨会。与会专家围绕王憨山艺术创作与中国写意花鸟艺术发展、王憨山艺术主张与中国写意花鸟艺术审美以及"王憨山现象"的当代意义与启示等三个议题发表了各自的意见和见解。

王憨山虽然离我们而去了，但他的画还活着。他为中国美术事业作出的突出贡献和艺术成就，永远值得一代又一代美术人学习，永远激励着现代美术人奋勇前行。

撰稿：张仁柱

▸ 李立：
白石门下

2022年，长沙市历史文化街区西园北里50号，李立故居——石屋正式开放参观。整个建筑三开间，三层小楼。临巷砌有高高的围墙，自成幽静之所。院门门楣为陈大羽篆书，门侧墙上镶嵌着沈鹏题字和故居简介石刻。

李立从齐派艺术传承到自造门户，"神刀"美誉早已从小巷走向世界。李立辞世近十年了，前来参观访艺的社会名流和各方人士依然络绎不绝。

一

千里湘江，逶迤而来。流经株洲龙船港，左岸，有两个名字颇富诗意的小山村：楼厦和小花石。

1925年，李立出生于楼厦村一个书香世家。其祖父李崇实就读于北京政法学堂，曾任湖南省高等法院推事兼民事庭长。其父李伯元毕业于北京朝阳大学法律系，曾供职于湖南资兴，不幸27岁早逝。父亲去世后，李立随母移居小花石外婆家。

杜甫诗句"夜宿楚南花石戍"，即言载舟湘江，夜宿小花石"本事"。小花石文氏是当地显族，一个乡绅之家，李立的外祖父文禄存是一位乡绅,富收藏,爱好金石书画。逢年过节,厅堂悬挂的书画都要更换一匝。这经常更换悬挂的旧书新画,让少年李立开启了金石书画兴趣,并结下了一生不了缘。

每当李立回忆起这两处小山村及儿时生活时,浓情溢于言表。无双毕竟是家山。晚年的他在楼厦和花石,集资建造了两所希望学校。一所名为"李立学校",校名由国务院原副总理方毅题写;另一所名为"花石立翁学校",校名由湖南省委原书记熊清泉题写。后来李立又陆续捐赠了一大批图书,协助两所学校建立图书室。在每本捐赠图书的扉页上,都加盖了一枚印记:"花石、楼厦,处处都散落着我童年的梦。"

二

楼厦和小花石,现属株洲渌口区(旧属湘潭县)龙船港镇,往西不远,即紧邻湘潭县白石镇。现在自驾导航,从花石到白石镇杏子坞星斗塘齐白石故居,沿X005公路,绕一个大弯,也只有28公里。走乡间小路,就更近了。

乡里乡亲,大家扯起来易沾亲带故。李立"齐门立雪"始于18岁,牵线人为姻亲长辈胡文效。

从晚清到民国再到新中国,齐白石从一介乡村木匠,从湖南走向京华,一步步成为20世纪中国最重要的画家之一。"廿七年华始有师",齐白石自道其文艺,起步于早年在乡间获举人胡沁园教诲和提携。

胡文效是胡沁园之孙,字卧龙,又字龙龚,通诗文书画,新中国成立后与齐白石三子齐良琨同在东北博物馆工作。胡文效到北京时,提出向齐白石拜师学艺。齐白石说："当年我向你爷爷拜师时是磕过头的，你给我磕个头吧。"

李立经常说，他艺术上成长的恩师是齐白石，"早期引路的是胡卧龙先生"。17岁时，李立自集得意印作拓制成谱，胡文效见之大为赞赏，亲自为之撰序："每来花石，石庵从余问古字，余方惶惶不能应。而石庵事余如师，与语每多独到之见。""予于石庵有厚望矣。"还将其印作寄给时居北京的齐白石。齐白石给李立回函相勖："来函始知兄台为卧龙侄戚人，兼以从事刻印，承拓来摹予所刻之印数方，刀法足与予乱真。予叹之，白石刻石之替人二三，皆在四川，不料家山又有卧龙、石庵（李立别字），能倾心学于予，予心虽喜，又可畏可惭也。"

信中还谆谆教诲："窃意好学者，无论诗文书画刻，始先必学于古人，或近代时贤，大入其室，然后必须自造门户，另具自家派别。"

三

长沙西园北里，李立故居墙上，陈列着一幅他早期的《墨虾图》，系临仿齐白石之作。在画中左上角空白处有一处浓墨虾身，为当时李立将习作寄呈齐白石时，白石老人添笔示范之迹。

李立早年就读华中美术学校，后考入国立杭州艺术专科学校（简称杭州艺专）雕塑系。其间战乱不止，南北交通阻隔，更限于当时经济条件，他时常将自己的习作寄去请益。齐白石每信必复，细加评点，甚至"临发此函时，画一虾寄其意"，"函授"技法艺德持续14年。

"画一虾寄其意"，齐白石回函时另纸示范画的一幅墨虾图，尺幅不大，画的水墨酣畅，两只虾跃然纸上。这画李立保存了几十年，后来还收入《齐白石全集》。画上题字"立也用意"。"立也"即"李立"。因单名"立"字不便阅读，"也"系虚字，无实际意义，纯属补齐两个字。这是传统题画称谓文法。

1953年，李立出差北京，因公急匆匆返湘，只得将带去的"作业"转呈。齐白石回复时，特地画了两幅画。一幅用水墨画了三只虾，画题："立也清属。九十四岁，白石老人，画此如梦。"另一幅画了两只水墨青蛙，画题："闻立也已来京华，犹不得相见，寄此。嘱题数字记，余以蛙还之。九十四岁，白石。"

直到1957年，李立被选调到北京，参加"全国教育与生产劳动相结合成果展览"布展工作，得以在京停留时日，才见上齐白石一面，面聆教诲。

这次见面办得很隆重。齐家以待客之道要"请吃饭"，在家侍父的齐良迟置办丰盛酒菜，还拿出相机拍了很多照片。其中一张李立和齐白石共同进餐的照片，冲洗放大后悬挂于李立画室醒目处几十年。我的一本画册出版时，拟配刊一张和李立老师的合影图片。拍照时，李立老师即拉着我坐在这照片下，以示艺术传承因缘。

四

李立老师晚年刻有一方"白石门外"印章。这既是李立老师自谦之举，客观上也是有所回应。

李立成长、学艺过程中，难得有机会去北京面获齐白石亲炙。在他艺名誉满海内外时，有人讽他算不上齐白石及门弟子。那，算门外弟子可以吧？

李立不仅和齐白石有着14年师生缘，和齐家后人也有着深厚的艺缘和情谊。

齐白石三子齐良琨从小随父学画，擅画工笔昆虫，惜不永年，英年早逝。他早年在湘潭工作时，曾和李立有过密切交往，还为李立印谱作过序。

与齐良迟、齐良已更是莫逆之交。李立与齐良迟的关系，我曾开玩笑说他们"乱套了"。齐良迟比李立大四岁，李立按辈分称其"四叔"；可齐良迟题字落款时却自称为"弟"。当然，这是文人传统的谦称，不一定囿于辈分和年龄。

齐良迟老先生几次从北京回湘潭，途经长沙时，或约谈，或造访李立家。他曾为李立画了幅《菊蟹酒坛图》，用笔老辣纷披，敷色鲜艳古拙。李立将之悬挂在画室，来访者无不观赏称羡。

我去北京齐白石故居叩见齐良迟先生时，老人家即热心地询问李立老师近况。我陪李立老师闲聊时，也时常聊及齐良迟先生。我曾将齐良迟先生赠的原拓赵之谦《二金蝶堂印谱》给李立老师看，他打开印谱，提笔濡墨，在印谱扉页上题字："原拓赵之谦印谱。良迟四叔赠。虢筱非珍藏。九十叟李立题。"

齐良已有一本视若珍宝的《明拓天发神谶碑》。李立去北京时，他开心之下拿了出来，题签写跋，慷慨地送给了李立。他还拣出一包齐白石印稿相送李立。

齐白石长孙齐佛来，从小随祖父学画，是一位颇有成就的画家。"文化大革命"期间被从北京遣返回湘潭，在乡下自搭茅屋居住。进城来长沙，李立家是其"歇脚"处。齐佛来年长李立七岁，几十年二人亲密无间，艺谊匪浅。

五

固守一家，转益多师，是求艺的不二门径。

齐白石在北京有一位过从甚密的朋友——陈仲甫，精古文，擅书法。齐多次为陈刻印，《齐白石全集·第十卷：诗文》即收录有《为陈仲甫刻印记》。

陈仲甫，名琪。抗战时，年逾古稀的他颠沛流离，一路南下，流寓湘潭。1945年，陈仲甫在花石办了一个古文讲习班，靠束脩维持生计。李立入班学习，初奠古文功底，充实了艺术修养。陈仓皇离京时，将齐白石为他刻的印章丢失，李立见状为之补刻，获陈大加赞赏。为其印谱作序："余友齐白石……治印奇肆，多惊人之作，居北平二十余年，余亦朝夕过从……余门人李立，亦遥接衣钵，其精到之作，置之白石谱中几不可辨。"

1950年，李立在长沙谋得教职，购置西园北里房产，在此成家立业。晚清以后，西园一街，公馆林立，从清廷重臣到民国政要，从维新志士到革命党人，从簪缨世家到学者名师，蚁聚蜂屯，冠盖如云。章士钊亦称"西园冠盖之地"。

长沙为文艺重镇，西园更是文艺渊薮之地。李立得以与黎泽泰、袁公亮、胡慰曾等人交游，切磋金石治印之艺。

黎泽泰家学递承，工诗文，精书法，擅治印。他出自湘潭望族黎氏，其父黎承礼，祖父黎培敬，均为清末进士。齐白石"印见丁、黄始入门"，即系在黎家见到黎承礼自四川寄归丁敬、黄易印谱，刻印由是"从丁黄正轨脱出"。

因齐白石与黎家关系，且湘潭老乡同居省城，加上居所相距甚近，因此，李立少不了向黎泽泰执晚辈礼，交往甚密，获益良多。所藏齐白石画稿信札，黎泽泰均一一为之题签写跋，留下了大量珍贵墨迹。

李立任教于长沙市第八中学。该校是民国时期的育群中学和丽文中学合并而成，现已并入周南中学。学校紧邻西园北里，李立从家到学校不远，沿着小巷转几个弯就到了。新中国成立之初的几年，是他从艺和交游最好的时期。

通过书信往来、刻印题字等方式，李立还与齐白石弟子李可染、李苦禅、梅兰芳、陈大羽等交往交流。

六

好景不长云遮月，风止月暝雾隐花。

20世纪50年代中期，由于政治原因，艺术思想、艺术形式、创作方式等，要求无条件服从政治。李立沉浸在教书和艺术的惬意日子被时代浪潮中断了。

"文化大革命"期间，早已去世的齐白石仍在北京被"揪"出来批斗，作为"齐白石的孝子贤孙"的李立，在长沙也被集中关到"牛棚"接受审查。审查后转到长沙郊外"学农基地"参加生产劳动。有时，管理干部也会让受审人员发挥特长，参加宣传创作，大家统一吃住，平时不能请假回家。这样，劳动之外的创作时间相对充裕。

这一时期的文艺创作主要内容为政治宣传作品。但也有少数画家坚持在私下按自己的认知和意愿创作。不过，他们也在努力向当时的"文化大革命"主流艺术靠拢。

这个时期，李也在倔强地坚持着。他用发来写检讨的纸笔，将自己的刻印心得、治艺体会记录整理，陆续写了十多万字的《印章技法十讲》。

刻印这一古老的传统艺术，怎么为政治宣传服务呢？李立琢磨出了"紧跟"法：用毛主席诗词中的句子刻制印章。几年下来，他将毛主席诗词印章刻了一方又一方，积攒了近两百方。

在书画篆刻艺术市场及出版一片萧瑟的背景下，篆刻字书、古玺印与明清印谱等资料的印行，几乎处于停滞状态。

所有成功并非运气，机会总是留给有准备的人。"文化大革命"结束，李立破茧而出。他刻制的印章，被编辑成《毛主席诗词印谱选》，由茅盾题写书名，1979年由湖南人民出版社出版。

这本印谱，除发行普通阅读版外，还用宣纸印刷制作了一批高档线装本，被作为政府礼品赠送。

七

1983年11月，胡耀邦访问日本。曾书字"中日友好，代代相传"条幅，但因未带印章没有钤印。次年3月，日方索请加盖印章。胡耀邦特地请李立刻了印章。

经办人方毅函告李立："三月您为耀邦同志所刻印章数枚，当日我即亲自送呈。并向耀邦同志介绍您的金石篆刻艺术成就。耀邦同志极为欣喜并向您道谢。"

李立和胡耀邦结缘已久。早在1957年，继"全国教育与生产劳动相结合成果展览"之后，李立又被抽调团中央"社会主义建设青年积极分子成就展览"搞美术设计。时任团中央第一书记的胡耀邦，几次抽空看望布展工作人员。

胡耀邦从团中央就任中共湖南省委书记兼中共湘潭地委第一书记时，工作之余练习书法，用印就是李立所刻。

胡、李艺缘，持续了三十年。1988年12月，胡耀邦最后一次回湖南，下榻九所六号楼，邀李立相聚长谈。两人隔着一个小茶几，坐在沙发上畅谈的照片，几年后，李立拿出来，连同几张与其他党和国家领导人的合影照，在照片背面一张张写上"筱非永存"，交给我保管。

八

1985年4月，一个春光明媚的日子。西园北里小巷，众多街邻送行，燃放一挂长长的鞭炮，李立身着中山装，头戴青呢帽，从小巷走出，登上一辆桑塔纳小轿车，出发去香港举办金石书画展。

"李立金石书画展"在香港大会堂展出，是他从艺生涯中的里程碑。这一年，他60岁。经数学家侯振挺鼎力举荐，由长沙市第八中学受聘长沙铁道学院客座教授。展览系香港先进电脑公司和长沙铁道学院联合举办，中共中央政治局委员方毅为其题写展名。展览书画作品70多件，印拓100多方。

行前，在长沙铁道学院举办预展。《湖南日报》以"李立金石书画在长预展，将在香港正式展出"为题报道，时任湖南省委书记焦林义，省委常委、宣传部部长王向天以及各界人士400多人参加了开幕式。

在香港正式展览时，入场通道和展厅摆满了道贺花篮，观展者人头攒动。《大公报》《文汇报》《香港商报》《新明报》《天天日报》等均大篇幅报道，对他的金石书画艺术作了介绍，给予了相当高的评价。

《华侨晚报》以"凭一把刀扬名中外"为题刊发专访："他被日本选入现代中国著名印人三十二家之一。……而每年更有成千上万的中外宾客，要求李立的篆刻，正是'莫道区区石，情谊遍五洲'。"

展览期间，香港印制了《李立金石书画集》，香港美术研究会主席赵世光撰序，称："此次李立先生远道来港举行个人展览，盛况空前。今特选取其作品，精印成集，这对于香港艺坛的推进，当具重大的意义。"

香港无线电视台《香港早晨》进行了现场直播。受访时，李立讲解了篆刻源流、齐白石治印风范和自己的学习经历。面对摄像镜头，主持人用秒表计算时间，请他现场刻制"香港早晨"印章。刀石相奏，李立仅用4分钟即刻好了这四字白文印，让观众惊叹不已。

这次展览，让李老师的金石书画艺术在海内外声誉日隆。后来，我们聊及展览趣事，李老师说，写画刻石几十年，这是他的第一次个人展。"你年轻，要能沉住气，要把基本功做扎实。牌子打出去，就要能竖起来。"

九

"青山一道同云雨，明月何曾是两乡。"

中日文化交流，不仅给日本人带去了瑰丽的唐诗，还有舞乐、书法、篆刻等。篆刻与书法几乎于同一时间传入日本，其源头最早可追溯到"汉倭奴国王"金印东传。1987年6月，李立作为"中国现代书画美术展"代表团副团长，赴日本参加画展和参观访问。

这次书画美术展由全国总工会组织，日本官方对此十分关注。大阪市长向代表团全体成员授予"大阪荣誉市民"头衔。李立还获赠大阪市的"金钥匙"。《朝日新闻》等几十家日本报刊、电视，作了热情洋溢的报道。

此后的1993年，李立又两次去了日本。

第二次赴日，是为庆祝湖南省与滋贺县建立友好关系十周年，湖南组织了陈白一、钟增亚、颜家龙等书画家，赴滋贺县举办"湖南名家书画展"。在滋贺期间，书画家还随省长陈邦柱参加湖南、滋贺建立友好关系十周年纪念大会，并参观了闻名全球的大企业松下电器公司。

这年年底，李立再次日本行，应邀去滋贺、京都与东京三大城市举办"李立金石书画展"。这次展览，赵少昂题写展名，《读卖新闻》《京都新闻》等纷纷报道，日本邮界也专门发行邮筒（类似中国邮政明信片）。邮筒选刊了书画各一幅、印章六方。

在东京银座展览时，日本《中文导报》刊发专访文章："今年68岁的李立教授本次来日是应滋贺县高岛町建町50周年纪念庆典委员会的邀请，第三次踏上东瀛的。先后在滋贺、京都、东京三地各展出一周。从各地展览留言本上，记者读到不少日本书家写下的赞美之辞：'构图别致，刀法纯熟，有白石之风骨，出于蓝而胜于蓝。'"

日本书法篆刻艺术，就是日本民族接受中国汉字和中原大陆先进文化的一个重要产物。日本篆刻艺术是在充分继承中国篆刻艺术的基础上，不断发展起来的。纵观日本历朝历代，中国篆刻对日本篆刻的影响无所不在。这种影响，正是借助持续且频繁的中日文化交流而得以实现的。

+

一刀下去，石屑纷飞。几分钟过去，一方"早安今天"印章刻就。在台湾，面对电视直播镜头，李立表演"急就章"刻印法。台湾《艺坛》杂志总编辑、著名文艺评论家姚梦谷赞叹不已："立翁的刀法达到炉火纯青的地步，台湾无出其右者。"

1991年12月至1992年3月，李立应台北市画学研究会邀请，赴台湾台北、高雄、嘉义、苗栗四市，巡回举办"李立教授金石书画展览"。此前，李立已调至湖南省轻工业学校担任教授。

举办方提早向各界发出邀请："兹邀请大陆杰出人士金石书画家、湖南省轻工业学校李立教授，在本地举行金石书画展览，首开两岸文化交流，并请著名画家李奇茂教授主持揭幕茶会。"

李立直接从大陆赴台，出机场便受到台湾艺术界热烈欢迎，对方还打出巨幅横幅——"欢迎国宝级大师李立访台"。在台北展览时，台北故宫博物院院长秦孝仪等出席观展。《中华时报》以"齐白石第一代弟子，纵横得意石中天地。李立独家享誉亚洲艺坛"为题报道。各界人士赠送镌刻有"文化先锋""开两岸文化交流之先河""誉满宝岛""盛名远扬"赞语的银盘等纪念品。

台湾巡回展，展出了李立书法百寿图、五福图及国画荷花、水仙、红梅、梽桐等金石书画作品50多件。特别是行前精心准备的文天祥《正气歌》印拓四条屏，在宝岛台湾引起观众共鸣。

十一

好几回，我看李立老师刻印，灯光下满头白发的李立老师倚桌操刀，我坐在桌子对面屏息观看。夜深人静，刻刀入石，石屑溅落，发出清脆的"嘎嘎"声；远处马路上传来车辆驶过的声响，仿若交相呼应。

《正气歌》慷慨激昂，体现出至大至刚的民族正气，同为两岸人民传唱。1990年，李立接到邀请后，筹备赴台金石书画展作品。以文天祥《正气歌》为内容，连续两个月，日夜赶刻。几十方印刻就，拓制成洋洋巨制四条屏，还汇编成《文天祥正气歌印谱》。

《正气歌》是一首五言长诗，要用印章艺术来表现，是一件难事：把全诗刻成一方方印章，没有长短句那么好入印，难克雷同之弊。大篆小篆，圆篆方篆；单句两句，界栏破边；单刀双刀，冲切并用。李立可说是调动了全部篆刻语言和手段。同时，选择齐白石论印文句，刻在印侧制作边款，读来别具雅趣。边款字小仅几毫米，却刻得一丝不苟，笔画用刀到位。

《正气歌》组印，印章和边款都刻得相当精彩！有一次，老人家全神贯注地在刻制，我在旁看呆了，冒出一句话："这些印章，体现着老师篆刻水平的高度，也堆砌出当代篆刻艺术的一座高峰。"这话虽有恭维意味，也不失客观性。

欣赏鸡蛋个大，还要看到鸡蛋是怎么产下来的。后来，李立老师拿出一本《文天祥正气歌印谱》签名赠我。每当翻看这本印谱时，我都倍感亲切。因为，我有幸看到这些印是怎么刻制出来的，更能体味出此中艰辛、此中智慧。

十二

齐白石刻印是从浙派丁敬、黄易入手，中年学赵之谦，晚年自创"单刀法"。"单侧入刀法"，刻出的笔画，入刀处尖细，收刀处粗阔；向刀一面呈现崩裂齿状，背刀一面则光溜齐整。其风格生辣果敢，纵横恣意，天真自然。

齐白石刻印，不用印床，一手握石，一手操刀，刀石相向用力直刻。不仅李立老师保持了这一刻法，我也承继了不用印床的习惯。

李立植根齐门，既有继承，又有发展。他的金石艺术，既有鲜明的齐派风格，又具戛戛独造的面目。对于"单刀法"纵横有余、古朴不足之憾，他有自己的思考并在实践中不断尝试。譬如，特意将"印"字部分笔画刻成圆钩状，用弧线来冲淡直来直去的"火气"。

在长达数十年的艺术生涯中，李立还孜孜不倦地学习研究中国古文字，从小篆出发，上溯殷周契刻吉金，旁及秦砖汉瓦，心摹手追，运化入印。他在印艺结篆上更严谨，择篆视野更广；用刀削石如泥，刀法凌厉。出版的《毛主席诗词印谱》《文天祥正气歌印谱》，受到同行好评和影从。

株洲炎帝陵，有一座重达8吨的"神州第一陵"巨印，朝谒游客多喜欢在此摄影留念。这是请李立刻印，放大复制而成的。

李立一生刻印数以千计，从选石、打磨，到刻字、拓片、包装，每一程序，从不让他人代劳。他专注于金石艺术，操刀不辍，求索不止，在艺坛赢得"神刀"美誉。

十三

书法，特别是篆书，是刻印的基础。所以前人有"书从印入，印从书出"之说。一位金石家对篆书的研究及书写水准，可以说是衡量其篆刻艺术水平的标尺。

李立书篆，以《天发神谶碑》为皈依，然后糅以金文、甲骨文、简帛，方笔顿挫直下，墨色干湿相杂，体现出刻印刀法和书法笔法而别具一格。他在篆书中常用"飞白"，在浓重墨色衬托下，笔画丝丝露白，别有一番"润含春雨、干裂秋风"的雅韵。

李立篆书《沁园春·长沙》，114个篆字，每字径尺。全篇章法严谨，择篆结体合度，用笔重起笔与收笔，由于轻重徐疾得宜，"飞白"处斑驳迟涩，呈现出一股古朴雄奇而又精神抖擞之气。

清代碑学兴起后，大批文人志士纷纷投身于金石、文字之学，进而涌现出一批篆书大家，各以独到的篆书新面貌自立于书法艺术之林。齐白石正是得力于《天发神谶碑》《祀三公山碑》，复从篆刻得法，又参以魏碑方笔的冲刷之法，使圆润的篆书一变而成奇崛恣肆的方体篆，成为吴昌硕石鼓文之后篆书创作的又一高峰。

作为齐门弟子，李立在篆书上的成功探索，是这一高峰之上的独特风景。

具有浓郁特色的李立篆书，被长沙岳麓山、青岛崂山、湖北赤壁、黄河碑林、常德诗墙、浯溪碑林等刻石，还被杜甫草堂、黄鹤楼、岳阳楼、韶山毛主席纪念馆、秋瑾故居等名胜场馆陈列和收藏。

十四

一大盆映山红，开得灿烂热闹。李立画室临街的窗台上，每逢过年，都会提早摆放着。

映山红，学名杜鹃。一场蒙蒙春雨之后，山丘野郊，漫山满坡，映山红点缀得红艳亮丽。现在人们生活讲究，室内培植，花期提早到过年前了。围坐在李立的大画案前，抬眼看着那盆簇簇竞相怒放的映山红，娱客娱己，生发对生活热烈美好的感情。

移映山红入画。当然，还须笔墨提炼、艺术创造。李立笔下的映山红画作，被悬挂在政府厅堂和宾馆酒店，成为湖南画界的一个品牌作品。红彤彤的映山红在典雅的石绿石青色映衬下，画面热烈，寓意吉祥。

在书印之外，李立兼擅花鸟画。所画水仙、红梅、荷花、紫藤、菊花等，逸笔草草，饶有趣味。

水仙是画家笔下常见之物，但李立画的水仙很具特色。水仙叶用长锋布线，再填以石绿石青；花蕊用淡墨勾勒，白粉填充，点虱以橙黄、重墨。再配上笔枯墨重的篆书题款。一看即知是"李立水仙"。他晚年画的墨梅，或用浓墨点花瓣，以白粉或朱橙点蕊；或用淡墨点花瓣，以重墨点蕊。墨显庄重，色也明快。

齐白石的画，趣味盎然；潘天寿的画，凝练奇崛；诸乐三的画，生辣拙朴。李立在杭州艺专时曾受教于潘天寿、诸乐三。他作画，取法齐、潘二师，间以诸乐三之法，大多选择平凡且常见的花卉，移篆书篆刻之趣法入画，用宏取精，形简意远，造型简洁，赋色明艳，用笔老辣，形成了个人独特的透露着苍古金石味的画风。

十五

有人说，艺术无国界。

李立的金石书画作品，在古城长沙，备受众人追逐。墙内开花，墙内墙外花香四溢。70岁后，他还受邀携作品在境外多次展览，受到爱好者追捧。

1995年11月，应泰国国务院顾问、SJ金攀有限公司董事长黄桂吟女士邀请，李立前往泰国举办展览，携家人作东南亚之游，顺便游览泰国、新加坡等地。

1997年、1999年李立曾两次前往澳门。澳门回归前夕，他创作了巨幅国画《澳门永远是春天》，参加澳门中华文化交流协会与广东中华民族文化促进会联合主办的《中国当代著名书画家笔下的澳门》作品邀请展。

2005年，是中法文化年。李立应法国圣康坦市主管文化的副市长斯特凡·勒布戴尔和圣康坦市文化交流局局长让·皮埃尔·鲁的邀请，在圣雅克展览馆举办"李立金石书画展览"。

圣康坦市，是法国北部重要的工业和水陆交通中心。圣雅克展览馆，是该市的艺术圣地。展览馆外，张贴着李立金石书画展招贴和专制的"中法友好"白文大印。展厅内，整齐有序地展示着李老师50余幅艺术精品，充满了喜庆、高雅的气氛。

斯特凡·勒布戴尔主持展览开幕式。他热情洋溢地说："我邀请大家走进这丰富又陌生的艺术世界，尽管你们并不明白这些作品的具体意思，但还是让你们的眼睛，将你们带入这美丽的形体与线条中去吧！"

观众虽对东方篆刻看不明白，但站在作品前还是饶有兴趣。他们也许想不明白，为什么中国的印章能成为艺术？有的三三两两，围在那些大幅篆字作品与花鸟作品前，轻轻地点点画画，抒发他们的观感；有的观众掏出手机拍起照来……展览从9月10日一直到10月2日，观展人流不断。当地几大媒体争相关注，对展览作了大量的报道。

法国人视鸢尾花为国花，象征光明和自由。李立特地画了一幅《鸢尾花开》赠送给圣康坦市政府。圣康坦市给李立授予了一枚城市荣誉奖章。

圣雅克展览馆还专门为展览印刷了一本精装《李立金石书画展览（法国）作品集》。

十六

我学习和研究齐白石艺术，2000年前后，继《齐白石印艺》之后，又写了一本《齐白石书艺》。出版前，请李立老师为该书题写"熔古铸今"。他现场写了两幅，不满意。当时已是晚上，搁笔要我第二天再去拿。结果，第二天他又拿出重写的五张，要我选。他对自己的作品做不到敷衍了事。

李立老师晚年，登门求艺者络绎不绝。特别是画廊和画商，争相搜集李立老师片纸只字。作品出门，李立老师"把关"极严，应请写字，写毕总是审视再三，不满意即揉成一团，放进洗笔缸浸掉，绝不让它"外流"出去。有时，旁边观看者觉得写得够好了，废掉可惜，讨要收藏，可李立老师宁可重写多写，也绝不肯把自己不满意的作品放出去。

有一次，我一边看李立老师刻印，一边陪聊艺坛逸事。他打开柜子，拿出一个纸包裹，打开重重包裹着的废报纸，里面是一大叠齐白石印稿。齐白石生活节俭，平时收阅信件时，将信封裁开，用来作钤印稿纸。刻印时，大胆驱刀；刻完后，小心收拾。"收拾"，即拓上印泥，钤盖在纸上审视，再动刀略作修改。如此反复，直到满意为止，以至于每刻一方印，都连续钤盖了好几次。

齐白石论印诗句："做摹削蚀可愁人。"还说："世间事，贵痛快，何况篆刻是风雅事。"齐白石刻印不加雕琢，一任自然。但并不是有些人认为的绝不修饰。事实上，齐白石和李立刻印，刻完后都还要精心"收拾"。这包钤盖在旧信封纸上的印稿，即真实地记录下了齐白石收拾定稿全过程，弥足珍贵。

春雨润无声。艺术以及对艺术精益求精的精神，其中有一份生生不息的传承，让我和众多受艺者受益匪浅。

三十多年前，我在一所师范学校读书，从学校图书馆借阅到《毛主席诗词印谱选》，开始对书临摹。1986年寒假，拿着临摹的印稿到长沙叩门求教。李立老师不拒孺子，开出一张学印读书单，还详列了习印途径。面对慕名而来的艺术爱好者，不论长幼贵贱，他总是热情相待，诲人不倦。

残疾人邓良益，抱着一大捆画到李立老师家。古道热肠的李立老师给每张画都题字，还联系场地，帮他办展览，推销画作。平时，无论是对上门求艺者，还是街坊邻居、保姆、医院同室病人，他都怀着一颗热情善良的心，看到别人有困难，总是出钱出力伸手相助。

十七

一本厚厚的报刊剪粘本，李立老师提笔在扉页题写上"惭愧世人知"五个篆字。我20岁前后，痴迷印艺，崇拜李立老师。平时在报刊上看到刊发有李立老师金石书画作品，即剪下来粘贴成本。后来，李立老师还将"惭愧世人知"刻成一方朱文印章。这，强调的是篆刻的寂寞之道，也表明了一种人生态度。

李立老师长寿，大家都知道立翁很"时髦"。他心态很年轻、开放，对新鲜事物不排斥，唱歌跳舞都喜欢，玩手机玩得很溜，短信这些都会发。60多岁骑着一辆"铃木"小摩托车穿行在大街小巷；80多岁了还敢玩跳水冲浪。他是一位很风趣、很有人缘的老人家。

除文艺名人外，李立老师还广交各界朋友。因印结缘的，屈指数来，就可列出一个很长的名单：牛满江、刘镇武、黄胄、黄永玉、赵少昂、黎雄才、凌子风、柯受良、沈鹏、杨之光、大山、马季等。

2014年3月11日，湖南宾馆芙蓉厅，社会各界人士欢聚一堂，共贺著名金石书画家李立从艺60周年暨90华诞。中国人民解放军原副总参谋长刘镇武、湖南省文联主席谭仲池发来贺信，盛赞李立先生为德艺双馨的"艺术大匠"。湖南省委宣传部副部长魏委代表省委常委、宣传部部长许又声赠送鲜花。

老人家行动不便，坐着轮椅到了寿宴现场，绕着寿宴厅转了一圈，与前来祝贺的众多亲朋好友打招呼。在众多亲友簇拥下，一头银发格外耀眼。宴席几十桌摆满大厅，寿庆却谢绝了所有客人的礼物和礼金，还给每位来宾馈赠雅致礼品：一本精美的李立金石书画作品集、一套烧制有李立书法印章的陶瓷茶具。

爱热闹，人缘广。每逢李立老师生日，亲友、学生都会赶来。李立老师不收"人情"，去饭店订上几桌，大家热热闹闹，开心畅饮畅聊一番。

此前的1995年，"李立教授从艺四十周年暨七十华诞庆典"也是在湖南宾馆举办的，十分热闹喜庆。当时，除祝寿酒会外，还举办了"花红承雨露"金石书画作品展，著名艺术家左大玢、刘春泉、闵玲娣为来宾表演节目，"蔡九哥""林十娘"的表演者凌国康和李小嘉登台演出了花鼓戏《打铜锣》。

十八

2014年12月11日，热闹风光一生的李立老师，走了。

"丹青传四海；金石著千秋""为祖国，为人民，茹苦含辛，半世功劳培后代；爱学生，爱教育，鞠躬尽瘁，满门桃李亦千秋"……一副副挽联寄托了人们对李立先生的深切缅怀。当晚，惊闻噩耗，我勉凑了一副挽联，寄托哀思："曾沐春风，卅载慈音，刀石嘣嘣承惠泽；顷闻霹雳，两行浊泪，江流汩汩透哀声。"

追思告别仪式在长沙明阳山殡仪馆举行，社会各界人士近千人前来送别。中国书法家协会、西泠印社等发来唁函。西泠印社唁函称："李立先生是我社的前辈印人，毕生精研艺事，淡泊名利，金石书艺深得白石先生法乳，法古师今，博采众长，形成了刚劲简练，古朴雄奇的风格。李立先生的逝世，使西泠印人失去了一位德高望重的同道。"

辞世一周年之际，"九十回眸——深切怀念李立教授金石书画展"在北京左安门内大街龙潭书院举行。展览由民盟中央文化委员会、中国书法家协会、中央文史研究馆书画院，以及湖南省政协文史委员会、民盟湖南省委等单位主办，中国民族贸易促进会文化交流委员会、北京市文联首都书画院承办。展览为期四天，分别为金石、书法、绘画三个部分，共展出其遗作90余幅。

在北京举办金石书画展览，是李立老师生前的愿望。湖南省政协领导，北京、湖南的民主党派、艺术团体负责人，以及李立在京、湘两地的生前好友，新闻出版、文化艺术界同人出席开幕式。

李立老师是一位艺德双馨的大家。生前身后，都享有极高的声誉。

撰稿：虢筱非

陈白一：
人民艺术家

对于20世纪中国美术事业的发展，陈白一是有卓越贡献的，他是中国美术长卷里浓墨重彩的一笔，也是美术皇冠上的一颗璀璨明珠。2020年9月15日，"湖南著名美术家推荐工程·陈白一艺术展"在长沙开展，吸引了众多的美术爱好者驻足参观。其间，组委会还邀请了部分著名书画艺术名家召开了一次研讨会，与会人员都直言不讳地表述了自己的观点，对陈白一的艺术成就给予了高度的评价。著名画家杨福音说："我认为他是继明末清初陈老莲以后四百年来工笔人物画第一人。"湖南省美术家协会主席朱训德表示，在中国当代绘画中，陈白一的人物画线条水平达到了常人难以企及的高度，为中国现代人物画树立了标杆。湖南省美术家协会副主席则认为，所谓"北有潘絜兹，南有陈白一"这句话是有历史依据和价值的。

陈白一有着很高的艺术成就，获得大奖的美术作品也很多，他的作品先后在香港、澳门、广州、北京展出，并被中国美术馆收藏，满获赞誉。他始终坚持"以人民为本，生活为源，继承为用，创新为主"的艺术主张，他的作品贴近生活，贴近人民，朴实细腻，绚丽灵动，线条优雅，深受广大人民群众的喜爱，人民群众也给了他很高的荣誉。1998年陈白一被湖南省文史研究馆聘为馆员。2005年3月，陈白一被国务院国家科学技术奖励工作办公室授予"优秀人民艺术家"的荣誉称号。应该说他的成就和荣誉是实至名归的。

生活与艺术

1949年10月10日邵阳解放，解放军进入邵阳城，受到人民群众的热烈欢迎，欢迎的气氛热烈而隆重，人们争相一睹解放军的风采。在欢迎的队伍里有一个二十多岁的青年，脸上稚气未消却格外精神，他就是陈白一，一位在当时的湖南很有名气的进步的青年美术家。他参加过地下党领导的《雷雨》《日出》等话剧演出，也参加了毛泽东主席肖像画的创作工作。

陈白一，原名陈俏，1926年9月出生在邵阳（原称宝庆）市郊云水铺乡。1933年入小学，1939年考入初中，1943年考入湖南省立第十一师范学校艺教班，1946年插班考入湖南华中高级艺术专科学校，1947年毕业时陈白一只有19岁，即到邵阳廉桥"三民"中学任教初、高中美术。当时班上的学生都比他大，有的大他将近10岁。年轻的陈白一站上讲台时仍是一副稚气未脱的模样，学生们都小瞧这位小先生，只是几堂美术课讲下来，学生们如饮甘露，这些在年龄或艺术上自诩为兄长的学生，便都又一一臣服了小先生。新中国成立前的几年里，陈白一先后在"爱莲师范""导群""循程"等中学任教美术。邵阳解放时他只有23岁，已是湖南美术界很有些名气的青年才俊。

在此后的岁月中，陈白一沉浸在艺术的领域里，不断探索艺术的最高境界，不断思考湖南美术事业的发展格局。他先后担任湖南省农业厅宣传组组长、湖南省美工室创作员、湖南省文联执行主席、湖南省美协主席、湖南书画研究院院长、中国文联委员、中国美术家协会常务理事、中国当代工笔画学会副会长、湖南美协名誉主席等职务，成为引领湖南省乃至全国美术发展的重要的领军人物。

生活与艺术从来都是联袂而来的，平凡和美感总是千丝万缕地交织着、包容着，密不可分。陈白一之所以能在青少年时期脱颖而出，在中年时期斩获盛誉，在老年时期名动三湘，声传禹甸，与他对生活的热爱、对艺术的追求，与他在生活中发现艺术之美、在艺术上融入生活之情，与他将生活与艺术融会贯通是分不开的。

陈白一对艺术的追求与他从小接受家庭环境的熏陶密切相关。陈白一出生时的家境虽不富裕，但却是宝庆当地很有名气的书香门第。他的祖父陈雁峰少年苦读，诗文俱妙，曾中过晚清举人。父亲陈子藻与大伯陈子述皆中过清末秀才，都算是宝庆的博学鸿儒。伯父陈子述是当地有名的书法家兼塾师，曾任过蔡锷将军的启蒙老师，一直教到蔡锷10多岁。父亲陈子藻则于1907年在蔡锷将军创办的陆军小学第二期担任数学教员，后又在北京担任过蔡锷将军的秘书。

陈子藻与陈子述不仅好读博学，也都爱好书画并非常喜爱《黑女志》帖。《黑女志》又名《张黑女志》《张黑女墓志》《张玄墓志》，是魏碑变体，也是魏碑的经典帖。当年何绍基无意之中得旧拓本于山东济南历下书市之后（传世只此一孤本，今藏于上海博物馆），欣喜若狂，爱不释手，时时把玩临摹。陈子藻与陈子述长年习帖，颇有心得，深得碑体精髓。现在邵阳的一些老字号铺子，还能看到陈子藻当年题写的牌匾。而宝庆儒子们吟风赏月之地，被称为"宝庆八景"之一的"六岭春色"，也就是现在的邵阳市中山公园六头岭，一直保存至今的那块"六岭春色"横额，便是当年陈子述所题写的。

陈白一自幼在这样的家庭环境里成长，每每父亲或伯伯练习和创作的时候，便跟在身边磨墨铺纸，帮忙做事，也时常搲墨自习。时日渐久，耳濡目染的文化熏陶，使陈白一对于这些水水墨墨痴迷起来，每天的写字、画画成了必修功课，长年不倦，对艺术的追求成了他生活中的一部分，艺术便也是生活。

陈白一对生活的热爱与他与生俱来的爱动、爱静、爱想、爱美的乐观天性不无关系。位于湘中地区的宝庆，山川秀美，高塔林立，古庙众多，处处流传着神秘奇妙的充满幻想的民间神话故事，这些都足以吸引陈白一天马行空般地放纵天性。陈白一幼年爱动，喜欢上树、爬墙、捉鸟、登高，放纵心情；或是游戏、游泳、抓鱼、钓青蛙，放飞自我。他可以在太子庙里高大的菩萨上爬上爬下，或坐菩萨的脚趾上玩；或是跑到点施庵里，一个个数着那几百罗汉，再用泥巴照着捏。他很顽强，有时玩闹中也摔伤手脚，擦破皮肤，受伤是常有的事，但却从不让家人知道。

陈白一也好静，爱听故事，爱幻想，他可以时常坐在水边，望着高庙潭里的金鸭婆出神；大半天不动身形地站在水神庙的大殿里，看着贴金菩萨和大小泥塑木雕，仿佛要融入其中；他在少年好动的天性中留出的这一份宁静的心境，使他能够在喧闹后静静地习文作画，并深入其中而不受外界所扰。这份宁静不仅培养了他的艺术兴趣，也让他受益终身。总之，少年的陈白一好动时信马由缰，好静时收心敛性，故事听得连篇遐想，玩闹亦是不亦乐乎。

陈白一不仅善于发现宝庆的山水人文之美，也能发现生活中的艺术之美：老艺人用糖捏出孙悟空、猪八戒、大公鸡，是神气十足的。编织艺人用棕叶编织成蚱蜢、螳螂、蜻蜓等各种小动物，是惟妙惟肖的。纸扎铺里的龙、狮、鱼虾等物件，是活灵活现的。还有隆回滩头家家户户张贴的民间年画，色彩鲜艳，构图新颖，是绚丽缤纷的。这些都让陈白一津津乐道，如醉如痴。这样的山水环境和民俗风情，让本就天资聪颖的陈白一时时无限地陶醉其中。

上学之后，陈白一的兴趣更加广泛起来。他喜欢看小说，《封神榜》《水浒传》《三国演义》《西游记》他如数家珍，书上的插图他更是爱不释手。他喜欢看祁剧，祁剧脸谱夸张大胆，造型粗犷，给他留下深刻印象。当然，他更喜欢画画。他每有闲暇便将张飞、关公、武松、孙悟空、姜子牙、二郎神等线描绣像都一一描摹下来，从中药铺里买来黄丹、佛青石、黄粉调成颜色涂在画上，十分好看。这些作品也时常作为陈白一组织小伙伴游戏玩耍比赛时的奖品，获奖者拿回家去，大多压了箱底做收藏。

功课之余，陈白一还学习做手工。用马粪纸做人力车；用竹筒做笔筒在上面刻画；用纸糊在橘子、桃子、苦瓜上，等纸干了之后再将其剖开，涂上颜色，做成小艺术品，时时沉浸其中而自得其乐。

陈白一爱动、爱静、爱想、爱美的乐观天性和他的广泛的兴趣爱好都极大程度地丰富了他的艺术细胞，生活也就成了艺术。

"人人眼中有，个个笔下无"，这是艺术成功的标志和奥秘，陈白一能在生活中体会和领略艺术的真谛，创作出源于生活的似曾相识，又高于生活的、陌生而亲切的、高明的艺术作品，不仅与他与生俱来的乐观天性有关，也与他家庭环境的熏陶有关，更与他带着感情融入生活的朴实作风、吃苦精神和执着态度不无关系。站在了这个高度，生活和艺术便真正融合成了一个整体。

1955年，为宣传中朝人民用鲜血凝结成的深厚友谊，被志愿军战士罗盛教从冰窟里救出的崔莹随朝鲜代表团来到湖南新化，看望罗盛教的双亲。陈白一跟随朝鲜代表团同赴新化，深切感受了那感人而热烈的气氛。为了挖掘创作灵感，创作出符合时代要求而又贴近生活、高于生活的美术作品，随后不久，陈白一再次赶赴新化体验生活，这次同行的还有抱着相同创作目的的，北京来的谷一舟老师。谷一舟老师是当年新四军的老同志、老画家，一位久负盛名的美术界前辈。

罗盛教家乡圳上镇桐子村离新化县城一百四十多里，当时的交通非常不便，陈白一和谷一舟从凌晨4点开始走路，到晚上12点多才赶到罗盛教的家中。桐子村这里的民情厚重，民风淳朴，与陈白一家乡人物相异，风物相同，陈白一很快便融入到群众生活之中。他和乡民们一起开荒、种地、喂猪，一起拉家常，每每被乡亲们的纯朴和善良所感动。劳动人民话语不多，但情感真挚，总是将家里最好的东西拿出来招待客人。罗妈妈也是如此，她个子不高，总是在埋头做事，从不赞扬自己的儿子。

陈白一后来回忆说："罗妈妈将朝鲜崔莹送来的海参、高丽参都让给我们吃，我要走的那天早上，罗妈妈整晚没睡，早晨四点就开始弄早餐，等我起床，饭菜都弄好了，是那时最丰盛的。我吃完饭，天还未亮，乡亲们给我拿了好多乡里的特产，又有人帮我挑着，一路送到可以搭车的地方。"说到此处，陈白一禁不住地失声抽泣起来，泪水夺眶而出。

陈白一怀着真挚的感情完成了一个多月的体验生活，他和谷一舟也都完成了对于画作的构思。谷一舟的构思是崔莹与罗选开一家人在一起念信，而陈白一则更深层次地理解了这里人们的思想情怀，他注重对人物表情仔细琢磨和深刻理解，注重人物环境的气氛烘托，作品构思上便定格在了崔莹与罗妈妈握手上，整个画面突出了崔莹与罗盛教的父亲罗选开及罗妈妈初次见面时的感人至深的场面和热烈的气氛，通过画笔表达出来的人们内心深处最真挚的情感，呼之欲出。陈白一的《朝鲜少年崔莹会见罗盛教双亲》一经问世，便获得了巨大成功，被《解放军画报》通栏发表，同时也被其他许多重要媒体刊发，成为表现罗盛教事件的代表作。后来画作送到北京，被评为了一等奖。

生活与艺术必须是融合的，只有真正热爱生活的人，才能将生活化为艺术的源泉。离开了艺术的生活，只能是单调的重复，而离开了生活的艺术，创作的只能是没有灵魂的空洞作品，难以绽放出艺术的光芒来。陈白一能够创作出优秀的工笔画作品《共产主义战士欧阳海》，并大获成功而名噪一时，便是很好的诠释。

1963年，欧阳海的事迹传遍了祖国的大江南北，成了家喻户晓的英雄人物，随后便成了美术界广为创作的题材。次年，有感于欧阳海的英雄事迹，陈白一思考着要用画笔来永远定格英雄画面。当时，湖南画家杨胜荣，创作了一幅欧阳海舍生救火车的写意画，在《解放军报》发表，获得了不小的成功。这对陈白一产生了很大的压力，再创作就意味着要超越，没有生活的老师是不行的，于是他住进了南岳欧阳海的部队。

这里养着很多的战马，马都很高大，非熟练的骑手不能驾驭。陈白一和战士们一起生活，养马、洗马、遛马，住了一个多月。后来他回忆道："班长给我一匹最老实的母马，马走在乡间的小路上时，很平静，很规矩。突然一辆汽车开过来，战马一惊，就跳起来，拼命地往前赶，我不会骑马，这么一歪，那么一歪，差点掉下来。一身颠得骨头都散架了。可就在那一瞬间，我看到了惊马的雄姿，也体会了战士的心情。"

陈白一和战士们朝夕相处，每天练习骑马，观察马的细节神态。他晓得马受惊的时候要立起来，但是如何让马时时立起来给你观察呢？琢磨了好久，陈白一找了个钉马掌的地方，钉一下，马就惊一下。于是陈白一在那守了几天，一个局部接一个局部画。马头、马的眼睛、马的鬃毛以及立起来的马腿，他画了许多局部的速写，神态各异，慢慢就拼起来了一个立体的马。

一个多月艰苦的部队生活体验，陈白一与欧阳海的战友们促膝谈心，熟悉了欧阳海更多的事迹，他对欧阳海的精神面貌，有了更全面更透彻的了解。陈白一观察和品味着每一个细节，在普通艰苦的生活里寻找艺术的灵感，力求在艺术的画面中留住更加丰富的生活气息：火车司机看到前面有人，必定刹车，刹车必会放气，放气必就会形成大量烟雾，这样不必出现火车，而气氛的表现却更加清晰了。逐渐地，陈白一在脑海里搭起了整体的画作结构：画面中没有火车，而以火车蒸汽的逼近所形成的雾气作渲染，营造出那种千钧一发的气氛；以马的惊悸情绪和昂立的姿态来做铺垫，重点突出欧阳海推马救火车的英雄形象。如此构思，没有真情实感的生活体验是难以做到的。

陈白一的画作《共产主义战士欧阳海》完成后，被《解放军报》用两个整版刊发，在全国引起很大的反响，许多报刊都发表了评论。画作参加了第四届全国美展，上海许多宣传品、日用品上都用上了这幅画。一位著名中国人物画家曾说："我是从临摹白一老师的《共产主义战士欧阳海》开始学画的。"足见《共产主义战士欧阳海》作品的问世在当时的影响力。

湖南工笔画

国画大约可以分为工笔和意笔两大系，这两种不同的表达形式间的相互消长和在画坛主导地位的变化，几乎贯穿在整个美术发展史之中。工笔画比写意画的历史更早，它始兴于汉代的人物画，湖南长沙马王堆出土的帛画就属于工笔画的范畴。到了魏晋时期工笔画趋于成熟，代表作就是顾恺之的《女史箴图》，而到了宋代便出现了中国工笔画的第一个高峰。但是工笔画既费体力，又十分费眼力，过于耗时费神，后来兴起的文人画便逐渐占领了主流，对工笔画形成了不小冲击，人们开始渐渐忽略工笔画，而更多地依赖"逸笔草草"的意笔人文画来表达性情。

工笔画的衰微，到新中国成立时，已达到令人叹息的地步。据了解，那时只有少数画家精于此道，如北方的徐燕孙和于非闇，南方的陈之佛与张大千。湖南的工笔画起步于20世纪的50年代，崛起是在80年代，发展极为迅速，在较短的时间内便进入了全国第一梯队，收获了很多的赞誉，而湖南工笔画的领军人物和代表人物就是陈白一。

陈白一以工笔画享誉中国美术界，但他原来却是画山水的。陈白一在他的《人民艺术家陈白一》一书中写道："我在旧时代亲身经历，耳闻目睹旧时代的政治腐败、社会黑暗，侵华日寇在我的家乡邵阳抢劫、杀人与放火，人民生活充满了苦难。""所以我就喜欢画那些没有一丝人间烟火气的'小桥流水''枯藤老树''深山读易''高亭论古'。"当时的陈白一受古画的影响很大，"出世"思想很浓，有一些清高，有一些孤芳自赏。

陈白一后来改画工笔画，究其原因大约主要有三。一是因为他担任湖南省农业厅宣传组组长后，一头扎进农村和工地，受朴实的劳动人民形象和劳动场景所感染，他觉得这些生活中的美，应该用朴实的艺术形式细致地记录和表达出来。二是他觉得相对于意笔和工笔，人民群众更加喜爱工笔画。他们或许没有那么丰富的情感去感悟意笔的意境或是深层次的表达，但对于工笔画而言，他们喜欢"胡子长在肉里面"那种写实性的东西，他们会说："哟，头发都画出来了，眉毛也画出来了。"这是人民群众对美术作品最纯真的表达。三是工笔画注重线条和颜色，陈白一都有着扎实的基础，特别是人物画的线条运用，这很难掌握，但他却游刃有余，这得益于他在湖南十一师范艺教班学习美术时打下的良好基础。

为了提高人物画水平，陈白一甚至还耍了一点聪明。当时的十一师范有个朝鲜教师名叫鲜于国风，此人好画漫画，也画得一手好人物。但他性格非常孤僻，从不上课，而且轻易不与人交往，学生们大多很怕他。陈白一很想找他学画，但苦于没有机会。怎么办呢？陈白一多方打听，探听到鲜于国风有几册精品画本，同时了解到同校教师邹金陵与鲜于国风相交尚可。于是陈白一便磨着邹金陵老师想方设法地将画本借了出来。画本到手，陈白一十分惊喜，晚上就在寝室里不顾寒暑，挑灯临摹，整整临了三大本。鲜于国风喜爱画打日本侵略者的漫画，陈白一便自告奋勇跑去找他，帮着他在校内张贴漫画。鲜于国风想办画展，陈白一又忙前忙后跑去帮忙，帮着出海报，帮忙办画展。几个回合下来，两人也渐渐熟悉起来，于是在鲜于国风的指点下，陈白一的人物画便得以丰满起来了。

从50年代到80年代，陈白一不仅自己介入工笔画创作，收获盛誉，他还先后多次组织湖南的美术界同人开展临摹学习活动，在活动中吸收营养，汲古润今，为湖南工笔画异军突起，乃至享誉全国打下了坚实的基础。说起湖南工笔画的发展，那几次的学习临摹活动是绕不开的，我们这里先从"新年画运动"中的滩头年画说起。

新中国成立后，为进一步贯彻落实"农民是文艺工作者的服务对象"的毛泽东文艺思想，1949年11月，中央人民政府文化部部长沈雁冰署名在

《人民日报》公开发表《关于开展新年画工作的指示》，这一指示直接明了地提出了对这一场新年画运动中有关新年画创作的目的、任务和要达到的效果的要求。当时许多理论家认为，创造新中国的美好生活的形象，在表现形式上，应当吸收民间年画的特点，用比较鲜艳的颜色来表达。

在湖南省有一种手工木版水印年画，产地在湖南省邵阳隆回县滩头镇，被称为滩头年画。2003年，滩头年画在北京获得中国传统工艺品金奖，2006年6月，滩头年画被列为首批国家级非物质文化遗产项目。滩头年画形成于唐朝李世民时代，至今已有1300多年历史。从明末清初到民国初年，滩头年画逐步形成了自己独特的美术风格：艳丽、润泽的色彩，古拙、夸张、饱满、个性化的造型方法，纯正的乡土材料和独到的工艺，使作品具有浮雕一般的艺术效果。一张滩头年画从造纸原料的选择、纸张的制造、刷底，到刻板、七次印刷、七次手绘，需要经过二十多道工序。从手工造纸到年画成品都在一个地方生产，在全国年画制作中极为鲜见。鲁迅先生在《朝花夕拾》中专门描述了滩头年画《老鼠娶亲》，盛赞其"可爱极了"，并将该画视为珍品收藏。

滩头年画是以颜色鲜艳丰富而著称的，它用当地出产的很像毛边纸的土纸，涂上一种当地的白泥巴，让纸看起来非常鲜亮，再使用可以堆起来的矿物质颜色，显得非常的厚重而丰富。陈白一少年时期就被隆回滩头家家户户张贴的民间年画所吸引，那些色彩鲜艳、构图新颖的年画让他久久不能忘怀。

1958年，32岁的陈白一已当选湖南省文联委员，并当选新成立的湖南省美术协会副主席，他对于新年画这一艺术形态表现出了积极的响应，也感觉到了肩膀上沉甸甸的责任。当年，他就亲自出任团长，牵头组织徐芝麟、聂南溪、张松茂、李光烈等美术家，一行8人组成调查团前往湖南邵阳整理滩头年画。调查团在艰苦的条件下坚持发掘和临摹，陈白一要求大家将临摹和创作相结合，要求画得像，学得像，然后画新的题材，画出年画的味道，最后再刻印出来。徐芝麟后来回忆道："当时的色彩是原色，又画得不好，我们都搞得不耐烦了，只有陈白一全心全意在搞，他还说要办年画展览，搞修复，搞创新，就是要学习它的精华，题材就画劳动人民。"

在画家们心烦意乱的时候，陈白一仍然能够耐心而刻苦地学习，这得益于他幼年启蒙时家教打下的学习的童子功。少年时代那些临摹范本上的枯燥线条，那些佶屈聱牙的文言古句，那些复杂难懂的数学公式和每日里反复练习的必修功课，要做好弄通，没有一点耐心，不吃一点苦是不行的。

陈白一能吃苦，好用功，也有一个很有趣的故事。他在读中学时，父亲陈子藻在爱莲师范教语文，或许是就近的原因，将陈白一送到当地的女中寄读。那时的女中没有一个男学生，在这个"女儿国"里陈白一形单影只，整天畏手缩脚，多少有些不自然。女中学校的管理上也有问题，老师上课时常不准时，这也是让陈白一心生厌恶的。如此一来，他的成绩一落千丈。到后来转入偕进中学时，已落下了太多的功课。怎么办呢？当然是沉下心来吃点苦、发狠用功啦。他的牛劲一上来，成绩便一日千里，很快重新回到了第一名的位置上。

在陈白一的感染和带领下，调查团的画家们也都沉下心来，在滩头乡下小伙铺里，粗茶淡饭，抵足而眠地历时一个多月，共挖掘了三十多个年画传统品种，临摹了大量的滩头年画原作，取得了不俗的成绩。

1963年，陈白一再次组织省内画家赴杨柳青、潍坊、桃花坞学习民间年画。杨柳青与滩头年画在用色上有着明显的区别，它的颜色上得非常精到，包括面部那些细微的变化都非常地巧妙，这是群众所喜欢的。工笔画注重的就是线条和颜色，陈白一组织的这两次学习临摹，使湖南画家更为深刻地领悟到了颜色运用的内涵，艺术领悟力得到了升华，收获很大，为湖南工笔画的发展奠定了人才和艺术的基础。

湖南画家对于工笔画线条和颜色的进一步掌握还得益于另外两次的调研学习，这两次活动也是陈白一带头组织的。他不仅认真地参与其中，更重要的是在他的带领下，更多的美术界人才在活动中学习领悟到了艺术的真谛。

1972年，长沙马王堆汉墓发掘轰动了世界，陈白一刚从汝城下放回来，便申请进入发掘现场体验生活，用速写记录当时的发掘经过。1973年，他组织全省几百名美术家学习临摹马王堆出土文物。组织几百人的队伍非常辛苦，陈白一带领大家天天守在那里临摹，穿越时光，感受历史的文明和艺术带来的视觉冲击，受益匪浅。在其后的几年里，陈白一与聂南溪、黄粹峰合作完成了工笔画长卷作品《考古新发现》，并在1979年全国科普美术作品展上获荣誉奖。可以说《考古新发现》的问世具有历史与艺术的双重价值，是年画与工笔画双重意味的作品，在线的认识、型的观察和色的把握上为湖南美术界探索出了一条全新的道路。

在陈白一的组织和带领下，湖南掀起了学习古版年画、出土文物和学习传统的风气，画家们更加注重线条与颜色的运用。为了湖南美术事业的进一步发展，陈白一觉得还应该走出去，吸收全国更多更好的艺术营养。1980年，他找到潘絜兹牵线，联系了山西省文化厅，并得到了他们的支持。随即，他组织了一批艺术功底较为深厚的美术工作者前往永乐宫和敦煌临摹学习深造。

这次活动打破了画种的界限，从事油画创作的画家也积极参与其中。据画家们回忆："当时条件极其艰苦，在永乐宫时，睡的是通铺，每人每餐只一角钱的伙食，一碗稀饭，一个馍馍。大庙里光线暗淡，壁画有四五米高，桌子上面叠桌子，再站到上面临画，象（像）耍杂技一样，非常吃力，因没水喝，早晨带一个西红柿进去，什么时候渴了就咬上一口。晚上还点起煤油灯夜战，互借画稿临摹。每人画了几十张。"关于学习所得，湖南画家徐芝麟回忆说："在我们之前有一群中央美院的就在那里，我们开始就先看了几天他们怎么搞的。他们是用高丽纸把线描画在里头，再用胶和淡墨、泥巴混了涂到纸上，这样把历史痕迹也要临出来。我们就学到了，画更有历史感，既是旧画又是新画。"

甘肃敦煌的条件更加艰苦，那里的洞窟光线很暗，又不准打灯光，只能利用锡纸片的一点点反光作画。临摹壁画不准带凳子，只准带块小木板，如果临壁画的下部就要匍匐在地，是真格的"跪拜朝圣"，画上部时要仰着头，尤其是临窟顶上的藻井之类，脖颈都扭得生痛。参与第一批敦煌学习的彭本人回忆敦煌生活："越看到后面对古代的创作思想、技巧和美感就越有体会，我们天天待在那里画画，一直待了一个半月。画到最后纸都没有了，颜料也用光了，这些绘画工具那里还没有卖，后来就是你一有就抓起来用，我一有大家就抓起来用，这些工具全部用完了就画速写，把速写拿回来加工。描得最多的是我，不要命地搞。"通过如此近距离"朝拜"，使湖南画家加深了对传统绘画的理解，增进了绘画手法，丰富了绘画面貌，特别是对工笔画的布局、线条、用色有了更为深层次的理解和提高。

陈白一也在学习和临摹中受益颇多，参与了临摹活动的湖南画家陈元幸子在他的文章中评价说："他（陈白一）创作的《龙腾狮舞庆丰年》《闹元宵》等作品明显借鉴了永乐宫粗犷平稳、遒劲有力的铁线描，吸收了敦煌壁画中明亮温和、浓郁饱满的色彩特质，尤以《闹元宵》为典型，这件作品也被视为陈白一为探索工笔画语言形式，自觉汲取民间营养，寻求中国工笔画现代复兴的转型之作。"

湖南美术事业的发展，特别是湖南工笔画的发展，受新年画运动的影响颇深，这得益于陈白一组织领导的针对新年画创作所开展的多次深入传统的学习临摹活动。这些活动的开展，不仅扩大了湖南美术工作者的从业人数，也提升了他们的业务水平，为之后湖南大抓工笔画创作提供了人员保障。画家陈元幸子评价说："这种以表现健康饱满的人物形象和欣欣向荣的日常生活等现实主义题材为内容，以线描勾勒加平涂填色为手法，以追求朴素平实、和谐美好为风格的新年画面貌，为20世纪80年代湖南工笔画的成熟和突飞猛进的发展奠定了艺术基础。"

其实酒香也怕巷子深。对于湖南工笔画而言，在80年代时已经达到了非常高深的水平，但却是藏在深闺人未识。湖南的工笔画走入大众视野，得到人民群众的认可与陈白一促成的两次展览和组织参加全国第六届美展的成功不无关系。

1982年，来湖南参观指导工笔画创作的华君武、彦涵观看了湖南的工笔画作品后非常激动，当即表态说要调作品到北京去展览。陈白一由此机缘，促成了1982年"湖南、北京工笔画联展"和1983年在中国美术馆举办的"湖南工笔画展"。1983年的"湖南工笔画展"展出作品120件，在北京引起了强烈反响，被誉为与四川"伤痕美术"并列的湖南"新工笔生活画"现象。展览被先后邀请到湖北、贵州、四川、深圳等地举行。中国美术馆从展览中精选9件工笔画作品收藏，人民美术出版社精选60件作品以《湖南工笔画选》为名出版发行。在后来的十余年里，湖南工笔画先后赴各地展览

26次。

而1984年的第六届全国美展，陈白一带领湖南美术界同人，精心准备，积极备战，取得了不俗的成绩。在全国展出的3724件作品，湖南共入选146件作品，高于平均每省展出的124件，居全国第七位，其中工笔画入选23幅，居各省工笔画入围数量之首。通过这几次事件的带动，湖南逐渐形成了颇具规模的工笔画群体，也在中国美术界得到工笔画大省、强省的称号。

对于湖南乃至全国的工笔画的发展而言，陈白一作出了杰出的贡献，曾任《美术》杂志副主编的李天祥先生评价说："工笔画从传统走向现代，湖南工笔画起了重大作用。陈白一先生为中国工笔画的复兴作出了卓越贡献。"这是一点也不夸张的。

培养与创作

新中国成立初期，湖南的美术人才可谓相当匮乏，美术人才基础主要来自湖南本土从事美术工作的地下党员、老画家和一些青年美术工作者。这些人中受过专业系统美术教育的人才屈指可数，大都是那些来自民间的美术爱好者，多以临摹自学为主，分散在各行各业之中，他们的学术背景、艺术观念和艺术水平参差不齐。陈白一作为科班出身的佼佼者，此时已在湖南美术界崭露头角，他与聂南溪、莫立唐、颜家龙、澍群等人是当时青年美术工作者中的主力军。

1956年，陈白一调任湖南省群众艺术馆美术组组长，除了要完成自己的创作任务外，最重要的任务还是开展美术普及和人才的培养工作，以及加强对群众业余艺术创作的业务辅导。而当时湖南作为全国文艺版图的"边缘地带"，美术体制的建构工作相对滞后，美术基础薄弱、人才队伍无法自产自足，这些一直都是困扰湖南美术事业发展的棘手问题。陈白一曾这样回忆当时的心境："湖南美术力量薄弱，是'三无'省，无美院，无画院，无美术馆，是美术界的第三世界，在全国开会都是靠边坐的……"

如何开展美术普及和人才的培养工作，长期持久地输出美术人才是陈白一面临的首要问题。他经过深思熟虑，结合湖南的实际情况，决定在全省开展"学习创作班"活动，在抓好美术普及工作的同时发掘人才、培养人才，以"出人才、出精品"的信念，来打开湖南美术闭塞的局面。

有了思路，陈白一随即开展了扎实的工作，为了培养工农群体创作能力，发掘人才，他天天跑农村、跑工厂、跑工地。那时候湖南的大厂多，像株洲的三三一厂、湘潭电机厂等，许多大厂的美术工作也做得非常好，组建了漫画组、国画组等，这些作者有着一定的基础水平，只是欠缺专业指导。陈白一根据工厂学员的不同状况，因地制宜地开办学习班，培养了一大批工人美术工作者。除了下工厂开班培训工人，陈白一还带领美术组深入农村，先后开办了湘西农民画学习班和邵东农民画创作班。在他的主持下，全省各地先后举办各种形式的群众性美术培训辅导班、专业创作提高班多达40余次。

在培训班上，陈白一授课严谨而认真，给学员们留下了很深的印象，也让学员们受益终身。美术学习班成员周宗岱后来在他的文章中写道："1957年下学期，省文艺干校举办了第一个美术班。全省的县、市文化馆美术干部和一些厂矿俱乐部的美干都来了，共有70多人。白一老师教我们画工笔人物画。他教我们一整套严谨的技法，从写生、过稿直到定稿、勾线、傅彩。后来我运用这套方法，总是易见成效。白一老师非常强调线条，给我们讲用笔勾线讲得最多，要求非常严格。当时，我们对着人写生，感到画像一个人很难。便有人问白一老师：'是画像一个难些，还是画好线条难些呢？'白一老师回答简单而明确：'画像一个人是基本功。画好线条，是一辈子的功夫。'这个回答太重要了，我好久才真正弄懂，而且努力了50多年，还画不出没有遗憾的线条。"

将学习班、创作班与筹备美术展览联系起来举办，是陈白一开展美术普及和人才培养的创新方法。因此，他组织的学习创作班在形式上与普通学校教学完全不同，大约算是"游击战术"。所谓的"游击战术"就是为了筹备某次全国性展览，选择合适的学习地点、学习时机，组织举办学习创作班。在全省范围内抽调有创作想法的画家，把大家集合起来搞创作，根据每个人不同的创作稿子，有针对性地指导与辅导，完成了"出好思想""出好作品"的任务后，迅速撤退，大家又回归到各自的日常工作与生活之中。

这种学习创作方法对当时美术基础薄弱的湖南是行之有效的，因为当时的艺术市场乏善可陈，参加国家各级文联、美协举办的展览，不仅是激励美术者创作的最佳手段，也是促进参加者自身前途发展的最佳途径，学员们的积极性很高。同时，在名师的指点下，在学习中创作，在创作中学习，也让湖南美术工作者的创作能力和水平在短时间内得到了快速的提升。

当时，陈白一组织的学习创作班会集了许多湖南省内的前辈和高手。老师们各展所长，有针对性地对学员们进行指导教学，让学员们受益颇丰。陈白一负责指导线描，钟增亚负责造型，黄铁山负责色彩，传统功底好的邹传安也在学习班上讲授传统花鸟画技法，等等。

对于学习创作班的教学，陈白一有着自己独到的理解，他认为办学习班的办法，是在学习班里面学创作，要因地制宜，要因人而异地发挥好主观能动性。他不提倡美院先搞基本功再搞创作的那一套，而是提倡先有创作想法，再想办法提高。比如说某作者有一个好的构思或者稿子，就提出来集思广益，通过大家想办法，把不足的补充进去。初稿出来了，也请大家一起观摩，如果是色彩不好，就请专门的色彩老师给他设计色彩稿子，如果是造型不好，就请老师修改造型。陈白一后来回忆道："群众艺术馆开始到工厂农村去办创作班，陈子云把美院的那一套全部搬来了，找些农民来画三角形方块。后来我们再办的就是他们愿意画什么就画什么，再在他们的基础上辅导、修改、提高一下，教他们怎么写生，怎么收集材料。"

学习班画家吴荣光，在回忆1983年天子山油画、国画创作班时说："其实并没有专门上课，就是大家在一起画创作，像陈白一老师、钟增亚老师他们都过来看，会一个个提意见，然后怎么修改。有的时候觉得某个地方没画好也不好改，老先生们也会动动手帮忙修改，大概是这样一个形式，并不是像现在的上课，教技法、教写生的形式。"

画家陈元幸子在他的文章中评价说："通过这种缺什么补什么的方法，创作水平提升得快，并且营造了一个认真画画、齐头并进的氛围，也出了不少优秀作品，如杜炜《智捕大鲟鱼》、朱训德《春花集锦》、陈巽如《湘西行》、曾正明《挽回失去的青春》等。这些作品代表湖南在全国展览中取得了荣誉。"

客观地说，在物质条件匮乏和时间条件不便的时代，能通过一个班把分散的力量集中起来，相互学习、潜心创作，实属不易。按吴荣光的话说，当时大家都对这个"可以自己画，还可以看到省里高手画"的学习班满怀热情。画家康移风回忆说："1979年在株洲，我第一次参加省里面的创作班，特别好，那个时候大家都是一个创作群体，氛围相当好……学习班是陈白一他们花那么大的力气组织的，我的第一张国画写意人物画《春到矿山》就是那次创作的。那种组织方式、那种融洽的氛围对我产生了很大的影响，我的基本功等方面得到了逐步的提高。"

20世纪80年代初，陈白一将学习、创作与提高融入美术普及和人才的培养建设之中，集中力量与时间创新地开办"游击型"学习创作班，很快在全省各地区得到推广。

资料显示，以1982年湖南各地区美术人才培养情况为例：衡阳地区为参加"湖南省1982年美术作品展览"，组织25名人员成立重点创作组，深入农村，并集中作者参加为期两个月的创作班；农民画家何在世同志，利用农闲时办季节性美术学习班，期期超员，每期有40多名学生；邵阳地区陈西川同志，经常带领一些青年人学习素描，练习基本功，到外边去写生；怀化麻阳地区滕建国组织县里农民作者开展农民画学习班；等等。

这一发端于群艺馆，发酵于美协的人才培养方法，常能在短时间内有计划、有准备地高效完成学习创作或展览任务，一度成为培养湖南美术人才规模最大的基地和摇篮，成了湖南美术历史上一道独特的学术风景线。

在办好学习创作班的同时，陈白一也十分注重对美术工作者的人才选拔工作，注重了解他们的审美认识、创作水平，并从中发现人才、储备人才。在选拔人才方面，学习创作班有着独特的优势。

一是可以在学习和创作过程中发现、筛选天赋高、底子好的可造之才进行重点培养，为美术创作挑选后备力量。

二是在省内参加过学习班和创作班的学员们，回到各自地区后，又借助这一形式培养和发现了各地区美术人才。

三是通过省、市联动的学习创作班形式，形成了省到市、市到县，层层渗透的美术人才培养、选拔联动机制。

事实也是如此，在学习创作班中发现的一些美术人才后来都成为湖南美术创作的中坚力量，如邓平祥、冯椒生、王炳炎、海天等人，就是从工厂里"淘"出来的。

对于美术人才的发现和培养，陈白一从来都是不拘一格、不论地位名声，不怕别人说长论短。美术学习班成员周宗岱记录了这样一则故事：

当时我在湘潭县文化馆工作，筹集着第一届省美展的作品。有天，接到一个叫吴力虎的人寄来的作品。画得太好了……我便径直到雷打石乡去找他。乡政府告诉我，他是地主分子，又是反革命，是当地国民党区分部书记……他家中一无所有，却有一口很大的木箱，里面全是一卷卷的画，精精致致。拿出来，头一幅就是齐白石的紫藤，又一幅齐白石的虾，还有徐悲鸿的。这都是吴力虎在北平艺专毕业南归时的赠别礼物。他自己作品也不少，我挑了几件。回到文化馆，领导有些犯难，画得这么好，却又是地主、反革命分子，送不送审？最后是让我拿着画到省里去请示。

省群众艺术馆在留芳岭，美术组十来个人，都在一个很大的办公室工作。负责的人来接待我……就是陈白一老师。

我将带来的吴力虎的画给他看……白一老师不停口地称赞，说："想不到湖南还有一位这样的老先生！"给我说这一笔怎么好，那一笔又怎么好，说这是吴昌硕的画法，湖南哪个是这样画的？当即决定可以参加展出，还说展览就是要挖掘人才……我又按白一老师的意见，打电话给湘潭县雷打石乡政府，让吴力虎立即来长沙，参加省美展组织的学习活动……不久，湖南人民出版社美术组符仕柱就找吴力虎画教材……白一老师识才、爱才，与人为善，很少有人能这样对待吴力虎这类人的。

陈白一组织开展的学习创作班以其特有的"游击"方式，在培养、创作和人才培育上发挥了独特的作用。

一是使当时因为各种原因未接受专业科班训练的美术工作者，得到了系统而全面的训练，解决了很多意识、布局、技法上的模糊和错误认识，整体美术水平得到了极大的提高。

二是这种具有传帮带意味的沉浸式学习，大家对创作思路和创作方法的相互探讨，有助于绘画认识和水平的急速提升。

三是老师与学员在学习创作班里同甘共苦，生活和人格上的耳濡目染，让学员们在愉快和谐的环境中，既有着学业上的收获，也有着德行上的收获，通过学习班所建立起来的情感往来与责任担当，有时超越了学习创作目的本身。

四是学习创作班里会聚着各地区美术工作者，他们在信息上互通有无，对于湖南美术人才的发现、选拔与培养提供了更多的途径。

五是学习创作班集思广益的创作方法和结合各级展览的创作形式，有利于产生高水平的美术作品，为提升湖南美术事业的整体水平和整体声誉创造了有利条件。

综上所述，陈白一组织全省美术界开展"学习创作班"活动，在学术培养、作品创作和人才培育上发挥了重要作用，成了湖南美术发展史上的一道独特风景线，是不无道理的。

人民艺术家

在优秀传统文化的传承中，艺术是一颗璀璨明珠。随着国家经济、社会的不断繁荣发展，各种艺术群体、组织也不断发展起来，呈现出一派欣欣向荣的景象。随之而来的不仅是精神生活的丰富多彩，各类艺术家也层出不穷，大有将艺术家这一荣誉普及成普通称呼之势，就好比现如今在大街上高呼一声"美女"而应者如云一样。当然，这也并不是什么坏事，至少说明，对于艺术和生活品质的追求正在逐渐地深入人心。可是，真正的艺术家是要属于人民而受人民热爱的，而"人民艺术家"这是一个荣誉称号，必须国家授予，而并非个人可以冠名的。因此，"人民艺术家"仍然是众多艺术家需要仰望而又难以企及的，并非多了两个字那么简单。陈白一有幸获得"优秀人民艺术家"这一殊荣，这是湖南人民的骄傲。

在众多人的眼里，陈白一的艺术魅力和形象是高大而难以企及的，这当然没错。但他其实也是平凡而普通，且非常平易近人的，他是从宝庆府普通人家走出来的美术家，他的根在农村，他有着普通劳动人民诚恳、朴实、勤劳的优良品质，他亲近劳动人民，能融入人民群众之中做普通人民群众的一员，这也是他艺术灵感的源泉和艺术魅力之所在。

蔡若虹在陈白一画集《序言》的开篇写道："一个诚恳的人，一个朴实的人，一个话不多手脚勤快的人，一个忠于自己工作职守的人，一个四十多年来孜孜不倦地进行工笔画创作的人，这就是湖南的著名画家陈白一同志。"

而对于"优秀人民艺术家"这一荣誉称号，陈白一是众望所归而当之无愧的，除了他对于20世纪的湖南乃至中国美术事业作出的杰出贡献外，他对于人民与艺术、艺术与人生的理解和领悟，也让人们在津津乐道中心生仰慕。

陈白一原名叫陈倜，他之所以改名叫白一，一是因为人们时常叫错他的名字，或叫陈周，或叫陈绸，而在这些"白字先生"之中，还有许多读书之人。二是因为他所崇拜的大画家是齐白石和陈抱一，于是他在两人的名字中各取一字，正式把自己的名字改成了"白一"。后来他曾说："'白'字和'一'字，所有人都认得，再也不会叫错了。"这所有人当然包括那时许多没有上过学的农民，可能这层因素考虑得还多些。这当然是个小插曲，而真正让陈白一领悟了人民与艺术的关系的，是他参与的那场爱国丰产运动。

1950年，山西农村地区自发地开展的爱国丰产运动得到了中央的肯定与支持，全国随即全面展开。陈白一也积极地投入这场爱国丰产运动之中。那时候湖南的田野乡村时常可以看见一个二十多岁的年轻人，挑着一副担子，田间地头，哪里人多热闹，哪里的工地热火朝天，他就挑着担子去到哪里。不知道的还以为是货郎来了，其实他的担子里带着的是绘画工具，他就是陈白一，每天深入农村一线，负责农业宣传工作。

那时候的条件十分艰苦，陈白一白天收集资料、画画、搞展览，晚上还要放幻灯。当时他画的人物非常多，画互助组、合作化、治水治虫、双犁铧等，经常是一边画，一边放幻灯。幻灯是很原始的那一种，先用刻刀在玻璃板上面刻画，然后再用墨把玻璃涂黑。

在那场运动中陈白一画了许多的宣传画，他觉得人民群众喜爱这种对发生在自己身边的真人真事进行朴实而又接地气的创作的宣传教育，这很容易让人民群众产生共鸣，因而，每一张画都起到了很好的宣传作用。陈白一后来回忆道："比如宣传廖仁福互助组、治水治虫十大政策等宣传画，印了几万份，每家每户都发。我们下到农村，看到家家户户都贴着自己的画，好高兴。才知道美术与革命的关系，原来在这里。"

厘清了人民与艺术的关系，陈白一便更加坚定了自己作为一名美术工作者身上的责任，也由此开始了更加接地气、更加吃苦、更加自信的创作与宣传工作。1954年湖南省委为治理洞庭湖水患，发动了声势浩大的治湖运动，陈白一立即活跃到了这场治湖运动之中。

治湖运动始于那年的隆冬腊月，洞庭湖地区天气严寒，时雨时晴，冰天雪地。地面一会儿湿、一会儿干，一会儿上冻结冰，一会儿又是泥泞难行，因为条件太过恶劣，很多画家在那里都没有创作出什么像样的作品来。陈白一则想了很多办法，他在雨鞋外绑草鞋，身上用草绳捆起衣服，再披上雨衣，每天出现在各个工地上。他每到一处工地，便把雨衣立起来冻成一个篷子，人就钻进篷子里去画画。

"那时经常下冰粒子，一粒粒的冰碴子落在纸上唰唰作响，有的也会凝固在纸上，纸张也跟着冻起来了。铅笔画不上，毛笔、钢笔水也会冻起来用不了。我找来一些空罐头筒子，在里面装上点燃的木炭，上面再温一碗水，用保持着温度的水和墨，一时半会就不会结冰，然后用毛笔蘸墨水，一笔一笔地画线条。"陈白一对当时的记忆很深刻，谈话时娓娓道来。他又说："当时，我画这些工人，他们经常围着我，看我画画，所以我深受启发，知道以后要画什么，怎么画。就找到了一条路——为劳动人民画画。""从这里开始，走上与人民群众的生活结合在一起的美术生涯。"最终，他用200多张速写呈现了这个历史画面，也因此立了两次大功，受到组织的嘉奖。

只有真正地深入到人民群众之中，才能创作出人民群众喜爱的、有价值的艺术作品，而这些作品也将对人民群众的思想升华起到潜移默化的作用，这是陈白一对人民与艺术间关系的领悟，也是他一生的追求。几十年来，陈白一踏遍了湖南的山山水水。年轻时如此，进入暮年，只要身体允许他仍然经常翻山越岭，深情地融入家乡的人民、山水和文化之中。他曾先后50多次深入湘西苗寨，在那里过了五个春节，与当地人结下深厚情谊。

当陈白一初次走入湘西苗寨时是不被人认可和理解的。那次一个苗女纺纱劳作的优美姿态深深吸引了他，他凝视片刻，取出速写本正待画时，房中却传来了男人的咒骂声，这可把他吓了一跳。后来他才知男人病倒在家，认为"画像会把魂勾走的"。不止一次，他在苗寨采风，要画的人一旦发现便将头转过去，或是放下手中的活计走开，甚至还有些苗家妇女抢走了他的速写本，把辛辛苦苦画的速写统统涂掉了。对于劳动人民的不认可、不理解的行为，有人会认为不可理喻，但陈白一却始终坚信是自己没有能够融入到群众之中。

为了"接近"描绘对象，陈白一两次把全家人带到湘西瑶寨，甚至在那里和他们共度春节。通过老伴、孙女与当地妇女的交往，陈白一与当地民众渐渐地加深了了解、建立了纯真的友谊和感情。再后来，他去湘西就像走亲戚一样，父老乡亲围一大圈和他喝米酒、拉家常，就连那外人，尤其是男人不能进的瑶女闺房，他都可以随便出入。

陈白一说："这就是生活。你不跟他们搞熟，永远无法看到生活最真实的一面。现在，有人以为到了县城就是深入基层，就是深入生活了。其实，好像戴斗笠打亲嘴，远未挨到生活的边。真正的生活不是坐着四个轮子从省城到县城，而是得靠双脚走路，才能进去。况且，走马观花地去看一两天，是根本不管用的。只有跟人民群众搞熟了，人民群众才会买你的账。"

融入劳动人民之中的美术生涯，使陈白一领悟到了更深层次的劳动的内在之美，并将之充分地表现在了作品之中。由此，陈白一的画风也发生了转变。在题材上，他将那些普普通通的苗族和瑶族妇女，作为自己描绘的主要对象，丰富了自己的内容；在画面上，原来比较严谨紧密的构图、造型结构，乃至用线用色，他都变得松动、轻快了。在创作过程中，陈白一选取了生活中一些十分细小、平凡的情节和场景，恰恰是这些情节和场景，最集中最典型地揭示了劳动人民生活的内在含义和内在的美。如《听壁脚》《小伙伴》《三月三》《夏夜》等，他不再用宏大开阔的场面，而是只撷取一些似乎是瞬间和局部的镜头，加以表现，从而使画面趋于简化。创作于1988年的《小伙伴》，是陈白一转变画风后的经典作品，多次获得全国性大奖。

陈白一后来在书中写道："我喜爱劳动之美。热爱少数民族，特别是劳动妇女，最勤劳、最纯朴、最真诚，他们日出而作，操劳而不息，开荒种地、生儿育女、煮菜弄饭、喂猪放牛、洗衣浆衫，还织布绣花，从无怨言。虽穷乡僻壤、步履艰辛，却赤脚芒鞋，哼着小曲，舞步轻盈。这是中华民族的精神，是中华民族之魂。"

发现和领悟劳动之美，不仅是陈白一对于人民与艺术思想认识上的再次升华，也是他的作品更加为人民群众所喜爱，更加具有穿透力、更加具有精神内涵的原因之所在。

作为一个全国著名的"优秀人民艺术家"，陈白一对艺术与人生的理解和领悟，体现在他的生活态度和人生境界上，我们或许可以从他的几方闲印之中窥探一二。他有几方闲章，如"乡情""湘情"，还有"富贵如浮云""三无堂""心如水"，这大约是我们时时能从他的作品中看到的。

"乡情"想要表述的是陈白一对于乡野田间的景物和乡村劳动人民的

喜爱，无论是大人或小孩，农民或是知识分子，这是发自内心的纯真情感，他的作品所表达的深意也多是如此。这种乡情所赋予他的人格魅力，使他能够极快地融入到劳动人民之中，而不会产生距离感，让人很容易接近。在湘西，他有一个没有血缘关系的"儿子"，出生于当地普通农民之家，名叫石大发。石大发还在读小学的时候，见到了来湘西采风的陈白一，便觉得这个"老头"很慈祥很亲切，于是时常跟着陈白一到处跑。陈白一发现石大发也爱好美术，便不遗余力地对他进行指点和教导，从不另眼相看。后来，石大发便亲切地喊他爸爸，直到石大发成了当地有名的农民美术家，春节的时候，他还时常带着自己的、弟弟的小孩和村子里的小孩，到长沙来看陈白一，给他背来一背篓的糍粑和腊肉，并且在他家住上好几天。这便是陈白一"乡情"的一个缩影。

而"湘情"所表达的则是陈白一对家乡湖南的发自内心的热爱和眷念。这种热爱和眷念之情，通过作品的形式融入其中，表现出来是以情感人的画面。更加重要的是，陈白一的"湘情"不仅表现在他的作品上，更多地还表现在他对湖南美术工作者的培养和关爱上。他曾说："湘西业余画家、业余作者很多。我们每次到湘西，总有许多业余画家跑来跟我们学画。作为一个艺术家，不为群众服务不行，应当通过为人民群众服务，引起人民群众对艺术的共鸣。"

1981年2月28日，湘西《团结报》刊登了颜家文写的陈白一访问记——《一位热爱湘西的美术家》，文中说："陈白一同志热爱湘西，对湘西的一山一水、一草一木，以及各族人民充满着深厚的感情。每次在州里见到陈白一，都可以看到他和一群美术作者在一起，有时讲课，有时讨论作品。湘西许多美术作者，特别是农民作者的成长，都有着白一同志心血的浇灌。此次，他去腊尔山深入生活，在腊尔山饭店简陋的宿舍里，就着一盏昏黄的煤油灯，常和追随而来的美术作者们谈到深夜。关于题材，关于形式，关于苗族生活，关于体现特点，边表演，边讲解。他的教诲像一股春水注入作者心田。腊尔山的新春是寒冷的，但宿舍里却暖风阵阵。"

对于陈白一的"乡情"和"湘情"内涵的深入探究，结合他在创作与生活中的人格魅力，我们有理由相信，陈白一在艺术与人生的认知和领悟上，已经达到了很高的境界。

而另外的三枚闲章，"富贵如浮云"好理解，许多人也常挂在嘴上，但其实是鲜有人能达到的境界。"三无堂"是陈白一的堂号，取的是"无为、无欲、无闷"的意境，表现的是陈白一的人生愿望和艺术心态。而对于"心如水"而言，这枚闲章内涵宏大，其深意则很让人寻味。

陈白一非常爱水，但他首次入水却是非常危险的，他在四五岁的时候，有一次到外婆家去玩，舅舅去挑水，他也就跟着去，一不小心掉到了井里。陈白一后来回忆说："……在井里扑腾，蹦上来又沉下去，沉下去又蹦上来，如此反复了好几次，直到舅舅把我拉上来……"也许是那时的井水清澈而香甜可口，也许爱水是他的天性，陈白一对于这次险些要了命的入水经历，并没有留下不好的印象，反倒是从此更加喜爱上了戏水的亲切和游泳的畅快。

由此可知，陈白一对于水的喜爱和领悟，既是他的天性使然，也必定经历了由浅入深、由小及大的过程。至少在他而立之年之后，我们可以断言，他所追求的"心如水"的境界，绝不是孔子所言的"智者乐水"，也并非表达庄子静水之意，更非白居易的心如止水。陈白一说："我不是智者，但我从小喜欢水。水可以净吾身，水可以净吾心。"这可比屈原《渔父》中的境界略高了一层，因为水为净，而何以为"浊"呢？当然，还有另一层深意陈白一或许没有明说，也或许是谦虚而不便明说，因为从他的艺术思想和人生理念，以及他所创造出来的艺术价值和为中国美术事业所作出的贡献来看，老子《道德经》中"上善若水，水善利万物而不争"的名句，才是他的人生境界，才是他对于艺术与人生的理解和为人处世的原则，才是"心如水"的真正意境，这是一种世人皆难以企及的人生境界。

我们可以说，因为有了这种崇高的处世原则和人生境界，陈白一才能够不辞辛苦，在罗盛教的家乡和欧阳海的连队体验一个多月的艰苦生活；才能在马王堆汉墓现场指导几百人学习创作；才能在洞庭湖的冰天雪地里欢快地写生；才能带领湖南美术团队，在永乐宫睡通铺、在敦煌跪地仰面"朝拜"；才能在郴州基地女排大型壁画创作时以花甲之龄工作到凌晨，在没有装空调的训练馆里打着赤膊、穿条短裤指挥创作，在深夜陪着烧窑师傅烧窑；才能够在湘西简陋的条件里就着一盏昏黄的煤油灯，和追随而来的美术作者们谈到深夜；才能够下农村、进工厂，走进湘西苗家，不计名利地融入到乡村劳动人民之中，去发现劳动之美并创作出人民喜爱的美术作品；才能够将人民与艺术、艺术与生活融会贯通，从而走上与人民群众的生活结合在一起的美术生涯。

也正因如此，他才能够在组建湖南省美术家协会、成立湖南省书画研究院的过程中辛苦操劳，不遗余力，并主持湖南省美术工作40余年；才能创新地组织学习创作班，费尽心力地辅导、培养、发现人才；才能为营造浓郁的学术气氛，提高全省美术创作队伍素质、创作水平精心谋划；才能提出"出作品、出人才""走出去，请进来"的引领湖南美术事业发展的新思路；才能够在艺术与人生的道路上始终坚持着艺术为人民服务这一宗旨。中国工笔画学会顾问萧玉田先生曾写道："陈白一是当之无愧的人民艺术家，是把爱国主义作为文艺创作的主旋律，引导人民树立和坚持正确的历史观、民族观、国家观、文化观，增强做中国人的骨气和底气的先行者。"陈白一能够获得"优秀人民艺术家"的荣誉称号，与他所追求的"上善若水，水善利万物而不争"的人生境界是息息相关的。

"中国工笔画划时代的大家""中国当代工笔画复兴的旗手""美术湘军的一面旗帜""湖南美术事业的开拓者"等，这些都是人们对陈白一的美誉，这足以说明他在艺术、思想、人生的境界上，无不受到人们的崇敬与仰慕。但是，他在生活中，却是平凡亲和、不带任何光环的普通人民群众中的一员。走在他的身边，你并不一定会知道，他就是获得"优秀人民艺术家"荣誉称号的陈白一。

2014年4月2日，陈白一因病医治无效，于凌晨4时58分在长沙逝世，享年88岁。

撰稿：胡智勇

▶ 符定一：
三不朽

符定一，字宇澄，号梅庵，1879年11月出生于湖南省衡山县白果瓦铺子留笔塘（今白果镇五一村）。符定一的一生很具有传奇色彩。他精通英语，曾立志译书，只是无奈时乖运蹇，而未能如愿；他热心教育，常私人捐助、筹款办学，探索教育兴国之路，并曾将毛泽东收入门下，建立了良好的师生之谊，是一位颇有建树的教育家；但是，他又曾言"教育宣劳，竭虑殚精，勤而寡效，独居深念，中心是悼，以为仓促之业，须臾之名，是嗷嗷者，奚足以营？于时改辙，立言图功"。于是，他潜心钻研文字学，却也大有所成，成了一位著名的文字学家；他本不好于政治，但是在1915年时，因受当时的好友杨度、叶德辉的影响，以湘籍硕学通儒的身份与之共同发起筹安会湖南分会，任副会长，为袁世凯复辟帝制制造舆论；他还于1926年8月短暂出任北洋政府财政部次长、盐务署署长、稽核总所总办等职八个月时间，后辞职返湘任教；多年后，因他的文人身份和影响，国民党也曾向他抛出橄榄枝，邀请他任职高官，却被他拒绝，他转而投身革命，加入反蒋阵营，为新中国的建立作出了杰出的贡献。

新中国成立后，毛泽东邀请符定一担任第一任政务院文史研究馆馆长（正部级），并任政务院文化委员会委员，他也是第一、二届全国人大代表和全国政协委员。

1958年5月3日，符定一在北京病逝。临终前，他依旧惦记着他的学生毛泽东，他对亲人留下的遗嘱让人泪目："你们一定要团结友爱，努力工作，在共产党和毛主席的领导下多做贡献。"5月6日，北京举行公祭，毛泽东、刘少奇、周恩来、朱德、陈云、邓小平等人送了花圈，悼词对他作了崇高评价。周恩来总理总结符定一先生一生有三大贡献：一是首先发现毛泽东同志为中国有用人才；二是建党初期，支持党的活动，营救党的领袖；三是晚年参加反蒋斗争，对建设新中国有贡献。

兴办教育

符定一出生于湖南省衡山县的一户农家，因家境不好，祖父在他很小的时候就送他去学木匠，但他却不是做木匠的料。祖父见他学木匠不成，对读书却有很大的兴趣，于是就决定让他在家里修习文化。他先是在父亲符义玉的教导下习读九经，后来又由叔父符炳光授以《公羊传》《仪礼》《周礼》《尔雅》《昭明文选》等国学，这次符定一没有辜负祖父的期望，他在读书方面的天赋很高，很快就打下扎实的经学与小学根基。符定一稍长后，他便以第一名的成绩成功考取湖南官立南路师范学堂，1903年他考入京师大学堂师范馆，并在1908年毕业后奏奖举人，暨授中科书中书，后任资政院秘书、顺天高等学堂教习等职。

辛亥革命以后，符定一毅然决定回湖南投身教育事业。1912年春，符定一受命湖南省政府筹办湖南省立高等中学。当时，湖南公立的中学只有原属清末官办的府州县中学，原有的湖南高等学堂已经停办，而新的学制还在探索之中。因此，在长沙设立一所省立中学，作为全省中学教育的示范就显得尤为重要。符定一受命开办新学，自感责任重大，即租赁了长沙紫东园（今民主后街4号和5号）的两所新建民房为校舍，开始筹备办校招生。

湖南省立高等中学刚创办时，条件很艰苦，教职员工也只有30多人。在符定一的操持和奔走下，学校规模逐渐扩大，教职员也不断增加。后来，随着袁吉六、彭泽陶、李肖聃、汪澹华、郭德垂、郭琴轩等一批名师的慕名加入，学校声名鹊起，并得以兴旺起来。符定一治校严谨，以"公、勇、勤、朴"为校训，勖勉学生敦品励学。当时该校所设各科课程中尤以外语科最具特点。符定一认为，要造就科学人才，必须广泛吸收西方文化，需要大批外语人才；同时，很多学生想赴欧美留学，也必须有扎实的外语基础。因此，学校特别重视外语教学，其课时与国文一样，每周六小时；同时开设了英、德、法三个语种，不同班级开设不同语种，如此开设中学课程设置，在当时的学校可谓之为独创。

此后，符定一在兴办教育的道路上勤耕不辍，历任湖南全省公立高等中学校（即后来的湖南省立第一中学）校长、湖南高等师范学校校长，兼任湖南省教育会副会长，并一度执教于湖南公立第一师范学校。1923年符定一自筹资金创办了"湖南私立衡湘中学"（今长沙市一中芙蓉中学）。抗日战争时期，符定一回到家乡衡阳，于1943年又自筹资金创办了"符氏竞存学校"〔今衡山县白果镇留笔小学（竞存学校）〕。

符定一精通古汉语，对义理、考据、辞章，都很有研究。投身湖南教育事业后，他先后执教数十年，为湖南发展新式教育探索出了一条全新之路，也为湖南教育事业积累了宝贵的经验，成为一位在教育方面卓有成就和威望的学者和先行者。

无间师生

论起符定一与毛泽东的亲密的师生关系，我们还需要从湖南省公立高等中学初创的招生说起。

1912年，符定一在长沙创办了省公立高等中学并亲任校长。是年，年已19岁的毛泽东决定报名参加学校的招生考试。当年的国文题目为《民国成立，百端待理，教育与实业应以何为重》。这是一个治国方论的题目，对于20岁左右的年轻考生来说，有着很大的难度。

当时，毛泽东虽然只有19岁，却经常思考救国、救民的这类问题，所以说，他一见题目便有胸有成竹之感。毛泽东的试卷说古论今，纵横开阖，论点精当，论据充足，层次清晰，逻辑严谨，将教育与实业对国家发展的辩证剖析得清清楚楚，在众多考生试卷中如鹤立鸡群，因此，毛泽东以国文考试第一名的优异成绩被录取。

符定一认真阅读了每位考生的试卷，他深深地被毛泽东的文章所折服。但符定一又担心其中有伪，于是决定亲自面试。在校长办公室，符定一见到了衣着朴素的毛泽东，并要求他当即做一篇文章，题目已经拟好："论救国之道。"

毛泽东沉思了一会儿，随即泼墨挥毫，洋洋洒洒地做了一篇文章。符定一看完这篇文章后，对毛泽东的文采赞不绝口。他很惊讶，在这么短的时间内，年仅19岁的毛泽东，居然能做出这种思想深度的文章，而且做到了立意准确、首尾相应、用词严谨。符定一十分爱惜人才，他认为毛泽东一定会成为国之栋梁，当然，事实也证明了他的高瞻远瞩。

符定一对毛泽东的文章给予了高度评价，毛泽东临走时，符定一从他的书柜里找出了一本珍藏多年的《资治通鉴》，赠予毛泽东，嘱其用心阅读。这使得求知若渴的毛泽东如获至宝，此后时常诵读，其中的许多章节都能背下来。对这本书，晚年毛泽东曾说，"看过一十七遍"。

毛泽东顺利就读省立高等中学，经过一段时间的接触，符定一见毛泽东特别关注国家强盛、民族兴旺等大事，更加坚信他将来必能成大器，于是格外器重、关照他。有一次，毛泽东与教国文的老师在作文中因为观点不同发生了争执，毛泽东一直坚持自己的观点，丝毫不妥协。国文老师一气之下找校长符定一告状，表示教不了这样的学生，一定要把毛泽东开除。符定一却坚决地站在了学生毛泽东的一边，给予了断然拒绝。听到校长的回答，国文老师觉得面子上过不去，把书本往桌子上一摔扭头就走了。在这之后，符定一便亲自任教毛泽东所在这个班的国文课。在这段时间里，符定一与毛泽东关系越来越好了。他们经常会讨论很多问题，即使有观点碰撞，两人最终也会达成共识。符定一很爱惜毛泽东这个人才，毛泽东也很尊敬符定一这个老师。

1913年，符定一被补为国会众议院议员，定居北京。没有想到的是，这对无间师生几年后竟然又在北京重逢了。1918年8月，符定一在北京被推举为安福国会众议院议员。而此时的毛泽东为组织湖南青年赴法留学第一次到北京，为了解决生计问题，毛泽东在杨昌济的推荐下，担任北京大学图书馆管理员。就这样，多年未见的师生二人又在北京相遇了。符定一在欣喜之余，经常邀请毛泽东来家里做客，与学生谈论时局、研究学问。在这期间，符定一始终支持毛泽东的想法，他经常鼓励毛泽东，同时也知道毛泽东有经济困难，于是在时常招待毛泽东的同时，由夫人出面每个月赠给毛泽东5块大洋，作为他日常的活动费用。

1922年1月，湖南军阀赵恒惕枪杀劳工会领袖黄爱等人，这一举动引起了工人群体的极大不满，但无人组织声讨，工人们大多是敢怒不敢言。10月，毛泽东回到湖南，便领导了长沙4000多名泥木工人进行大罢工。为了向军阀示威，毛泽东还组织成立了"全省工团联合会"，毛泽东当选为总干事。他带着几个工团代表找上了时任湖南省长赵恒惕，以罢工为威胁，最终取得了工人运动的阶段性胜利。1925年毛泽东回家乡养病，赵恒惕对几年前毛泽东在长沙领导的行业工人大罢工仍心有余悸、如鲠在喉，决定这次要抓到毛泽东并除掉他。

正巧的是，符定一这时正途经长沙回乡探亲，在时任省政府秘书长的亲戚家中得知这一消息后，心急如焚，再三向省政府秘书长表明自己与毛泽东情同父子的不同寻常的师生关系，又介绍说毛泽东是一个大有作为的国家需要的难得人才，劝导亲戚从中周旋，以保毛泽东周全。随即，符定一又找到时任公安局局长的亲戚，情愿以命相保，请求不要加害毛泽东。另外，符定一还利用自己的社会地位、影响，以及与赵恒惕是小同乡的关系，四处疏通。为了确保万无一失，符定一还派人给毛泽东送信，让毛泽东赶快离开湖南。直到听说收到信息的毛泽东已奔赴广州，符定一才放了心。

此后，他们一别就是二十多年。因为社会动荡，他们又各自都有自己的追求，一个在从事人民解放的事业，另一个在潜心学问。虽然交往很少，但是，这一对无间师生都在彼此关注、惦记。符定一对毛泽东领导的中国共产党所取得的每一个胜利都喜在心头，毛泽东也在关心着老师的安危。他们没有相随左右，但是心却是紧紧相连着的。

投身革命

1946年春天，抗战胜利，符定一举家回到北平，立即秘密前往北平军调处执行部，在这里他见到了延安来的中共代表叶剑英。符定一看到叶剑英的办公室不仅要用来办公，还要做军调处同志们晚上的卧室，心中便有了主意。于是，符定一选中了一套大的四合院租下来，想要邀请叶剑英和他的同志们来家中安置，并专门为他们置办了床铺和桌椅。当一切都安排好后，符定一才雇了一辆马车，将叶剑英和其他工作人员的行李"强行"带了过来。从此，符定一的家就成了军调处的办公地点和住所，原本冷清的家一下子变得热闹起来。符定一便也成了军调处的"警卫员""联络员"。在这段时间里，符定一一有时间就会和叶剑英他们聊天，从叶剑英口中了解了许多国际国内形势。对于长期消息封闭的符定一来说，叶剑英的话常常给他耳目一新的感觉。

1946年6月，受毛泽东主席邀请，符定一在女儿德芳的陪同下来到延安，与这位昔日学生共商国策。符定一父女一下车，就看到了早早在这里等待的毛泽东。毛泽东见到多年未见的老师，十分激动，他跟老师寒暄了几句，就赶紧把他们父女俩迎到了自己住的窑洞里。窑洞的桌子上早已备好了茶水，还有在此等候的周恩来、刘少奇、朱德等人，毛泽东向符定一一一作了介绍。

对于老师符定一的到来，毛泽东非常高兴，也非常重视。毛泽东亲自主持了欢迎大会，并邀请符定一给中共中央机关、延安各界的朋友作了几场报告，介绍在国统区的所见所闻所想。会上，符定一根据自己的所见所闻所感，直言不讳，深刻揭露了蒋介石的独裁和国民党政府的虚伪面貌，痛斥国民党政府官员的贪污腐败，陈述了国统区老百姓的悲惨生活，引起了在场群众的强烈共鸣。符定一在延安三个月的参观、学习，特别是与毛泽东、周恩来等中共领导人的多次谈话，使其思想认识有了很大提高。9月，符定一先行返回北平，临走时，符定一感慨地说："延安三个月，胜读十年书啊！"符定一从未见过领袖与群众之间那么亲密的关系，这在历朝历代都是从未有过的，而他却在延安看到了如此盛况。他觉得，正是由于共产党和人民的这种血肉联系，才奠定了中国革命必胜的基调。

符定一回到北平后，立即给毛泽东写了一封信报平安，毛泽东也给他写了一封回信。一个月后，符德芳也要回北平了。毛泽东亲自给自己的老师包好了一包陕北土特产，表达一个学生对老师的寸草之心。同时，还附上了一封信："宇澄先生夫子道席：既接光仪，又获手示，诲谕勤勤，感且不尽。德芳返平，托致微物，尚祈晒纳。世局多故，至希为国自珍。"信虽然不长，但字里行间传达了毛泽东对老师的无比尊敬和关怀备至之情。

符定一返回北平后，没有忘记毛泽东的嘱托，每每有朋友来拜访他，符定一都会怀着十分激动的心情，跟他们聊起自己在延安的所见所闻，他把延安比作新中国的希望之星，淋漓畅述。符定一的话时常让到访的朋友们变得热血沸腾、眼含泪光，他们也热切希望全国能够早日解放。在那段时日里，符定一还广泛联络文化界、教育界人士参加反饥饿、反迫害、反内战的民主运动，并亲自为学生、市民讲演，揭露国民党、蒋介石反人民的本质，尽一切能力做革命宣传。

符定一在北平的宣传和鼓动影响很大，引起了国民党的极度恐慌。1947年2月的一天夜里，几个特务突然闯进符定一的家，翻箱倒柜四处搜罗"罪证"而不得，最后将符定一及其儿子带到警察署的一个分驻所。符定一的女儿立即将这一消息报告北平军调处的叶剑英同志。叶剑英随即组织营救，中共地下党连夜联系了在京的教授、学者、爱国人士一百多人，他们联名向国民党政府提出抗议。国民党政府迫于巨大的压力，最终将符定一无罪释放。

被释放的符定一余怒未消，欣然接受天津《益世报》记者的采访，并发表致蒋介石和北平市长何思源的公开信。信的大意是：你为大官，我为老儒，你们派人来搜家和逮捕是什么道理？听说是因为我到过延安，跟毛泽东有关系。毛泽东是我的学生，这不错。徐向前是谁的学生？是蒋介石的学生，他也培养出共产党的一个大官来。要镇压就先镇压"蒋委员长"。我要有罪，蒋介石就该杀。这封义正词严的书信，使何思源深感内疚。两天后，何思源亲临符定一家赔礼，一再解释此事确实不是他的部下所为。

1948年8月，华北即将解放。毛泽东率中央总部来到河北平山县西柏坡，当时面临的问题是解放北平，筹备新中国第一届政治协商会议，成立中央人民政府。在革命的重大关键时刻，毛泽东秘密指示华北当局护送符定一到西柏坡，共商国是。10月的一天深夜，符定一装扮成一名老农，他的女儿符德芳则装扮成村姑，在交通员的秘密护送下，来到了西柏坡李家庄（当时中共中央统战部驻地）一栋农家宅院里。还没走到宅院口，远远地就看到周恩来亲自提灯在村口迎接，待他们进入宅院内，便看到正在院中等候的毛泽东。

三人相见心情都十分激动，一直畅谈至下半夜2点。在送符定一到住所的路上，符定一将一张纸条交给周恩来，并让其转交给毛泽东，纸条上提出了"先武攻天津卫，后文取北平城"的建议。这是符定一思考多时的主张，他认为凭自己对北平的历史、地理、学校、人才等方面的了解，北平不能用武力解放，应该先打天津。天津是北平的门户，打下天津，北平不攻自破。这样不仅利国利民，而且实现的可能性很大。对于符定一的建议，周恩来也表示赞同。

几日后，毛泽东派周恩来向符定一报告好消息，中央军委决定采纳他的建议：先打天津，争取和平解放北平。1949年1月14日拂晓，天津上空充斥着一声声的震天巨响，等声音渐渐平息下来，天津已经悄然宣布解放。紧接着，中共中央以各种方式，向北平的守城者傅作义晓以大义。在等候北平和谈的日子里，毛泽东两天两夜没合眼。当得知《和平协议》已经签订的消息时，他兴奋地带着警卫员赶到李家庄符定一住处，第一时间将这个好消息告诉了老师。符定一从警卫员口中知道毛泽东不顾多日疲倦，将北平和平解放的消息第一个告诉自己时，已激动得热泪盈眶。

1948年年底，人民解放战争取得巨大胜利，毛泽东在1949年新年献词中发出"将革命进行到底"的号召。符定一和先后到达解放区的李济深、沈钧儒、马叙伦、郭沫若等55人，在同月22日发表《我们对时局的意见》，坚决支持中共中央对时局声明中提出的八项和平条件，表示将革命进行到底。联合声明对于构建中国共产党领导的多党合作关系具有重要的政治意义，这个声明也是中国各民主党派、无党派民主人士第一次集体以书面形式公开宣布自愿接受中国共产党的领导。

著书立言

符定一在投身教育和革命之时，仍然不忘潜心于文字学研究，他著有《新学伪经考驳谊》《说文本书证补》《说文古籀本书证补》《联绵字典》等著作，其中《联绵字典》主要集释双声叠韵、叠音的词外，还收录了大量的双音词，是他最为耗尽心血，也最为世人所称道的鸿篇巨著，在联绵字收集与研究中发挥着不可替代的重要作用。

所谓联绵字，是一种由两个音节连缀成义而不能分割的词语，古人称之为"复名""联字""连字""连语""骈字""二文一命"。组成联绵字的两个字有时双声，如仿佛、澎湃；有时叠韵，如逍遥、烂漫；有时叠音，如凄凄、沉沉等。中国古代文献中有大量的联绵字，《尔雅》以来的各种字书也相继集释联绵字，但历代学人习惯于"分文析字"，误将构成联绵字的两个汉字分开训解，"说者望文生义，往往穿凿而失其本指"，所以联绵字研究一直是中国训诂学领域的一大盲区。

宋代张有《复古编》在历史上第一次标出"联绵字"之名，并在卷六收录58个联绵字，可是他对联绵字的认识并不全面，以至将联绵字拆开作解。清儒如方以智、钱坫、朱骏声、王念孙、段玉裁等，相继对联绵字展开研究并各有创获，可惜研究成果没有得到集中的呈现。至于明代朱谋㙔《骈雅》开始专释联绵字，清代吴玉搢《别雅》训解双音节词，史梦兰《叠雅》专释叠字，但都不是专门的联绵字典。

1922年年底，担任北京大学国学门通信导师的王国维，郑重向国学门主任沈兼士建议开展"古文学中联绵字之研究"，提出："联绵字，合二字而成一语，其实犹一字也。前人《骈雅》《别雅》诸书，颇以义类部居联绵字，然不以声为之纲领，其书盖去类书无几耳。……若集此类之字，经之以声而纬之以义，以穷其变化而观其会通，岂徒为文学之助，抑亦小学上未有之事业欤！"他不仅敏锐地指出开拓联绵研究的学术新领域，还萌生出编纂一部联绵字典的想法，由此引起学界对联绵字的普遍重视，遗憾的是，1927年王国维在颐和园昆明湖自沉，遗留下来的三卷《联绵字谱》离他理想中的联绵字典还有很大的距离。

符定一早年"笃意于经术、小学"，后来更坚信"经学从小学入者，其经学可信；小学从经学出者，其小学有本"，于是，从1910年开始，至1940年的三十年间，符定一着手搜集联绵字，补历代字书之缺略。在编撰《联绵字典》时，他从文字、音韵、训诂三个层面入手，对三代至六朝的联绵字作了精深研究，将经学与小学融贯为一，可以说费尽了一生的心血。

符定一在后叙中回忆说："是年夏，就册编纂，日诂十五字内外，自晨兴至夜半，工作恒逾十四小时，不中程不得休息（若日作七小时，则需时五十四年；若日作五小时，则须七十五年有奇）。……至二十八年冬，全书编竟。校雠之事，于役者六人，历时六载，费金逾万。书中异文、转语，校谐声表、纽表、韵表者各二次。元稿校元书一次，正本校元稿一次，复校元书一次（字在元书某卷某叶，与叶之前后，一一登记成册）。书名、篇名、篇次（如一二三四或上中下等），靡不载记。本有异同（少者二本，多者五六本），其文字、音义有漏夺讹误者，均补正之（本书上半部印刷制版竣，余虑其中校雠疏忽，曾令二人抽验，覆校心部'忮忒'以下十六叶、无部'无如'以下十四叶，均无讹脱，余心稍安）。至印稿校对正本，有十一次者，少亦七次。"

对于编撰之艰难，符定一在后叙中说："其书义证分属，声韵兼晐，异文备陈，转语罗列。撮其梗概，有五难焉：其取材也，捃摭经史，掇拾子集，探索赜隐，搜厥遗佚，一难也。其纂诂也，若经有传，若礼有记，若图有说，若纲有目，二难也。其正形也，别古籀焉，判奇字焉，辨正俗焉，分本借焉，三难也。其审音也，反切别义，谐声察省，纽表自立，韵字参众，四难也。其定义也，本之经训，征之古今，准之字书，参之子史，五难也。揭斯五者，黾勉从事，精罢神瘁，困而不失其所。六十之年，得藏斯业，亦云幸矣。"

符定一从辑录文字到摘抄材料，从编排剪裁到检校核对，三十年专心致志、殚精竭虑，每一天夙兴夜寐、含辛茹苦，精力之强劲、意志之刚毅，实非常人所可想象，所以符定一自豪地宣称"一人撰一书，四百万字，五千年来，此为初见"，感叹"殊尤绝迹，岂易易哉"，确是肺腑之言，闻之令人肃然起敬。

《联绵字典》先由京华印书局于1943年1月、7月分上下两部印行，分装十册，书前有黄侃叙、王树枏叙、自叙、凡例、后叙等，书后有跋尾和三篇附录。1946年5月，改由中华书局出版，分为十册，附索引一册。1953年，符定一对《联绵字典》进行审订时，他请毛泽东题词。同年7月7日，毛泽东回信曰："宇澄先生：今日收到惠书，说尊著《联绵字典》再版嘱为题词事。我对尊著未曾研究，因此不可能发表意见。所谓'秦皇汉武'之业，大概是先生听错了。先生是著作家，似不宜与古代封建帝王的事业作类比。方命之处尚祈鉴谅为荷。毛泽东"毛泽东虽然没有题词，但却为该书题写了书名。1954年2月，用毛体字作封面的《联绵字典》由中华书局再版，分作四册；至1983年1月第3次印刷，再版本已发行近三万册。台湾中华书局则在1979年5月出版《联绵字典》台五版，分为三册。

对于《联绵字典》的编撰，熟谙其初始过程的现代语言文字大师黄侃曾说："君书凡例，事事允当，语语内行。湖南人治学，从未有精核若此者。""湖南人著书而能有此，洵为异事。"据记载，黄侃还在阅过符定一书稿后登门造访，"入室后，正立向余打躬三，从容言曰：今日论学，君为吾兄。即本师章氏，著作未若君之巨也。吾初以湘人著书，不过尔耳。今君书体例精详，六经皆注脚，邹汉勋后，突出此作，魏、王、皮、叶，瞠若乎后矣"。此后，黄侃还对符定一说："冯桂芬死，下江无人，吾两人勿庸客气，下江学术，溯江而上，往两湖去矣。"由此可见黄侃对于《联绵字典》赞誉之高。

符定一四百多万字的《联绵字典》集历代联绵字收录与研究之大成，在联绵字研究方面的成就远远超过了前人的有关著作，以独立的姿态与恢宏的面貌，正式走进中国语言文字学的殿堂，饮誉语言文字学界。符定一也因为以一人之力，费三十年之功，完成这部皇皇著作，被誉为中国小学史上"古今一人"。

首任馆长

1951年7月29日，在北京北海公园静心斋，聚集着26位德高望重的长者，他们平均年龄70岁，最年长者90岁。有清末翰林、进士、举人；有名学者、名画家、名医师，多是民主党派、无党派人士以及社会名流。尽管当日天气炎热，但是先生们均身着正装和长衫，之所以如此隆重，是由于他们盼望已久的中央人民政府政务院文史研究馆在这一天正式成立了。时任政务院副总理的董必武到会致辞，称此次盛会"自古以来罕与其匹"。他引用庄子的话"其作始也简，其将毕也巨"，预言文史研究馆的工作大有发展的前途。

作为国家礼遇贤达的养士之地，文史研究馆是一个非常特殊的机构，不仅在民主政治领域具有非常重要的意义，也充分体现了毛泽东及其共产党人对文化、对老年知识分子的尊重。其实早在1948年10月，毛泽东在西柏坡与到访的符定一就曾谈起将来进城后要设置一个机构，对德高望重的老年知识分子妥善安排，发挥他们独特的作用。1949年12月2日，毛泽东致柳亚子先生信中又提及设立"文史机关事"。此后，毛泽东、周恩来多次同符定一、柳亚子商谈筹建这个特殊的文史研究机构——中央文史研究馆。

毛泽东对于这个特殊的文史研究机构非常重视，又因为文史研究馆必定是群贤毕至之地，必须有一位德高望重的长者以执牛耳方能服众，便想请老师符定一出任首任馆长。在一次家宴上，毛泽东说出了自己的想法，只是符定一却不太愿意接受。符定一觉得这是个闲职，无非是有文（文化）、老、贫（生活贫困）资格的人就能当了。毛泽东笑着解释："不光文、老、贫，还要德（德高）、才（才干）、望（威望），这事还需要您这样有学问和德高望重的人担当啊！"在毛泽东的诚恳请求下，符定一才欣然领命。

在筹备中央文史馆期间，符定一尽职尽责地投入工作之中，他了解到有些饱学博识之士，因为遗留原因，家庭生活十分困难，有些甚至无以为炊。他们不想白向政府伸手，希望符定一向毛主席提个建议，尽快将中央文史馆建起来，以便有个为国献力的地方，又有个谋生的收入来源。1951年6月，符定一给毛泽东写信，信文如下："润公主席：启者：一般旅京老人生计困难，去岁以来，他们因我公关怀，有设立养老机构之意，风声所播，彼等不胜欣喜之至。去岁下半年，周总理秉承德意，屡次向本人表示，决定由政务院设立文史研究馆。本人遂邀集若干老人坐（座）谈数次，征求众意，并陈述老人对于文史馆研究的办法。周总理办事热心，毅然负责，去岁冬季，派齐燕铭秘书长设立文史研究馆的筹备处。筹备处总司其事者齐秘书长，助理齐秘书长者为屈武主任，文史馆筹备事务者为王笑竹。据王笑竹说，现时文史馆事已筹备齐全，只要主席一批，即时可以开馆。近几天，这些老人本身疗饥无术，对于文史馆望眼欲穿，群来向我询问，逼我向主席催请，并说：催请如无效，主席自有个答复使老人有所遵循。有人说，若因文史馆的职员不能定，遂使文史馆迟延开办，则请政府先发表一批老人名单，先期照单接济，免得老人缘门乞食。以上所说老人的话，居多情词恳切，不得不据以上闻。总而言之，文史馆究竟能办与否，请明以告我。万一有困难须面语者，请派车来接我即趋前聆教可也。此致，敬礼。符定一谨启。六月廿三日"

毛泽东接信后，对符定一极端负责的精神深表赞佩，对这些生计困难的老学者，毛泽东和自己的老师一样深表同情，立即在符定一的长信上批示道："请齐燕铭办。生计太困难者，先行接济，不使挨饿。"中央人民政府办公厅主任、政务院副秘书长齐燕铭同志接到毛泽东的批示后，立即想方设法拨出一批专款，使那些拟聘为中央文史馆馆员的老人的生计问题很快得到了妥善解决。政务院文史研究馆成立后，符定一以首任馆长的身份积极参与文史研究馆的工作，带领包括前清遗老、民国贤达以及著名学者在内的馆员们修史编志、著书立说、挥毫泼墨等各展其才，使他们老有所养，也老有所用，为新中国贡献余热。

由于文史研究馆馆员在当时的文化、艺术界有着很崇高的声望和地位，同时，中央文史馆馆员由时任总理周恩来亲自聘任并颁发聘书，地方文史馆馆员则由时任省长聘任并颁发聘书，文史研究馆一时成了文人士子们的向往之地，这在当时可谓是一道亮丽的风景线，也在文化界和各大民主党派、无党派人士间传为佳话。符定一作为中央文史研究馆第一任馆长，始终牢记毛泽东对他说的"六字真言"——文、老、贫、德、才、望，并将之作为入馆的标准，严格执行，符定一认为达不到标准的，不管推荐人是谁，他都不讲情面。

中央文史研究馆成立后，已过半百的李淑一正在长沙任教，生活得很清苦艰难。她听到了这个消息，便托人找到了毛泽东，表达了想到北京去当文史馆馆员意愿。只是她没有想到，这件小事，却给毛泽东出了一个大难题。

1954年3月2日，毛泽东思虑再三，给秘书田家英写了一封信，信的内容是这样的："李淑一女士，长沙柳直荀同志（烈士）的未亡人，教书为业，年长课繁，难乎为继。有人求我将她荐到文史馆为馆员，文史馆资格颇严，我荐了几人，没有录取，未便再荐。拟以我的稿费若干为助，解决这个问题。未知她本人愿意接受此种帮助否？她是杨开慧的亲密朋友，给以帮助也说得过去。请函询杨开智先生转询李淑一先生，请她表示意见。"

对于李淑一的托情，毛泽东不是不想推荐，而是不好意思再推荐了。在推荐文史馆员的事情上，毛泽东选择了知难而退。文史研究馆是毛泽东一手创建的，可是推荐馆员却是"数荐不纳"，荐了几个都没有被批准，由此可见伟人毛泽东的风度胸襟和对自己老师符定一的尊重，也可见符定一在文史研究馆馆长任上表现出的"文史馆资格颇严"的严谨工作作风。

古人崇尚"三立"：立德、立功、立言。作为从湖南衡山乡村走出来的符定一先生有着传奇的一生，当然，他也不是完人，但就"三立"而言，他却实实在在地做到了。他在湖南兴办教育，先后执教数十年，探索新式教育之路，培养国家栋梁之材，他与毛泽东师生情谊笃厚，能在危急之下舍身相救，可谓立德；他投身革命事业，加入反蒋阵营，在解放战争中献计——"先武攻天津卫，后文取北平城"，新中国成立后担任中央文史研究馆馆长等职，为革命事业和新中国建设作出了杰出贡献，可谓立功；他潜心学问和文字学研究，著述等身，鸿篇巨著《联绵字典》付梓后，填补了历代字书之缺略，被誉为中国小学史上"古今一人"，可谓立言。能得"三立"者，可谓不朽，符定一这位毛泽东的老师，正是一位不朽之湘贤。

撰稿：胡智勇

▶ 杨东莼:
本色是书生

杨东莼是湖南醴陵人，曾任国务院副秘书长和中央文史研究馆第三任馆长。周恩来总理对于这位老部下有三个评价：一是"杨东莼在广西，力足敌十万健儿"，二是"学识渊博，胆小如鼠"，三是"既是老革命，也是新党员"。如何理解周总理对杨东莼的不同评价？杨东莼自己是否认同这个评价？杨东莼到底是什么样的人？让我们重温历史，走进杨东莼的那个时代。

少年学霸

醴陵属于湘东地区，常与浏阳和江西的萍乡连在一起，统称"萍浏醴"。这个地方在中国近现代史上是一个现象级的存在，从这里走出了很多近现代史上叱咤风云的人物。1900年，杨东莼出生在渌江逶迤流过的河西西山史家老屋的一大户人家。他在醴陵接受私塾启蒙后，便被在长沙任新军第四十九标管带的父亲杨策送到当时全省最好的学校明德学堂读书。1915年春，杨东莼考入长郡中学，与李富春、郭亮同班，并开始学习德语，为以后他从事翻译工作打下了坚实的基础。中学三年级时，杨东莼看到了梁启超创办的时政杂志，受到了《饮冰室文集》很大的影响，开始模仿这一类文体做文章。"我就专门考北大，不考别的学校"，毕业前夕，他没有听从彭国钧校长的建议投考上海医工专门学校学医，而是义无反顾地报考了北京大学。1918年，他如愿来到北大，与湖南老乡邓中夏成为同学，两人朝夕相处了三年。他接受了五四运动的洗礼，四十年后，杨东莼在回忆北大生活时感慨地说：

"五四"时代的北京大学较为集中地反映了这个历史阶段的时代精神。当时的北京大学校长蔡元培先生采取了兼收并蓄、自由讲学的教育方针。在北京大学的讲坛上，有不同的学派在那里唱对台戏。其中有：经今文学和经古文学，白话文学和旧文学，马克思主义和实用主义、印度哲学、宗教哲学，马克思主义经济学和资本主义经济学，等等。那时，我们急迫地贪婪地吸取一切从外国来的新知识，从科学的社会主义一直到工团主义、基尔特社会主义和无政府主义，不分青红皂白，反正是一把抓，虎咽狼吞。从马克思、恩格斯、列宁到康德、尼采、罗素、杜威、托尔斯泰、易卜生、克鲁泡特金这些人的学说和理论，对于我们几乎都有同等分量的诱惑力和吸引力。外国学者来北京大学讲学的，前后有杜威、罗素、杜里舒、葛利普诸人，不论讲演的内容属于文科性质或者属于理科性质，也不论听得懂或者听不懂，只要有人讲演，听众总是把北河沿法科大礼堂挤得满满的。在这许多学派中，在这许多主义中，在这许多学者中，彼此间究竟有什么本质上的分歧和界线，我们大多数人是不甚了解的，甚至有不少人也并不想去了解，……"渴极思饮""饥不择食"，正是当时的写照。

杨东莼在这样的环境里如饥似渴地学习，其语言文字天赋得到充分的开发，在德文、英文之外，他又开始学习俄语和日语，并尝试翻译一些德国哲学名著，得到了老师胡适的垂青和认可，胡适还帮他校改了泡尔生的《哲学概论》，劝他另择其他的书翻译。1921年，上海《时事新报》副刊《学灯》主笔李石岑是杨东莼的同乡，他知道杨的德语好，对哲学又有浓厚兴趣，便邀他翻译海克尔著作。9月8日至25日，《学灯》刊登了杨东莼翻译的海克尔《生命之不可思议》的部分章节《生命的渊源》等。这是杨东莼在介绍德国哲学原著上的小试牛刀，但如果我们认为杨东莼是有志于做象牙塔内纯粹学者的话，就大错特错了。他与北大同学共同发起欢迎湖南省驱逐张敬尧的北上请愿代表的活动，在湖南会馆见到了毛泽东。已经站在了李大钊提倡的马克思主义阵营的杨东莼，对北大实施的精英主义教育、校园弥漫的闲适自由的贵族风气没有好感，他加入马克思主义学说研究会，发现了马克思主义的社会改造功能，参加北大平民演讲团，发现了民众的集体变革力量，他开始对与唯物主义有很大关联的生物进化论产生了浓厚兴趣，并加入了唯物论哲学的布道者行列，立志改造社会。

从翻译起步的学术研究

从北大开始的翻译活动，让杨东莼对哲学研究一直保持着浓厚的兴趣，康德的伦理主义思想给他很多的启迪。他为《民铎》杂志写了《实践理性批判梗概》，继续翻译泡尔生的著作《哲学概论》，俨然成了专栏作家。回湖南后，他开始运用马克思主义唯物史观解释中国历史的变革大势，出版了《顾颉刚编现代初中本国史参考》《中国近代史参考资料（近世条约）》。在《怎样研究本国史》中，他提出了七项建议，强调"须知所谓方法，多半是从经验中体会得来的，决不是由冥想产生的。所以愈加留心研究的人，经验愈多的人，他的学习方法也就比较地多，如果专门学习方法，不去从经验中体验，这方法也是无用的"。

杨东莼流亡日本的三年，翻译成为他的主业。除了翻译狄慈根的《人脑活动的本质》（又名《辩证法的唯物观》）、《论逻辑书简》、《一个社会主义者在认识领域中的漫游》、《哲学的成果》外，他曾先后翻译出版恩格斯的《费尔巴哈论》、德波林的《斯宾诺莎与辩证唯物主义》。他还与弟弟杨人梗一道，校阅了克鲁泡特金的名著《法国大革命史》。

最能体现杨东莼翻译家成就的还是摩尔根的《古代社会》。一次偶然的机会，他看到了芝加哥柯尔公司《古代社会》英文通行本，这对学习马列主义是一部有重要参考价值的书，对于原始社会的研究更是一部重要的著作。在当时严密文网的控制下，以世界名著的面貌把这部书翻译出来介绍给中国读者，既是一条较易通过的"捷径"，又是一项最为扎实的理论奠基工程。这部书由李达拍板，上海昆仑书店在1929年、1930年分上下两册出版。《古代社会》对20世纪30年代中国左翼文学思想具有示范性意义。杨东莼1931年成书的《本国文化史大纲》，就是运用摩尔根的理论重新解释中国史，用典型的摩尔根进化史框架重新构建了中国社会从原始经济到近代商业、从氏族到政治社会、从神话经先秦诸子到新文化运动的历史进程。

《中国学术史讲话》则是杨东莼做研究工作的扛鼎之作，一部与梁启超《论中国学术思想变迁之大势》、钱穆《中国近三百年学术史》和王伯祥《中国学术思想演进史》一样厚重的著作。这部书贯通古今，从原始社会学术思想的萌芽，到新文化运动，都作了简要的论述，充分运用了变的观念、交融的观念和批评的观念，非常难能可贵。杨东莼首先讲清了中国学术思想变迁的大势，即从春秋战国的"百家争鸣"到西汉的"别黑白而定一尊"，是学术思想的第一变；自汉至魏晋南北朝，学术思想发生第二变；至隋唐而佛教思想极盛，佛教各宗的理论对中国传统的观念起了很大冲击作用，于是学术思想发生激变，儒学汇合老庄、佛学转变为宋代的理学，这是中国学术思想的第三变；到清朝，新汉学的正统派，是古文学家的朴学，但之后清朝统治者大兴文字狱，法网日密，学者们丢弃了清初顾、黄、王"学以致用"的传统，专门在故纸堆中去找生活，乾隆、嘉庆年间，这一学派几乎取代了理学，这是学术思想上的第四变。其次，它最突出的特色在于，在大变中又写出了若干小变，注意论述各流派思想混合的大势。如对东汉的古文经学与今文经学的对立与交融，魏晋之后儒与佛、道与佛、道与儒的对立与交融，清代的汉学与理学、古文与今文的对立与交融，以及晚清时代西方学说对今文经学的影响等，均有细致深刻的论述，体现了杨东莼深邃的历史眼光、融会贯通的写作能力。最后，《中国学术史讲话》对中国两千多年的学术思想演进各阶段的论述，进行了批判性的科学总结。如《中国学术史讲话》指出：清代的黄金时期要数康、雍、乾三朝，到嘉庆时，"内乱"接二连三地发生，清朝的统治已经动摇。道光后期，帝国主义列强侵略中国，国势岌岌可危。在这种形势下，以前盛行的朴学，已不能适应现实的需要。于是，今文经学便以新的姿态出现。这一派的代表人物，前一时期是龚自珍、魏源，后一时期是康有为、梁启超、谭嗣同。由于时势不同，康、梁、谭所起的作用更大，他们以救国图存为己任，掀起了一场变法维新运动。杨东莼对康有为的《新学伪经考》《孔子改制考》《大同书》三部重要著作进行了客观辩证分析，指出康有为不得不受制于当时形势之需要，政治上要依附封建统治者去进行自上而下的改革，就是在思想、观点上，也必须利用今文经学来表达。正是这种依附性，所以康有为的学说就不能摆脱传统观念的羁绊。杨东莼在《中国学术史讲话》中直称康有为、梁启超二人"适成为清代思想史之结束人物"，这样的认识在20世纪30年代已经达到了很高的学术认识水平。杨东莼的这部著作，确实达到了"通古今之变，成一家之言"的高度。

不是广西籍的"广西人"

杨东莼还是一位出色的教育工作者，其官员、学者、教师三种身份，以当教师的成就最高。作为一位湖南人，他一生三次与广西结缘，成为新旧两个不同时期广西教育事业的主导者和参与者，被誉为不是广西籍的"广西人"。

1930年，桂系军阀李宗仁、白崇禧在蒋桂战争失败后退守广西，以"建设广西、复兴中国"为号召，提出"三自三寓"政策，训练人才，推行新政。广西师范专科学校的创办，正是桂系培养新政人才的一项重要措施。1932年夏天，通过醴陵老乡刘斐和时任广西教育厅厅长李任仁推荐，在广州中山大学执教才半年的杨东莼赴邕，担任广西省立师范专科学校（简称广西师专）校长。杨东莼接任后，在学习上提倡自由研究的学风，生活上主张养成集体主义的作风。他利用各种场合，用马克思主义哲学分析各种实际问题，在课上讲授辩证唯物主义理论，有时他还利用课余饭后，在宿舍、路旁和学生们交谈，他言辞锋利，亦庄亦谐，态度平易近人，听者不是鸦雀无声，便是满堂大笑，给人印象很深。往往在旁的学生都来围听。有个学生打趣说："又围着看什么把戏？"有些学生还亲切地叫他"杨把戏"。他主校期间聘请了许多思想进步、学有专长的学者到学校任教，如经济学家薛暮桥、语文学家陈望道、历史学家邓初民、哲学家马哲民以及左翼作家夏征农、沈起予、杨潮等，都在广西师专教过书。广西师专的第一、二届办得虎虎有生气，培养了广西革命运动一批忠勇战士和广西中等教育的一批骨干力量，实际上杨东莼把师专办成了宣传马克思主义的重要阵地和培养广西革命青年的摇篮。杨东莼的办学理念，也引发了部分教授的不满，有人讥讽杨东莼："我很佩服湖南人，湖南人来广西谋生的很多，挑一担灯草，也可以到处找饭吃，广西几乎成了湖南人的殖民地。"1934年5月，由于杨东莼的办学思想和桂系的意图相左，加之他聘请了大革命时期第三军的党代表、著名共产党员朱克靖为师专教务长，被白崇禧发现后，终于为桂系所不容，被迫辞去广西师专校长职务。

杨东莼在广西师专短短三年的教育实践，为他赢得了会办教育的好名声，即便反对他的人也不得不认同。几年后，他迎来了又一次到广西工作的机会。

1936年"两广事变"爆发，南京国民政府用分化手段解决了广东问题，把广西孤立起来。为了增加政治资本，李宗仁一面争取与李济深、蔡廷锴合作，一面电邀救国会领导人沈钧儒入桂共商国是。杨东莼作为沈钧儒代表到达广西。在南宁，杨东莼向李宗仁等介绍了全国抗日救亡的形势，传达了救国会坚持抗日民族统一战线的立场，要求桂系促蒋共同抗日。1938年冬天，杨东莼遵照周恩来指示入桂。由李任仁推荐，在桂林筹建广西地方建设干部学校。

广西地方建设干部学校校长由省政府主席黄旭初兼任，杨东莼任教育长，实际校务由教育长全权负责。杨东莼当时是共产党员，他的工作直接由八路军驻桂林办事处主任李克农领导，所以，干校的教育训练工作，实际上是共产党领导的。干校筹备工作开始时，八路军驻长沙办事处主任徐特立因公到桂林，杨东莼立即在寓所邀请徐特立作关于解放区的报告。杨东莼参照解放区干部教育的经验，从办校方针、教学内容、实习活动、读书方法、生活管理、军事训练等方面进行全面革新，把干校办成了一个广西抗日民主运动的阵地，相当于在广西办了一个延安式的"抗大"。当时，全国各地流亡到桂林的共产党人和进步人士，有不少人在干校担任教务领导、辅导员或指导员，胡愈之、夏衍、千家驹等都先后被邀请到干校作专题报告。1940年5月，叶剑英在衡山南岳游击训练班讲课完毕后路过桂林，也应杨东莼的邀请，到干校作了题为《积小胜为大胜》的报告。叶剑英向师生们分析抗战形势，介绍各解放区军民抗日游击战争的战绩，并针对当时的"速胜论"和"悲观论"，讲述了解放区抗日斗争的实际事例，阐述了共产党的抗日方针、政策。干校自1939年2月开办，到1940年年底结束，为期两年，总共举办训练班4期，结业学生1402人，还开办了特别训练班4期。从干校毕业出来的学生，后来有一大批成为共产党员，有的人在抗日战争和人民解放战争中献出了宝贵的生命，有的人在各条战线上积累了丰富的实践经验，全国解放后担任领导工作，有的人成了国内享有盛名的专家学者。1940年6月间，国内政治形势开始逆转，已处于国民党第二次反共高潮的前夕。广西地方建设干部学校因为政治倾向太明显，受到各方注意，杨东莼被迫辞职，改任省政府参议，1941年年初他离开广西，转赴香港。

1943年年底，李宗仁在检阅第五战区部队时皱紧眉头训话："为什么杨东莼训练的干部如此成功，你们训练的干部这样蹩脚呢？"李宗仁曾经是杨东莼的"老板"，这番话无疑是对杨东莼的高度肯定。新中国成立后周总理说"杨东莼在广西，力足敌十万健儿"，就一点也不奇怪了。

新中国刚一成立，周恩来就单独接见了回到北京参加全国政协一届一次会议的杨东莼，并在工作安排上提出了两个方案：任上海市教育局局长或者广西大学校长。因为即将回广西工作的张云逸主席力邀，杨东莼再三思考后毅然到了条件比较艰苦的广西，开始了他第三次为广西教育效力的传奇人生。在广西大学校长任上，从解放接管、恢复教学、调整院系到学校纳入正轨，他事无巨细，亲力亲为，完成了从职业革命者到教育家的华丽转型。

既是老革命，又是新党员

周总理曾说杨东莼"学识渊博，胆小如鼠"，"既是老革命，也是新党员"，让很多人困惑不解。杨东莼是一位彻底的革命者，但他又三次脱离党组织。他受陈独秀、李大钊等名师亲炙，在长沙入党也是毛泽东监督，是老资格的早期共产党人，同时他又是一名知识分子和学问家。在辅仁社1920年1月28日北京陶然亭十人合影中，他站在最右边，毛泽东位于左四，邓中夏左五，罗章龙左六。他虽然没有拿枪冲锋的沙场经历，但他的一生又在战斗。历史是复杂的，社会是多面的，因而表现在杨东莼的身上又不仅仅是简单的一面。

据杨东莼的次子杨慎之回忆，周总理曾语重心长地对杨东莼说："你不能再打游击了，应该归队；现在你应该把红旗插起来啦！从来只有个人找党，没有组织来找个人。"

杨东莼在北京大学参加五四运动，开始接受马克思主义。1920年，他与邓中夏、罗章龙等人组织"北京大学平民教育演讲团"，其后在中国劳动组合书记部的具体领导下，随邓中夏、罗章龙、吴汝明等深入长辛店铁路工人群众，开办劳动补习学校，广交工人朋友，宣传革命道理。1920年3月，杨东莼与邓中夏、罗章龙等参加了由李大钊直接领导的"北京大学马克思学说研究会",成为该会19个发起人之一。1923年7月,杨东莼在长沙参加中国共产党,是中国共产党的早期党员和社会活动家之一。1925年春,湖南省总工会成立,应郭亮之邀,他担任湖南省总工会宣传部部长,并兼长沙工人日报社社长。通过郭亮的介绍,他被恢复了一度脱离的党组织关系。1927年夏初,许克祥反革命屠杀的端倪已见,杨东莼也大体获得了险恶的讯息,但他仍然镇定地编发最后一期报纸,随后潜赴汉口,出席第四次全国劳动代表大会,任宣传处主任后被派往第十五军任政治部秘书。因被告密,他离开了部队,又一次失掉了组织关系。

1941年12月,珍珠港事件发生后,抗日战争形势进入了一个新的阶段。杨东莼和许多著名文化人士一道,在党组织的保护下,辗转进入重庆。当时同是中共地下党员的徐明诚也到了重庆,杨东莼又与组织取得了联系。徐明诚离开重庆前对杨东莼说:"此时没有什么特殊任务,最要紧的是自己随时随地警惕,不要为反动派所伤害。"此后,杨东莼担任了国民政府军事委员会政治部设计委员,第三次与党组织失去联系,不过,这一次特殊情况下参加军委政治部的工作,已得到党组织的许可。

杨东莼三次与共产党失去组织上的联系,是不是小资产阶级知识分子身上软弱性的表现呢?不能简单地看,它只是一种人性的反映。比如说,1922年他南归故里结婚,任醴陵西山县立渌江中学校长。李大钊曾经写信给他,称"匈奴未灭,何以家为",促其继续参加革命。他没有听从老师的教诲,而是选择了服从父母生前指定与醴陵史家的婚约。在传统乡土社会,这种婚约谈不上个人幸福,只是成全两个家族在当地的名望。悲剧的是,这次婚姻与鲁迅、郭沫若和周扬等人的经历一样,留下了人生的遗憾。他流亡日本后回国，被国民党通缉，一直过着颠沛流离的生活，其间曾被只有十六岁的冯曼莹所救，杨东莼后来又将她拯救出火海，帮她治病，两人之间渐生感情，后经组织批准，两人共同生活在一起。杨东莼的第二段婚姻出自患难与共的友谊，他的身上也没有很多文化人喜新厌旧的毛病。学校同事说："杨校长只吃夫人做的饭菜，从来不在外面吃饭应酬。"他们夫妻的深厚感情在朋友圈中被传为美谈。

杨东莼虽然几度离开党组织，但他也一直在组织的外围从事进步的事业。在香港，他与邹韬奋、范长江、金仲华等组织了全国救国会海外工作委员会，并与邹韬奋全力承担会务。1941年12月，日本袭击美国在太平洋的海军基地珍珠港，杨东莼和许多著名文化人士一道，辗转入川，先后在内迁乐山和成都的武汉大学、四川大学、华西大学、鸣圣学院担任教授，1948年8月又转任厦门大学教授。杨东莼在四川各大学执教共七年，正是抗日战争接近胜利的艰苦时期。他利用讲授中国政治思想史等课程的机会，鼓舞学生坚持抗战、迎接胜利，他支持进步师生追求民主、反对内战的群众运动，他还向学生系统地宣传马克思主义的历史观。他自始至终全力支持学生的革命活动，在武汉大学时，他为学生的正义斗争提出了许多充满辩证法精神的意见，"主张不怕硬，方法不怕软，心脏不怕热，头脑不怕冷"。杨东莼的这些意见，对武汉大学学生开展"反内战、争民主"活动起了重要作用。1944年，杨东莼在武汉大学师生五四运动座谈会上发言，公开主张要继续高举"德先生"（民主）和"赛先生"（科学）两面旗帜，发扬光荣传统。杨东莼授课时寓庄于谐，旁征博引，援古例今，议论精当，鞭辟入里，有强烈的鼓动性和极大的说服力。他的家里几乎每夜都坐满了武大师生，或请益学术，或纵论形势，或商量工作，或研讨斗争。

1948年冬，杨东莼离开厦门大学秘密出走香港。其时，在共产党领导下的达德学院院长北上东北解放区参与筹备全国政协，香港的党组织和各民主党派协商后，一致认为由达德学院校董会聘请杨东莼代理院长最为适宜。杨东莼"明知山有虎，偏向虎山行"，他积极负责地办好了这所新型的革命大学，亲自讲授历史课，并作政治形势报告，号召师生做好精神准备，为迎接全国解放、建设新中国而努力。1949年2月23日，港英政府下令撤销达德学院注册，强迫停办。杨东莼周详安置了全院师生，处理了一切善后事宜，旋即转入香港《大公报》任顾问。

画好最大的同心圆

杨东莼是统一战线的重要领导人。他在与党组织失去联系后，实际上是在做统战工作。他是知识分子的知心朋友，是民主促进会的重要领导人，他在统一战线工作中取得了很大成绩，积累了丰富的经验，可以说是一个典范。

在知识分子问题上，杨东莼有自己的见解。他认为，由于特殊国情的决定，在旧中国知识分子群体中，除极少数人依附于反动派以外，绝大多数都处于被压迫的地位，所以他们是爱国的，是能够接受社会主义前途并为之献智出力的，新中国培养出来的知识分子群体，更应该是热爱党、热爱国家、热爱社会主义的。至于知识分子世界观的改造，则是一件艰巨的、和风细雨的工作，需要一个长期的锻炼过程。在这里，一切对知识分子的无端贬抑、侮辱甚至摧残，都会给党和人民的事业带来莫大损害。他拥护毛泽东在《大量吸收知识分子》中所规定的方针，认为这是一个必须长期执行的方针。他赞成周总理1956年所作的关于知识分子问题的报告，赞成陈毅副总理1963年在广州会议上的讲话，不愿苟同那种轻视和伤害知识分子的粗暴做法。他在1959年8月至1966年5月任国务院副秘书长期间，主要也是联系统战口和民主党派的工作，他本人的特殊经历和修为，使其在广交朋友的同时也赢得普遍的尊重，丰富了统一战线的理论和实践。

对于学有专精、业有专长但又存在某些缺点的知识分子，杨东莼总是尽力之所能，去做一些据他说是近于"保护"的工作。在政治运动波涛汹涌接踵而至的那段历史时期，他的方法之一就是在运动之前以老朋友的身份去和知识分子谈心吹风，让他们在思想上有所准备，不至于在急风暴雨的批判前惶惑不知所措。对于个别体弱多病的知识分子，杨东莼还用尽心思让他们取得适当机会回避一下。石声汉教授是庚款留英的第一届高才生，专攻生物，为人诚实不欺，敏悟非凡，有学贯中西之誉。可是他不修边幅，懒于世故应酬，耿介直爽几乎到了落落寡合的地步。为了使他在运动中不受伤害，杨东莼千方百计下功夫"保护"他，使他后来在整理农学古籍，包括《齐民要术》等名著时，作出了特别可贵的贡献。1963年以后开展的某些所谓"学术讨论"，实际上是不讲道理的围攻批判，对此，杨东莼十分反感。报刊上点名批判周谷城、夏衍、孙冶方，他偏偏要在各种场合大谈自己和这些同志过去的共事、交往和评价，隐约地流露出由衷的惋惜与同情，这甚至可以说是一种十分巧妙的抗议形式。20世纪20年代，长沙中学著名英语教员杨笔钧，桃李满天下，政治清白，为人正直，有口皆碑。"马日事变"后曾帮助杨东莼脱险离湘，并曾掩护柳直荀在长沙的革命活动。杨笔钧81岁时孤身一人在长沙生活，十分困难，杨东莼多方写信陈情，将杨笔钧在湘潭工作的女儿调来长沙伴养老父。向达教授是国内有名的中西交通史专家，1957年反右派斗争时受到了严重冲击，为了"保护"向达，杨东莼向有关方面反复介绍向达的专业成就和他在第三次国内革命战争时期鲜明的政治倾向。原《大公报》负责人王芸生，是杨东莼受命联系的对象，他对王芸生关怀备至，也做了许多"保护"工作。经学家马宗霍从湖南调至北京，任中央文史研究馆馆员，月支100元，待遇骤降，生活困难，杨东莼设法调他到中华书局做编辑工作，使他生活安定，发挥了晚年的光和热。语言文字学家黎锦熙居室逼狭，藏书乱积，无法开展研究，杨东莼四处奔走，替他解决了住房问题。逻辑学家金岳霖重病时得不到应有的照顾，雇板车送医院求治，杨东莼为此大声疾呼。知名爱国人士章士钊，90岁高龄仍在为《柳文旨要》艰难笔耕，杨东莼尽管不同意《柳文旨要》的基本观点和一些牵强附会的古今类比，但是他认为，这么大年纪仍在孜孜矻矻为学术事业贡献余热，难能可贵。因此，他为此书的出版四处联系，使作者在辞别这个世界之前，终于见到了《柳文旨要》精致的大字体印刷版本。杨东莼担任中央文史研究馆秘书长的时候，曾专程从北京到广州看望商衍鎏和陈寅恪两位副馆长。不管是对商老还是对陈老，他总是说："您老人家好！我是代表章士钊馆长来看望您的。"他和商老谈词林掌故，和陈老谈隋唐历史，气氛极为融洽。陈寅恪教授目疾严重，终至失明，又跌断髋骨，他在杨东莼坐定后就发牢骚："我过去左丘失明，现在孙子膑足。"杨东莼应对说："膑足是'莫须有'吧，谁敢对您加以膑足之刑？如果真有这样的人，那他就太胆大妄为了，中央一定会追究的。我觉得您著述中有的考证确是明察秋毫，并且，您是足不出户，知道许多中外大事，您比不少健康的人更健康，这太值得恭喜，值得学习啦！"躺在床上的陈寅恪听后，不禁笑出声来，回敬了一句："杨先生，我早就耳闻你的辩才，真是名不虚传。"事后，杨东莼语人："拜访成功。两位老人都很高兴，高兴可以长寿。这样的老人，爱国，正派，有学问，是人瑞兼是国宝，全国已经为数不多啦！"

杨东莼反对欺老凌幼，力主扶老携幼，他对青年知识分子言传身教，更是热情奖掖扶持，从各方面关心他们的成长。1940年6月，内迁桂林的江苏省立教育学院强迫近十名进步学生转学，杨东莼设法给这批青年以帮助，亲自写信给当时在粤北的广东省立文理学院院长林砺儒，请林砺儒将这批学生全部接收了。对于年轻学者来信请益的书稿，杨东莼总是认真阅读，密点细圈，以商量的态度，提出中肯的修改意见。对于年轻人提出来的困难，只要他能办得到的，他都尽力帮助解决。他个人生活清苦，但慷慨解囊，资助进步青年。所以有许多人说："杨东老真是慈航普度的活菩萨，有求必应。"对于他认为禀赋独厚、勤奋可嘉的青年知识分子，他总是倾注更多的心血浇灌。在"文化大革命"中，杨东莼自己遭受了严重的迫害，但他忧心的仍然是许多善良的知识分子遭受摧残，青年知识分子彷徨失措，教育战线呈现一片荒凉破败景象。他约同胡愈之和周世钊上书毛主席，要求见面反映情况，只是上报了无结果。

杨东莼是一位模范执行党的统一战线政策的活动家。他经常说："无产阶级只有解放全人类，才能最后彻底解放自己。无产阶级政党的统一战线政策，就是在这个理论基础上产生出来的。其目的则是最大限度地团结一切可以团结的人，把最顽固、最反动的一小撮敌人驱赶到最狭窄的地带里去，充分孤立他们，以取得和扩大斗争的胜利。"他在这个领域中的成绩并不是在理论上有什么独创，而是在实践中颇具特色。他提倡广交朋友，在学术文化界、政界、军界，在各个不同时期中，利用老朋友关系，顺利地进行工作，做了很多一般人难以做到的事。他总是谦谦蔼蔼，有仁者风，以平等待人的原则对待统战对象。他最反对某些人那种居高临下，以改造者、教育者自居的奇怪现象。在和党外朋友谈话的时候，他总是聚精会神，回答问题也经过缜密思考。他经常教育做统战工作的年轻干部"和年纪大的党外朋友谈话，要认真听，不要走神，不要打断人家的思路，随便插话，不要未经同意就掏出笔记本做记录，不是确实憋不住时不要离座解手。这是必要的礼貌。你要人家尊重你，首先你就得尊重人家"。章士钊先生的骨灰盒从香港运回北京，在机场迎接时，有一位并不很年轻、地位也不算低的干部面露极不严肃之情，杨东莼后来批评这位干部说："并不要求你啼啼哭哭，但也不能嘻嘻哈哈，这叫做失态，党外朋友看了会产生反感和恶感，甚至会感到寒心的。"他待人以诚，他总是说你要人家掏出心窝里的话来，你就得讲心里话，不然感情就不可能交流。党外朋友有所请求，铁定有把握的事他就慨然应承，无把握的事就委婉说明原因，从不轻诺寡信。1947年，国民党军占领延安时，杨东莼向某些人物策反，得到的反应比较冷淡，但他不把门关死，以克制和等待来显示诚意。他对几十个对象发出了空白信，信封上写明自己的通信处，信封内不着一字，意思是想过来了，以后仍可保持联系。到淮海战役结束，不到十天，他就收到了许多封态度截然转变的回信。针对某些朋友还心存幻想，他就用毛笔写上一句话："君之视臣如草芥，则臣之视君如寇仇。"他用这样的诚恳态度敦促这些朋友弃暗投明，脱离反动阵营，收到了很好的效果。他主张做统一战线工作的干部，不仅要懂得业务、政策，而且要争取多懂得一些各类专门知识，其中最重要的则是哲学、历史、文学、艺术和社会生活知识。

徘徊在政治和学术研究之间

由于客观原因和个人性格，在特殊的年代，杨东莼同党的关系有过时断时续，但即使在脱离党组织的时候，他的心也总是向着党。新中国成立后，周恩来在北京单独接见了杨东莼，说："现在你应该把红旗插起来啦！从来只有个人找党，没有组织来找个人。"杨东莼不无内疚地告诉亲友："周总理说的'见多识广'对我是一种鞭策，'胆小如鼠'则是痛下针砭，是忠言良药。我是一个孤儿出身，我再不能失去政治上的母亲，一定要认真总结教训，积极争取插上红旗。"杨东莼一方面积极执行党的知识分子自我改造政策，并且把自己摆进去，讲清了三次离开党组织的经过。而他自己无论是在广西大学、华中师范学院，还是在国务院副秘书长任内、在中央文史研究馆、在中国民主促进会和全国政协，都能兢兢业业，勤勤恳恳，为党工作。1961年9月，由中共中央统战部介绍，他重新入了党；另外出于读书人善良的本性，他又非常同情那些因反右扩大化而被打击的知识分子，并竭力施以援手，可以说，这是一段他内心异常纠结的岁月。"文化大革命"爆发后，年过七旬的杨东莼经常在不同场合反对过"左"的做法，在统一战线内部赢得了德高望重的名誉，被人们亲切地称呼为"东老"。

党的十一届三中全会以后，杨东莼看到了党的希望、人民的希望。但这位长者已油尽灯枯，肾脏综合征苦苦纠缠着他，全身浮肿，易于激动，被迫长期住院。从"四人帮"倒台到杨东莼辞世，整整三年，他一直住在医院里接受治疗，但仍然振作精神，重译摩尔根的《古代社会》，为自己的翻译生涯打句号，还抱病出席纪念五四运动老同志座谈会。在他预感到即将离开尘世的时刻，留下遗嘱："我死之后，一、不要搞遗体告别；二、不要开追悼会；三、不要留骨灰。"杨东莼是新中国成立以后第一个提出"三不要"的人，他选择了做一位彻底的唯物主义者。

撰稿：李丹青

▶ 周世钊：
士人风骨　书生本色

周世钊，字惇元，又名敦元，别号东园，湖南省宁乡市东湖塘镇朝阳村（清五都东湖塘石子冲）人。现代著名教育家和爱国民主人士。历任湖南省立第一师范学校代理校长、名誉校长，长沙市人民政府委员，湖南省文教委员会委员，省教育厅副厅长，省人民政府副省长，省政协副主席等职。

周世钊先后当选为第二届、三届全国人大代表，第四届全国人大常委会委员，第一届、二届、三届湖南省人大代表和省人民委员会委员，第一届湖南省政协常委，第二届、三届湖南省政协副主席，民盟中央委员，第三届、四届、五届民盟湖南省委主委。

恰同学少年

1913年春，16岁的周世钊因为家贫辍学，却意外看到一张湖南省立第四师范学校免费招生的广告，大喜过望。经过初试与复试，周世钊被录取编在四师预科第一班。在这里，他遇到了20岁的毛泽东，两人成为同班同学。1914年2月，第四师范并入湖南省立第一师范学校。或许是冥冥之中的缘分，两人又被分在同一个班——师范部一部第8班学习，而且是同桌。周世钊自然不会想到，这位大他四岁的学友日后将改变中国、影响世界。毛泽东身上那一种独立特性的奇逸之气令他欣赏和惊叹。同时，周世钊的才华横溢也深深吸引住了毛泽东。两人于是义结金兰、桴鼓相应，很快成为朝夕相处、无话不谈的好友。

在湖南第一师范，周世钊与毛泽东，两人都堪称品学兼优、出类拔萃。两人有爱好投缘、心灵相通的一面，但更多的是性情性格的互补。毛泽东热情似火，喜读奇书、立奇志、交奇友，周世钊温润如玉，爱好老庄、钟爱文学。1917年，湖南第一师范学友会改选，毛泽东被选为学友会总务（主席）兼教育研究部部长，周世钊被选为文学部部长。同年6月，学校举行了一次"人物互选"活动，评选分为六项：敦品、自治、文学、语言、才具、胆识。12个班575名学生，最后只有34名优秀学生当选。其中票数超过40票的只有毛泽东与周世钊。毛泽东获得49票，名列第一。周世钊获得47票，名列第二。两人可谓一时瑜亮，被同学们戏称为"毛周"。

1918年4月14日，由毛泽东、蔡和森、萧子升等筹备发起的新民学会在长沙岳麓山刘家台子正式成立。周世钊紧跟毛泽东的步伐，加入了新民学会，成为学会第一批会员。

在新民学会成立后三年多时间里，周世钊积极支持和协助毛泽东从事革命活动。他常与毛泽东、蔡和森等一批进步青年聚会，一起研究学术与文化、谈论时代与形势。大家还经常一起爬山、游泳，进行风雨浴、冷水浴、阳光浴，以此实践"文明其精神，野蛮其体魄"。

1918年6月，周世钊与毛泽东从第一师范毕业。此时，正值蔡元培等人大力倡导青年赴法勤工俭学，毛泽东前往北京筹办湖南青年赴法勤工俭学事宜。而周世钊则到长沙修业小学教授国文。

1919年4月，毛泽东从北京返回长沙，找到周世钊，旧友重逢，兴奋不已。周世钊问毛泽东：“你现在住哪里？”此时毛泽东尚未找到住处，他不无幽默地回答：“无家可归。”周世钊便立即安排毛泽东住在了他的房间。后又推荐毛泽东担任了修业小学的历史教员。两人在修业小学的任教生活既艰辛又充实。到了冬天，夜里天寒地冻，于是两人就挤在一张床上互相取暖。

1919年5月4日，五四运动爆发。毛泽东在长沙组织了大规模罢课，成立了省学生联合会和各界联合会，还创办了学联刊物《湘江评论》，自任主编和主要撰稿人，并邀请周世钊担任顾问。周世钊后来回忆：他每每深夜睡醒时，从壁缝中看见在昏暗的油灯下，毛泽东忍受着暑气熏蒸，不顾蚊虫叮扰，还在挥汗疾书。1919年7月14日，《湘江评论》第一期横空出世，随后在短短一个多月时间内出了五期。“指点江山，激扬文字”，一时风行湖南，影响全国。

《湘江评论》被查封后，毛泽东发起驱逐皖系军阀张敬尧的运动，史称“驱张运动”，周世钊积极参与。驱张运动胜利后，他又和毛泽东一起创办“长沙文化书社”，传播新思想、新文化。周世钊还参与了何叔衡主办的《湖南通俗报》，担任编辑，为该报撰写些抨击时弊、宣扬新文化的文章。

从1918年下半年起，毛泽东曾积极筹备湖南学生赴法国勤工俭学，但最后他本人却未选择出国。因何而留，毛泽东曾致信周世钊解释缘由：“我认为求学实在没有什么‘必须去的地方’，‘出洋’两字对很多人来说就是个‘谜’。自清末以来，出洋留学的得有几十万人了吧，结果多数人仍然是糊涂，要么是莫名其妙，好的实在太少。因此，我暂不想出国，暂时留在国内研究各种学问。国内的情形，不可不加以实地调查研究。这层工夫，如果留在出洋回来之后做，因人事和生活的关系，恐怕有些困难，不如现在做了。"

对于毛泽东的选择，周世钊非常理解和支持。1920年6月，周世钊给正在上海进行工读实验的毛泽东写信。信中说："吾兄平时，素抱宏愿，此时有了机会，何不竭其口舌笔墨之劳，以求实现素心之十一？相知诸人，多盼兄回湘有所建白，弟亦主张兄回省。"毛泽东阅信后说："惇元知我。"没过多久，毛泽东便回到了湖南，继续组织开展革命运动。

1920年3月，周世钊的母亲不幸病逝。正在北京的毛泽东听到消息，给周世钊写了一封长信予以安慰，足见周世钊在毛泽东心目中的分量。虽然后来两人事业迥异、地位悬殊，但这份相知相契始终牢不可破，直到他们生命最后的时光。

教育救国

1917年，周世钊在湖南第一师范读书期间，就在学友会创办的工人夜学中教课，这是他教书育人的开端。

1918年，周世钊从湖南第一师范毕业后，由王季范先生介绍，到长沙修业小学任高小二年级主任并教国文课。他以极其认真负责的态度进行工作，不论课堂教学、课外指导或批改课卷，都是一丝不苟。

1921年5月，南京国立东南大学招收特别生，周世钊被推荐录取。在周世钊离开长沙去南京的前两天，毛泽东把他约到了长沙文化书社。毛泽东将陈独秀的来信给周世钊看，陈独秀建议湖南成立社会主义青年团，毛泽东希望周世钊能和他一道，组织和开展社会主义青年团工作。

周世钊考虑再三，还是婉言拒绝了。应该说，周世钊的选择不是心血来潮。他有着不同于毛泽东的思想理念与人生理想。早在1921年元旦，新民学会召开会员大会讨论时，他就发表了他自己的主张。毛泽东等提出以"改造中国与世界"为共同目标，主张走苏俄布尔什维克主义的道路；周世钊则主张应以"促进社会进化"为目标，宜从教育入手，逐渐进步，步步革新。显然，周世钊的理想是从事教育事业，期望"教育成名"，主张"教育救国"，用"教育改造社会"，而不是成为职业革命家。

周世钊的婉拒，改变了他的一生。于是，在历史的长河和时代的蜿蜒曲折中，毛泽东和周世钊走上了不同的道路：一个戎马生涯，一个教书育人；一个执马鞭，一个执教鞭。

1921年6月中旬，周世钊进入国立东南大学教育学院学习，翌年秋转入该校中国文学院中国文学系。1924年，因为军阀混战，他不得不短暂辍学到徐特立创办的长沙女子师范教了两个月国文。1925年，为了筹措学费，他应徐特立之聘，在湖南第一师范教了一年国文。在这段时期，他得以走近一代名师徐特立先生。徐老"对自己学而不厌，对别人诲人不倦"的忘我精神，深深感染了周世钊，也更加坚定了其教育报国的理想。同年，周南女中校长朱剑凡、教务主任李士元也约他到周南兼任一班国文课。1926年，周世钊返东南大学复学。1927年，周世钊从东南大学毕业，回到长沙。随后，他在长沙市明德中学、稻田中学、长郡中学、周南女中任教。

1938年，抗日战争进入相持阶段，长沙首当其冲，成为战争前线，遭到日军狂轰滥炸。为躲避战火，省城许多学校纷纷撤离搬迁。周南女子中学被迫于1938年8月临时疏散到湘潭淦田楼厦。不久，又迁移到当时还十分偏远的湘中小镇安化蓝田（今属娄底涟源）。在学校筹款困难时，周世钊慨然拿出自己的多年积蓄，支持学校搬迁。1939年起，他出任周南女中教务主任，同时教授几个高中班的国文，工作十分繁重。正如西南联大在昆明办学八年，周南女子中学在蓝田办学也是八年。在日寇入侵、中华民族面临生死存亡的危难之际，周世钊等一群知识分子坚定教育救国的理想，在蓝田艰苦办学，让中华文明在这里弦歌不绝。

1945年9月，艰苦卓绝的抗日战争取得伟大胜利。1946年1月，周南女子中学迁回长沙。周世钊回到长沙后，先后在周南女子中学、明德中学、妙高峰中学和湖南第一师范学校任教。1947年7月，他出任长沙妙高峰中学教导主任。他自编国文教材，选用培养爱国主义思想和民族气节方面的内容，收到良好的教学效果。

1949年7月，湖南即将全境解放。湖南第一师范学校校长熊梦飞因是国民党骨干CC分子，辞去校长职务准备逃跑，时任湖南省政府主席陈明仁任命周世钊暂代第一师范校长职务。当时正是暑假，周世钊接到任命后立即到校，组织在校学生成立了留校学生会，白天办民众学校夜间组织巡逻，迎接人民解放军的到来。

8月4日，由周世钊领衔，率湖南第一师范学校等省会各中等学校，在长沙《中兴日报》刊登了《省会中等学校拥护和平主张联合宣言》，呼吁拥护程潜、陈明仁和平主张，并努力促其早日实现。就在宣言发表的当天下午，程潜、陈明仁宣布和平起义。周世钊连夜组织学校留校人员赶制"欢迎自己的军队""中国共产党万岁！"等标语庆祝解放。翌日，人民解放军进入了长沙城，湖南和平解放。

8月6日，周世钊率湖南第一师范校友会向毛泽东发出致敬电。8月7日，周世钊本人也向毛泽东发出致敬电。8月11日，毛泽东亲笔向周世钊热情复电，全文如下：

湖南省立第一师范周世钊先生：

虞电诵悉，极感盛意，目前革命尚未成功，前途困难尚多。希望先生团结全校师生，加紧学习，参加人民革命事业。是所切盼，敬复，并颂教祺。

1949年9月，周世钊被湖南军事管制委员会教育厅正式任命为湖南省立第一师范学校校长。9月28日，周世钊写了一封长信寄给毛泽东，忆及当年未参加革命而深感愧疚。10月15日，毛泽东复信周世钊，对周世钊的教育生涯给予充分肯定。周世钊收信之后大受鼓舞，逢人便说毛主席称他"骏骨未凋"，更加坚定了教书育人的意志。

从1947年开始，直到1976年去世，周世钊先后担任第一师范教员、代理校长、校长、名誉校长，长达30年之久。为了第一师范的建设与发展，可谓殚精竭虑。当时，第一师范因为文夕大火被毁而迁至河西岳麓山左家垅。为方便工作，周世钊长年住在学校，睡在校长办公室的窄床上，偶尔进城开会时才匆匆回河东的家看一下。1950年，他面请毛泽东为第一师范题词。盛情难却，毛泽东为第一师范书写了校牌"第一师范"和题词"要做人民的先生，先做人民的学生"。同年，第一师范迁回城南原址，1968年按原貌修复。其间，周世钊为恢复重建奔忙，多次专程赴京，筹措复建经费，历尽艰辛。

周世钊一生以教书育人为己任，在湖南教育界享有崇高的威望。毛泽覃、廖静文、朱仲丽、廖沫沙等都是他的学生。他的一位学生评价："周先生是长沙有名的国文教员，许多古典名著都能背诵、教课从来不用看讲义，但分析鞭辟入里，引人入胜。学生中没有不喜欢听他讲课的。"尽管周世钊自己家庭经济也比较困难，但是面对一些更加困难的学生时，他总是对他们倍加关心鼓励，还经常拿出自己的工资予以接济，帮助学生渡过难关。

民盟先贤

1927年年初，适逢国共合作，周世钊经徐特立介绍加入中国国民党，任《南岳日报》编辑。同年5月21日，长沙发生"马日事变"，国共合作彻底破裂，周世钊拒绝撰写反共文章，决然从报社辞职，且未参加国民党的重新登记。1946年，他正式脱离国民党，此后一直是群众的身份。

1950年9月，周世钊应邀进京参加国庆典礼，见到了阔别23年之久的毛泽东，他提出要加入中国共产党。毛泽东说，现在全国解放不久，共产党对知识分子和农村发展党员采取慎重的态度，吸收党员比较少，你最好先参加一个民主党派。民主同盟是知识分子的组织，你参加民盟更好。

1951年2月，周世钊加入了中国民主同盟，任民盟湖南省支部委员。1953年，他当选为民盟中央委员。1955年，周世钊出任湖南省教育厅副厅长兼湖南第一师范校长。1957年，他担任了民盟湖南省委领导小组第一召集人。1958年，周世钊出任湖南省人民政府副省长，并被选为民盟湖南省委第三届委员会主委。此后，他继续担任第四、五届委员会主委，直至去世。

周世钊担任副省长和民盟主委后思绪万千，于当年10月17日致函毛泽东。10月25日，毛泽东回复了一封长信，信中说："受任新职，不要拈轻怕重，而要拈重鄙轻。古人有云：贤者在位，能者在职，二者不可得而兼。我看你这个人是可以兼的。"对周世钊从政予以鼓励。

1959年冬，周世钊赴京参加民盟中央的工作会议。其间毛泽东接见了他。毛泽东问他分管什么工作，周世钊回答："在省人大常委会我是分管教育工作。在省政协我是管学委会的工作。因为我是民盟湖南省的主委，所以我还要做民主党派的工作。"毛泽东听后说："哎呀！你是一位大忙人啊！在你这些工作当中，我看做好民主党派的工作是极为重要的。因为我知道民盟的成员，绝大部分都是大学教授，他们都是为国家培养高级人才之师，做好他们的工作是何等重要啊！"周世钊说："我又不是共产党员，我又怎么去做他们的工作啊！"毛泽东说："我的敦元兄，你是想加入中国共产党，是不是啊？如果你真的想要加入中国共产党，我来给你当入党介绍人。但是我认为你最好不要入党。你放在党外，第一于你的工作方便些，第二你在党外比在党内的作用还要大些。你看如何？"周世钊说："照主席这么一讲，我就不入党，我就放在党外，做一名共产党的好朋友。"

周世钊从北京回来向民盟湖南省委传达了民盟中央工作会议的精神后，就到长沙的各个大学，积极地找大学教授们谈心，他做民盟成员的思想政治工作，鼓励他们要与党同心同德，教好书、育好人。盟员、中南矿冶学院教授胡为柏，是一位留美博士。1957年胡为柏被打成右派后，情绪低落，整天在家不跟外界接触。经周世钊多次和他谈话后，胡为柏性格变得开朗，工作也积极起来了。

1958年6月，民盟湖南省第三次代表大会在长沙召开。周世钊以民盟湖南省委整风领导小组第一召集人身份代表该小组及第二届支部委员会作了工作报告。会议审议通过了《民盟湖南省委社会主义改造规划（草案）》，号召湖南全体盟员和各级民盟组织加速进行社会主义改造。

1959年1月，民盟湖南省委成立了民盟湖南省社会主义改造竞赛评比委员会，由周世钊任主任。1959年6月，周世钊组织召开民盟全省工作会议，号召全体盟员积极开展和参加"双献"（献智奉力）运动，先后组织元旦献礼、五一献礼和国庆献礼等多个活动，并多次举行"双献"经验交流会议，开展社会主义评比竞赛。

1962年，中共中央颁发《高教工作条例》《科技工作条例》。周世钊非常拥护，积极推动两个条例的贯彻实施。他组织湖南民盟举行了高教工作座谈会和科技工作座谈会等一系列专题会议协商讨论，写成《高教工作座谈会三十条建议》《科技工作座谈会二十条建议》，受到中共湖南省委和其他有关方面的重视。

周世钊担任湖南民盟主要领导人期间，正值国家多难，多党合作事业遭受重创之际，他扎实工作，为发挥民主党派作用起而行、鼓与呼，为湖南民盟在新时期重新回到党和国家政治生活中奠定了基础，作出了贡献。

1966年"文化大革命"开始后，湖南民盟各级组织先后被迫停止活动。民盟被诬蔑为"反动组织"，机构被砸烂，房屋被挤占，文书档案、办公设备被洗劫，专职干部被下放。作为民盟湖南省委主委的周世钊也未能幸免，他被红卫兵抄家，身心受到摧残。但他为人襟怀坦荡、正直无私、实事求是，能言人之不敢言。主持科教界工作期间，他亲自为一些受冤屈的知识分子奔波平反。对于反右和"文化大革命"中的"左"倾错误，他多次在人大、政协会议上发言，并进言毛泽东，坦陈己见。

1967年，周世钊在北京面见了毛泽东，当面进言："今天这个局面，民主党派还能起什么作用？连个庙都没有了。"毛泽东说："庙可以重修嘛！修庙是积福的事，我出点香火钱。"后来毛泽东又向周世钊和同来的王季范表示："再过一些时候，统战工作要恢复，政协工作要恢复，民主党派工作也要恢复。因为统战工作不仅过去是我们党的三大法宝，而且现在和将来永远是我们党的三大法宝。"

1972年8月，周世钊再次向毛泽东进谏八点意见，涉及"解放老干部""为知识分子正名""恢复共青团、少先队组织""制止开后门不正之风""消除派性"等方面。

在当时十分严峻的政治氛围下，周世钊等民主党派人士坚持进言的精神和敢于讲真话的勇气至今令人钦佩，充分体现了民主党派忧国忧民、以天下为己任的优秀传统。毛泽东也赞扬"湖南的周世钊，是一个极正直、极真诚的人"。

伟人诗友

周世钊雅好诗词，读诗、写诗伴随了他的一生。

早在湖南第一师范就读期间，周世钊就对古典诗词情有独钟，精读了《唐诗别裁》《杜诗镜铨》《杜诗详注》等书，把《古文辞类纂》读到烂熟。1915年，他就写出了《五律·濯清亭》《五古·挽易昌陶》等诗，其《濯清亭》"突兀孤亭起，江山入望分。烟霞朝夕变，弦诵岁时闻。一雁过秋浦，千林没夕曛。朱张曾唱和，独立缅清芬"名噪一时。1917年，他被选为第一师范文学部部长。据周世钊回忆，他与毛泽东常常一起吟诗作对，当时毛泽东曾赠诗于他50来首。

周世钊在南京东南大学攻读中国文学期间，还师从著名词家吴虞先生学习，功夫日进，发表了多篇诗词。如《城上》："城上俯郊坰，县县烟霭青。四山争气势，一鸟入空冥。原草经春长，箫声隔水听。何须问幽境，对此已忘形。"《春尽》："芳春余几日，日日倚山扉。已看林花落，空余柳絮飞。苍茫怜倩影，惆怅惜斜晖。想象飘零意，恳劝未忍归。"《舟过小姑山》："窗外忽传呼，行舟过小姑。共怜今日老，犹似旧时孤。白浪翻幽怨，秋风泣暝途。回头欲相认，烟水已模糊。"

1946年，周世钊曾冒险向当时在重庆的毛泽东传递书信，并寄上自己《七律·感愤》一诗："人世纷纷粉墨场，独惊岁月去堂堂。沐猴加冕终贻笑，载鬼同车亦自伤。卅载青毡凋骏骨，九州明月系离肠。烟尘满眼天如晦，我欲高歌学楚狂。"可谓感慨遥深，论艺术则炉火纯青。后来，毛泽东在给周世钊的信中说"骏骨未凋"，显然是化用"卅载青毡凋骏骨"之诗句。

1949年8月，周世钊率长沙教育界人士，通电响应湖南和平起义，并兴奋写下《庆祝长沙解放》诗一首："百万雄师奋迅雷，红旗直指洞庭来。云霓大慰三湘望，尘雾欣看万里开。箪食争迎空井巷，秧歌高唱动楼台。市民啧啧夸军纪，只饮秋江水一杯。"这首诗中的"百万雄师奋迅雷，红旗直指洞庭来"与毛泽东《人民解放军占领南京》一诗中的"百万雄师过大江"颇有异曲同工之妙。

1950年9月，周世钊应毛泽东之邀赴北京参加国庆典礼，途中在许昌下车，寻访曹操遗迹，渺无可得，遂写下《五律·过许昌》一首："野史闻曹操，秋风过许昌。荒城临旷野，断碣卧斜阳。满市烟香溢，连畦豆叶长。人民新世纪，谁识邺中王！"并将此诗赠给毛泽东。1956年12月5日，毛泽东致函他说：时常记得"秋风过许昌"之句，无以为答。今年游长江，填了一首水调歌头，录陈审正……这首水调歌头，就是著名的《水调歌头·游泳》。

1955年6月，毛泽东回湖南视察工作。周世钊陪同毛泽东登临岳麓山，并游览了岳麓书院前的赫曦台。周世钊诗兴勃发，写下《从毛主席登岳麓山至云麓宫》："滚滚江声走白沙，飘飘旗影卷红霞。直登云麓三千丈，来看长沙百万家。故国几年空兕虎，东风遍地绿桑麻。南巡已见升平乐，何用书生颂物华。"全诗记述了毛泽东"南巡"长沙，赞美了革命的胜利和国家大好形势，也热情歌颂了人民领袖。周世钊将此诗及其他诗词呈寄毛泽东。

10月4日，毛泽东复函周世钊："读大作各首甚有兴趣，奉和一律，尚祈指正。春江浩荡暂徘徊，又踏层峰望眼开。风起绿洲吹浪去，雨从青野上山来。尊前谈笑人依旧，域外鸡虫事可哀。莫叹韶华容易逝，卅年仍到赫曦台。"这就是发表在《毛泽东诗词》中的《七律·和周世钊同志》。

1961年，周世钊与乐天宇、李达在长沙相聚。他们商定送几件九嶷山的纪念品给毛泽东，其中包括一根九嶷山的斑竹。毛泽东收到三位老友的信和纪念品，睹物思人，感慨万千，乃赋《七律·答友人》一首作答："九嶷山上白云飞，帝子乘风下翠微。斑竹一枝千滴泪，红霞万朵百重衣。洞庭波涌连天雪，长岛人歌动地诗。我欲因之梦寥廓，芙蓉国里尽朝晖。"毛泽东还在致周世钊的信中说："'秋风万里芙蓉国，暮雨千家薜荔村。''西南云气来衡岳，日夜江声下洞庭。'同志，你处在这样的环境中，岂不妙哉？"

1969年3月，周世钊在长沙度过72岁生日，他感慨良多，写下《七二自寿》一诗："岁月蹉跎觉悟迟，行年七二愧顽痴。平生早抱澄清望，老大常吟感遇诗。万里河山春浩荡，五洲风雨气淋漓。喜看革命洪潮涌，地覆天翻共一时。"诗中，他感慨岁月蹉跎，感奋时代巨变，表达出澄清天下的平生夙愿。

据周世钊的女儿回忆，周世钊创作的诗词有1000多首，保存下来的有200来首。当然，周世钊的赫赫诗名，自然与毛泽东密不可分。一个民主党派人士，一位人民领袖，两人诗交最早（1915年）、诗交时间最长（60年）、关于诗词的通信最多、酬唱奉和也最多。周世钊可谓是一代伟人的"第一诗友"。

哲人其萎

20世纪70年代，是周世钊的最后岁月。年过七十的他已经老了，仍然在奔走国是、关注民生。他的身体大不如从前，经常住院治疗。1975年10月，周世钊住入北京医院，安排在2层。毛泽东派自己的保健医生前去诊治，得知他病情较重时，嘱咐安排到3层领导人病室。

在北京住院期间，周世钊写下了一首《病院吟》："翛然留病院，久矣寄危楼。明月虚窗夜，清风老树秋。灵台犹坦荡，世局几沉浮。何日腰身健，江山赋远游？"就像晚年毛泽东在病中反复吟咏庾信的《枯树赋》一样，周世钊在诗中也是把自己比作深秋的老树，日渐枯萎，却仍对这无限江山怀着深沉的眷恋。

1976年年初，周世钊病情稍愈后便返回湖南。但没过几天又住进湖南医学院附二医院。进入4月，周世钊病情越来越严重，但仍在思考国家大事，多次说要给毛泽东写一封长信。由于身体状况严重恶化，他只给毛泽东写了一封短信。中共湖南省委办公厅及时向中共中央办公厅将周世钊病情作了汇报。20日早晨，毛泽东安排从北京医院选派了两名医师乘飞机专程来湘为周世钊治病。但是就在两名医师到达长沙的那天——4月20日早晨6时，周世钊便与世长辞了。

4月26日下午，周世钊追悼会在长沙举行。时任全国人大常委会委员长朱德、国务院总理华国锋等送来花圈。当日，新华社公开发表了周世钊病逝的电讯通稿。次日，《人民日报》和中央人民广播电台等各大媒体刊播了有关消息。

周世钊著述丰富，可惜由于多次搬迁，大多散失。公开出版的有《湘江的怒吼》《我们的师表》《毛泽东青少年时期锻炼身体的故事》《毛主席青年时期的故事》《少年毛泽东的故事》《毛泽东青少年时代的故事》等。

撰稿：傅小松

▶ 周昭怡：
三湘女史誉书坛

一艺之成不虚生

周昭怡（1912—1989），湖南长沙人，著名女书法家、教育家。曾任中国书法家协会理事、中国书法家协会湖南分会主席、湖南省政协常委、民进湖南省委会常委、湖南省妇联常委、长沙市周南女中校长、长沙市第十四中学校长等职。

周昭怡出生并成长于湖南长沙的书香之家，祖父周家鼎是清朝秀才，为当时著名的塾师。大伯父周介祉、二伯父周介祺都是秀才，大伯父周介祉于光绪二十八年（1902）中举，出任广东四会县令。父亲周介裪（1886—1951），字筠翘，号朴庵，则更为聪慧，年仅17岁即中秀才。光绪末年，湖南设立警官学堂和法政专科学堂，周介裪考入警官学堂第二期，专修警务。后转入法政专科学堂，攻政治经济学。毕业后曾在湖南第一师范学校兼任经济学和书法课教席，历时三年。有感于清朝政府政治腐败，国势日衰，周介裪积极投身辛亥革命，又参加护国运动，后担任湖南省警务处处长。1921年卸任后，周介裪寓居上海、武汉、广州等地，鬻字为生。1925年北伐战争伊始，周介裪被鲁涤平聘为第二军顾问。而在1931年鲁涤平任江西省政府主席和1937年贺耀祖任甘肃省政府主席时期，周介裪都膺任秘书长职务。抗日战争期间，周介裪卸职回湘，从此放弃仕途，不复出山。湖南省主席薛岳多次请他出任省府委员兼长沙市长，周介裪都推辞不任，后又延请出任湖南省参议长，亦婉言谢绝。抗战胜利后，周介裪居于长沙河西老屋，每日勤于砚耕，怡然自乐。

周介裪民国初年在湖南第一师范学校任教时与毛泽东有过一段接触，1950年年初，他以第一师范教员身份上书毛泽东致敬，并以颜真卿乞米帖的故事，意在余年能再有为人民服务的机会。同年3月19日，毛泽东致函当时湖南省人民政府副主席程星龄："周介裪先生信一件寄上，请商颂公或首道酌予处理。我因不明周先生情况，未作答复。周信内说：希望得米，程颂公不给，又称须得毛委任方有效。似乎社会舆论对他不太好。究竟情形如何，是否应给予帮助，请先生按情酌定。顺致敬礼。"待湖南省政府正拟优礼之时，周介裪却患脑溢血不幸离世，时年65岁。

周介裪为近代湖南书法名家之一，楷法以颜真卿为宗，兼习钱南园，八分深研汉代经典名碑。他对颜真卿理解至深，以篆隶笔法入行楷，融北碑之笔意，下笔神力遒婉，雄健秀韵。写擘窠大字则气势磅礴，所书碑文曾遍布省内外，碑记如《石嘴头碑记》《张辉瓒神道碑》《倭寇万人碑》，招牌如吴济南药室、乃文笔店、詹有乾墨庄、杨裕兴等。谭延闿称赞周介裪书法："颜公变法出新意，何逊能诗有世家。"事实上，湖南地区学习颜真卿代有名家，特别是近二百年来深受颜真卿书风的传承与影响，对近代湖南书风的形成与演变具有重要作用。

而周昭怡的母亲吴淑端（1885—1975），系晚清进士吴建三之妹，贤良开明。育有四女，即昭懿（昭静）、昭怡、昭珩、昭德。侧室吴氏育子女三人。周昭怡成长于和睦友爱的大家庭中，祖母慈爱，父辈孝友。她5岁启蒙，跟随伯母龙氏诵读以三字句编写《史鉴》的《三字鉴》，虽因年幼难以理解，却通过上口背诵，学习了不少历史故事。而启蒙学书则从描红和蒙影入手，周昭怡书写时一丝不苟，从小就展现出对书法的浓厚兴趣。1920年周昭怡祖母去世，谭延闿撰书"公瑾本同年，愧虚拜母登堂约；王孙终复楚，知慰倚间属望心"一副挽联相赠，其文笔和书法让她记忆深刻，也萌生了对成为一名书法家的向往。1921年，周介祹从上海带回多本颜真卿《麻姑仙坛记》楷书帖分发给晚辈们学习书法，从此周昭怡开始练习颜真卿楷书，日日不辍，直至中学毕业。当周昭怡回忆起这段勤学苦练颜真卿书法的经历时，认为这十年如一日的专注与坚持，为她日后攻研书法艺术打下了坚实的基础。而周介祹也收藏了大量古代名碑法帖和名家墨宝，每年夏季会安排周昭怡进行晾晒工作，以防虫蛀。通过遍览名家书法，加深了她对书法传统的认知，对碑帖的细心揣摩和耳濡目染，更为她日后系统临习经典碑帖埋下了伏笔。进入湖南大学中文系后，周昭怡继续攻习书法，当时周介祹在外地任职，她时常将写好的字寄给父亲指点。通过与父亲的书信来往，周昭怡不但勤加练习了小楷，也常与父亲探讨书法问题。周介祹勉励她"人生有一艺之所长，便不虚生"，鼓励她为传承书法艺术而努力。之后周昭怡以颜字为根基，广泛临习三希堂等法帖，兼习历代师承颜鲁公而成家的"宋四家"苏、黄、米、蔡和清代翁同龢、刘墉、钱南园、何绍基等名家，博取贯通，悟得用笔之法，也对书法源流和脉络有了更为深刻的理解。

周昭怡于1984年当选中国书法家协会湖南分会第一届主席，为当时各省书协分会主席中唯一的女书法家。1986年第2期《书法》对其作专题介绍，1986年随中国书法家代表团访问日本，蜚声海外。她以父亲周介裪"一艺之成不虚生"为教诲，以事业为毕生归宿，在教育岗位上辛勤耕耘，教书育人，坚持以德树人；在艺术创作上躬亲力行，积极求索，关心和支持中国书法事业的发展，得到各地艺术工作者的由衷敬重。"艺贵胆识"作为周昭怡艺术人生秉持的精神信念，不仅贯穿于其艺术实践中，也贯穿在其多年的育人生涯之中。

教育英才图济世

周昭怡1912年11月2日出生于长沙，1920年入长沙周南女子中学附属小学就读。周南女中位于长沙城北泰安里，相传是唐代进士刘蜕的别墅，环境幽美。学校1905年由教育家朱剑凡创办，以启迪民智，解放女禁为先导，开湖南女学之先河，培养了如杨开慧、蔡畅、向警予、丁玲等大批巾帼英才。周昭怡在周南附小接受了良好的教育，一直对校长朱剑凡极为敬佩，从小就在心底埋下立志成为新女性的种子，以献身教育和书法事业。1926年从周南附小毕业后，成绩优异的她直升到周南初中就读，经过四年制旧制中学毕业，周昭怡于1930年考入湖南大学理科预科，后考虑到书法与文学的关联，改学中国文学，转入湖南大学中文系就读，其间她三次获得湖南省政府颁发的大学奖学金。至1936年本科毕业时，又经黄士衡校长介绍到湖南省政府秘书处见习，次年晋升为科员。

1937年"七七事变"后湖南省政府三次迁移，周昭怡两度离职，曾于湖南省立长沙女子中学和湖南省立高级农科职业学校任教。1939年，时任湖南省府主席薛岳以个别女职员的作风问题为由，密令调训女职员，永不录用。周昭怡挺身而出，执笔呈文，列数薛岳十大罪状上告中央，后毅然抗拒薛岳对她的调令，负笈回家，至此远离官舍。接下来的四十年间，周昭怡独身从事教育工作，乐育英才，为培养一代代青年成长成才竭心尽力。1941年，湖南省立工业专科学校在衡阳成立，她欣然应聘，到该校任讲师三年。1945年至湖南省立第七职业学校担任教务主任。1946年，湖南救济分署为接收抗战流离失所的儿童创办了长沙育幼院完全小学，周昭怡又担任副院长，为保护和教育少年儿童做出不少有益工作。

1947年，周南女中实行"校友治校、整顿周南"，朱剑凡夫人魏湘岳函邀周南旧制九班毕业的周昭怡返校主持工作。后经校友会提名、校董会决定，推选周昭怡担任周南女中校长。接手周南后，周昭怡在与教务主任旷璧城和李静的通力协作下，实行了一系列整顿措施，如礼聘教师，改进教学工作；整顿总务，改善学生生活；整饬校容，改善学习环境；兴建"剑凡堂"，缅怀朱剑凡校长等。采取民主办校，由学生会管理学生生活，也因此周昭怡和学生感情十分融洽。在她的运筹帷幄下，学校因之焕然一新。1949年，周昭怡参加了长沙市迎解联工作，组织周南师生迎接解放。同年9月周南女中由私立学校转变为公办中学后，学校组成了新的董事会和校管会，周昭怡任董事兼副校长。1950年秋周昭怡被省教育厅调派至武汉中原大学学习，结业后回到周南女中，直至1951年9月调至艺芳女校。周昭怡在周南工作的几年间，正是学校承上启下的重要时期，她为周南女中顺利平稳地过渡发挥了重要作用。由于曾在此学习成长又教书育人的经历，周昭怡始终对母校抱有深厚感情。1982年元旦，学校组织全国各地校友欢聚一堂，商议成立周南校友联谊会和校庆事宜，周昭怡被推选担任周南校友总会主席，她以行书"无边的眷恋"题献周南女中，1982年3月（总第82期）的《湖南画报》以图文并茂的形式刊载了周南校友欢聚的专题。之后数年间，周昭怡以校友会为纽带，继续为团结校友，振兴周南做贡献。如组织编写了《周南中学七十九周年校友录》并撰写前言，配合出版校刊《周南钟声》，陪同校友丁玲回母校探望，还为八十岁以上校友举办祝寿会，得到了老校友们的一致称赞。同时，作为书法家，她也在周南留下不少墨痕，如以行楷题写"剑凡堂"匾额，以隶书题写《周南中学七十九周年校友录》书名，隶书题写蔡畅提出的"诚朴、健美、笃学、奋进"八字校训等。由于对母校感情深厚，周昭怡也留下多篇与周南相关的诗文，如《题校刊〈周南钟声〉》，以及为祝贺周南八十周年校庆所作诗歌《周南八十周年》"化雨满湘八十春，毁家兴学郁奇馨。中华女教谁先觉，南国名师启后人。夙夜龙泉鸣壁上，今朝科研竞驰奔。杏坛春色光传统，桃李峥嵘日月新"，抒发对周南在新时期有新发展之期盼。在《青少年时期的乐园——我学习和工作过的母校周南》一文中，周昭怡缅怀了启迪她成为新女性的朱剑凡校长、鼓励她写书法的周竹安老师和教授她英文的朱仲芷老师。在《古稀话少年》一文中，周昭怡以"难忘的乐园和导师"为小标题，回忆少年时期在周南受到的良好教育和对她自立自强个性的培养塑造。而三十余岁在周南担任校长这一经历对周昭怡来说更是意义重大，她在《我在周南工作》一文中写道："这段时间是我一生中最值得回忆的一段历史。"她回顾了1948年春至1949年担任校长期间主持的相关工作，以及周南女中由私立学校变为公办学校，实现平稳过渡这一过程，而文中只是淡淡写道"尽了一点微薄力量，深感欣慰"。

在调离周南女中后，周昭怡开启了人生中另一段长达二十余年的教育生涯。她于1951年9月调任艺芳女校副校长，艺芳女校由晚清重臣曾国藩曾孙曾宝荪、曾约农于1918年创立，初名为湖南长沙艺芳女校，后更名为湖南省长沙市第三女子中学、长沙市第十四中学、长沙市田家炳实验中学等。在这所条件艰苦的女校，周昭怡依旧兢兢业业地工作，她辛勤的工作也得到了组织的认可，于1955年被聘为湖南省政协委员，1956年8月又委派至北京教育行政学院学习，提高教学质量。学习期间，毛泽东在中南海接见了教育行政学院全国中学校长班的全体学员。学习结束后，周昭怡回到十四中，并被正式任命为长沙市十四中学校长，直至1976年10月退休。周昭怡在十四中主持学校工作长达二十余年，主管教学工作，积极进取，让学校逐渐崭露头角，成绩领先。她生活俭朴，关心师生，深受学生爱戴。"文化大革命"期间，周昭怡被打成反动学术权威，于1970年下放至长沙县梅花农场劳动，在打米厂开票。1973年5月因眼压高回医院治疗，后返回学校担任教务员，1975年又担任图书助理员。1976年因身体原因正式退休。

1989年4月21日，周昭怡在长沙逝世，留下在周南中学和长沙市第十四中分别设立"周昭怡奖学金"的遗愿。1992年8月，通过家属与学校的共同努力，周南中学设立了"周昭怡艺术百花奖"并延续至今，奖励在美术、音乐方面获得突出成绩的学生。

为教育事业奋斗了四十余年的周昭怡，敦品励学，桃李芬芳。她辞世后，学生们对她的哀思与怀念也留在了《周昭怡同志纪念册》一书中，其中如贺益昭的《记念周昭怡校长》、孙燕的《悲痛声声怀校长》、彭湘芸的《周校长对我的关怀》、文德容的《春风化雨忆良师》、谭顺芝的《怀念周校长》等文，为我们展现了作为教育家的周昭怡可亲可敬的一面，她对教育事业满腔热情，廉洁奉公，关爱学生，鞠躬尽瘁，为中国教育事业作出了卓越贡献。

净虑才知翰墨香

20世纪以来，伴随甲骨文、金文、简牍等书迹的大量出土，西方现代影印技术带来字画碑帖的迅速普及，推动了民国时期书家系统地学习篆、隶、草、行各体技法，追寻书法风格的演变规律与审美价值的风尚。周昭怡深受家学启蒙，在父亲引领下开启艺术之路。又因家藏丰富，耳濡目染，为系统临习经典碑帖打下基础。通过习颜上追秦汉诸碑，下溯唐宋法帖，参学魏碑，博采众长，悟得用笔之法，构建了自己的艺术面貌。

自20世纪70年代从教育岗位退休后，周昭怡全心投入书法事业中。随着中国文学艺术工作者第四次代表大会在北京召开，会议重申了"百花齐放、百家争鸣"的文艺方针，为文艺事业的复兴和美术思想的解放奠定了基础。这一时期，美术单位和相关机构相继恢复工作，组织活动，举办展览，推动文艺事业的全面发展。书法在当时作为美术中的一种门类，伴随全国各地举办的各类综合性美术展览的复苏，书法艺术活动日益增多。至80年代，书法家们要求成立自己团体的呼声得到了中国文联的回应，随着1981年5月中国书法家协会第一次代表大会的召开，中国书协正式成立，全国性的书法艺术创作活动更为活跃，书法展览更为频繁，中国书法事业步入新的发展时期。

周昭怡少承家学，研墨临砚数十载，书艺已有深厚积累。约从60年代开始，其书法作品陆续参加相关书法展览，如"长沙书画金石展览"（1962年），"长沙市一九七八年新春书画金石展览"（1978年），"湖南省第一届书法篆刻展"（1980年），长沙市书法篆刻组第一、二届作品展览（1981年、1983年），全国第一、二、三届书法篆刻展览（1980年、1984年、1987年），"全国妇女书法篆刻展"（1986年），"首届中日妇女书法交流展"（1987年）等。参展作品以楷书和行书为主，以古典诗词为主要内容，多以中堂、条幅形式呈现。周昭怡以挺拔刚毅的颜体楷书和行书见长，目前存世作品也以行书、楷书为多，隶书次之，篆书最为稀少。因喜爱颜字的大气磅礴，她曾以小行楷撰写了《学习颜真卿书法的我见》一文，从运腕、笔法、布局、结构、墨法等方面探讨颜真卿用笔的法则，特别强调逆入、涩行、紧收的笔法。逆入即下笔时逆入，行笔时平出，中锋行笔；涩行即运笔时感受物体阻滞毛笔前进，与之相争的滞涩感；紧收则是指笔画停顿的地方要收紧，要笔笔按，笔笔提，起笔处要按，止笔处要提。这些书法观念也深受父亲周介裪的影响。

周昭怡楷书不仅宗法颜真卿，也兼学钱沣，下笔似颜非颜、似钱非钱。1940年书写的《重修杜工墓碑记》，是她学习颜书的第一次实践，整篇作品四百余字，结字宽博，苍劲古朴，深得颜真卿楷书精髓，其书名当时已在省内传播开来。另一件楷书代表作《岳麓书院记》书于1983年，文章由岳麓书院山长张栻撰写，周昭怡书丹，巨幅作品镌刻于讲堂屏壁，整篇书法近千字，浑然一体，笔笔周到，厚重博雅，深得颜、钱精髓，与书院千年文脉相映生辉。为求得颜字变法创新之路径，周昭怡研习钱南园多年，在临其《节〈宋书〉》条屏中，周昭怡题跋道出学书历程："南园先生学颜真卿书，楷法端凝，雄健秀韵，为鲁公而后一人。余幼学颜鲁公书，兼学南园，从其楷书悟用笔之法，数十年得其皮相而已。"她专心钻研颜字数十年，从中悟得用笔之法，即以篆隶笔意表现线条之深邃，并将之运用于其他书体中。而1986年湖南少年儿童出版社出版的《周昭怡楷书帖》，收录了周昭怡所书十五首楷书唐诗，这本书在一定程度上代表了周昭怡楷书学颜的成熟面貌，整篇作品结体端庄丰美，凝整宽博。平画宽结，竖画平直，拙中藏巧，将颜书的劲健、雄厚、博大展现得淋漓尽致。湖南省书法家协会第二届主席颜家龙对这件作品如此评价："周昭怡先生生前任中国书法家协会湖南分会主席，为女书法家任省级书法家协会主席之最早者。周氏秉承家学，精研书法，成就斐然。其书以颜真卿与钱南园为根基，略掺己意，所作法度谨严，骨力充盈，气势恢宏，其雄强磅礴之气息在女书法家中尚属罕见。周氏作书，一点一画悉以中锋出之，笔笔送到，其提按顿挫、起承转收，莫不笔痕清晰，节奏朗然。一波三折之运笔旨趣体，用得殊为自如娴熟，堪称精于用笔之典范。"

现存湖南省内各名胜中也留有不少周昭怡楷书题写的楹联和匾额，如天心阁联、老戴公庙匾、南岳大庙"棂星门"匾、屈子祠"光争日月"匾等。其中天心阁"岂天下已安时，看烟火万家，敢忘却屈大夫九歌、贾太傅三策；此城南最高处，更楼台百尺，好管领卅六湾风月、七二峰云岚"联，位于天心阁主阁二楼东向，木刻联长两米有余，一气呵成，貌丰骨劲，方圆结合，篆籀之法融于其中，气度宏阔；而题写"棂星门"匾、"光争日月"

匾的擘窠大字，每字约八十厘米，雄健自如，笔扫千军，大气磅礴如庙堂金刚，如她所言"少年时期用篆隶笔法练出的腕力，可以终身用之"。

周昭怡个人更偏爱行草书，她以篆隶笔法入行楷，仍运用逆笔、涩行、紧收的用笔方法，以颜、钱为体，兼有苏（苏轼）米（米芾）风神。书写时行笔迟缓，姿致多态，秀逸自然。她有多幅行草书作品参加全省及全国各类书法展览，如"'长江颂'书法展览""首届中日妇女书法交流展""全国第三届书法篆刻展览""湖南省迎新书展""湖南省老年人艺术作品展览"等，且在1983年出版了行书字帖《石钟山记》。而现存由她题写省内古迹中的岳麓山"学正勋高"联、岳阳楼"鲁肃滕王"联、岳阳楼碑林《江仙巴陵》、湖南雷锋纪念馆碑林《题雷锋纪念馆》、老戴公庙"七封八寨"联和"莲台云母"联、新民学堂"沩痴寄庐"匾、烈士公园"红军渡"碑、浏阳门"和气致祥"匾、周南中学"剑凡堂"匾等均以行书写就。其中屹立在登高路上、镌刻于岳麓山南门的"学正朱张，一代文风光大麓；勋高黄蔡，千秋浩气壮名山"门联，是岳麓山唯一一副门联，由刘大年撰写，其内容概述了岳麓山的文化渊源，也勾勒出岳麓山泽溉绵长之文脉。书法则由周昭怡1984年执笔完成，与她1983年书写并镌刻于岳麓书院讲堂的巨幅楷书《岳麓书院记》相映生辉，映衬着岳麓山数千年历史与人文交织的光辉。而屹立于岳阳楼碑林的《江仙巴陵》及湖南雷锋纪念馆碑林的《题雷锋纪念馆》行书中堂，清劲潇洒，雄健秀韵，极具个人艺术风貌，在一众书法名家中熠熠生辉，大有巾帼不让须眉之气魄。而作为湖南大学毕业的优秀校友，周昭怡于1986年10月参加了"岳麓书院创建1010周年·湖南大学定名60周年校庆"活动，并捐赠了一幅中堂作品。1988年10月，湖南大学首次为本科生优秀毕业设计（论文）举办"大学生毕业设计成果展览"时，周昭怡也应邀用隶书题写了展名"湖南大学毕业设计（论文）成果展"，该作品现藏于湖南大学。

由于周昭怡极为推崇颜真卿，认为颜真卿以篆隶笔意入行楷之法则一改晋唐飘逸之风，因此她也十分重视对篆、隶的临习，但其篆书作品极为少见，仅见《周昭怡书法选》中"流水暮禽"篆书五言联以及现藏长沙博物馆的中堂《节说文解字叙》，其篆书取法清篆一路，势大力沉，入木三分。为更好领悟颜真卿以"篆隶笔意入行楷"之意涵，周昭怡从颜楷转向对隶书的临习，由于汉碑古旧不易理解，她又通过临摹何绍基的《临张迁碑》《临石门颂》等墨迹，习得隶书结字用笔之法，入汉碑之门径。从她60年代书写的《节录毛泽东〈延安文艺座谈会讲话〉》《毛泽东诗》等隶书作品中都能看到何绍基的影响，笔笔中锋，布白有致，结体则更为平正。至80年代的《临张迁碑》、周南中学"诚朴、健美、笃学、奋进"校训等作品，以及题写的湘西草堂"芷香芜绿"联、（补书周介祹）老戴公庙"声灵功德"联等，则可看出周昭怡一直保持对经典汉碑的临摹师法，笔力更为遒健，气度更为开阔，字态飞扬，姿韵灵动，通过线条的迟涩感与金石气将汉碑经典中的古朴与凝重完全演绎出来。

除了书法作品，现存80年代出版的图书中也留有不少周昭怡墨迹，除出版的作品集外，周昭怡也为不少图书题写过书名，如以行书题写的湖南省汨罗市政协工作组委员会、医药卫生学会编《中草药单方验方集》书名、《周世钊诗词稿存》（重印本）书名、湖南美术出版社出版"湖南画家画丛"系列中《刘寄踪画辑》《邵一萍画辑》《翟翙画辑》书名；以隶书题写的湖南人民出版社出版《古典诗词艺术探幽》书名，周南校友会编《周南中学七十九周年校友录》书名；以及用楷书题写的湖南美术出版社出版《湖南省老年人艺术作品选集》书名等，此书也收录了周昭怡1986年参加"湖南省老年人艺术作品展览"的行书中堂作品《杜甫诗》。从题写书名书体的丰富变化也反映出周昭怡多体兼擅的艺术功力，这些书籍也以另一种方式将周昭怡的书法带入千万读者家中。

1988年9月2日，由中国书协湖南分会举办的"周昭怡书法展"在湖南省展览馆开幕，此次展览是周昭怡书艺的一次全面展示。展名"周昭怡书法展"由时任中国书法家协会主席启功题写。开幕式由时任中国书协湖南分会副主席李立主持，省委常委、省委宣传部部长夏赞忠，老干部杨第甫和市委副书记曾昭宣先后发言，省委副书记刘正、刘夫生为展览剪彩，省会书画界数百人出席了开幕式。展览共展出篆、隶、楷、行各书体作品八十八幅（组），其中行草书作品五十五幅（组），楷书作品十五幅（组）。作品形式丰富多样，有条屏、中堂、条幅、对联、扇面、册页等。展品也包括了大量临摹作品，如临《张迁碑》、临颜真卿《麻姑仙坛记》《争座位帖》《裴将军诗》、临苏轼《寒食诗帖》、临米芾《苕溪诗》、临钱沣《山居赋》等作品，全面展示了周昭怡的学书历程。书写内容也从传统诗词歌赋、现代诗歌，至大量自作诗，如《喜迎首届教师节》《中国书法家协会湖南分会成立》《题赠黄河碑林》等，这些自作诗文是周昭怡临池之余留心学养的结果，是对"先器识而后文艺"的贯彻，也是对"艺贵胆识"这一艺术理念追求的最好诠释。

当时社会各界人士纷纷发来贺信、贺电祝贺周昭怡书法展开幕。中国书法家协会主席启功赠诗祝贺周昭怡书法展"书源鲁国体端庄，篆隶精能草不狂。女史橡毫今迈古，吴兴拱手让三湘"，盛赞周昭怡书法的艺术成就。宋任穷书赵翼"李杜诗篇万口传，至今已觉不新鲜。江山代有才人出，各领风骚数百年"一诗，称颂周昭怡为当代书坛标领风骚的代表人物。杨第甫赠诗"颜筋柳骨字皇皇，刻石浯溪数大唐。当代书家周女史，挥毫落纸如金刚"，称赞周昭怡雄健大气的艺术风貌。熊清泉题赠"书法名家，女中英豪"，王首道贺赠"颜公变法出新意，凌云健笔意纵横"，刘正题赠"诲人不倦，桃李芬芳"等。《湖南日报》于当年9月5日、10日、19日对展览作相关报道、载颜家龙《力撼衡岳 气吞湖湘——写赠周昭怡书展》一文、刊登"周昭怡书法"专题。书画界发出"力撼衡岳，气吞湖湘""信笔随挥，动多姿态""格超梅以上，品在竹之间"等评论。这是周昭怡生前唯一的书法个展，也是她毕生书艺的全面呈现。

喜研朱墨光艺苑

除了以书法家身份活跃于书坛，周昭怡同样作为组织者更深入地参与到这场书法复兴的浪潮中。

自1960年中国文学艺术工作者第三次代表大会召开后，各地书法组织破土而出，如江苏书法篆刻研究会、上海中国书法篆刻研究会等。至1980年左右，全国已有十七省、市恢复或成立了书法篆刻研究会及书法篆刻协会的筹备小组。长沙市书法篆刻组也于1980年10月成立，最初由十六人组成，由周昭怡担任组长，开展了一系列书法研究活动，如组织书法篆刻讲座、名碑名帖观摩会，登临岳麓山观摩《麓山寺碑》等，并在随后两年间举办了两届"长沙市书法篆刻组作品展览"，产生了一定的社会影响。作为长沙最早出现的书法团体，长沙市书法篆刻组聚集了一批有志于弘扬书法事业的年轻人，为后来书协的成立奠定了基础。

在中国书法家协会成立后，1984年10月中国书法家协会湖南分会也正式成立，周昭怡被推选担任第一届主席，会上周昭怡发表了《团结奋斗，振兴书艺，为社会主义精神文明作贡献》的讲话，以"成立中国书法家协会湖南分会的必要性"为切入，论述了湖湘地区的书法渊源；从书法组织、书法教学、书法活动、书法研究四个方面，回顾和总结了湖南书法艺术的发展情况；再提出"明确方向，加强团结""继承传统，繁荣创作""提高理论修养，开展读书活动""重视书法艺术的社会功能，扩大国内艺术交流"的四项任务，以及"加强组织建设，扩大书写队伍""培养书法教师，普及书法教学""扩大书艺交流，提高书法质量"的工作展望。周昭怡作为当时全国各省书协分会主席中唯一的女书法家，足见其书艺之高、声誉之隆。自此之后，周昭怡开始为湖南书坛艺术活动的组织与发展躬亲力行。

1985年4月至9月，周昭怡主持组织了"首届湖湘书法大赛"，负责筹措经费，制定比赛规则。这次比赛规模空前，全省有五千多人报名，最终评选出四百多幅作品参加复赛，从中涌现出一批书法人才。1986年3月，周昭怡又领导组织由中国书协青海、云南、贵州、四川、湖北、湖南、江西、安徽、江苏、上海分会，与《书法》杂志、《书法报》联合举办的"长江颂书法展览"，共展出十省书法（篆刻）作品两百件。展览先在武汉举行首展，后在长沙、重庆、昆明、贵阳、西宁、南昌、合肥、南京、上海巡回展出，并在北京举行闭幕式，其间还在贵阳召开了"长江流域十省市书法艺术研讨会"。中国书协湖南分会为创作出具有地域特色的作品，专门组织书法家赴岳阳楼、洞庭湖等地深入生活，组织篆刻组作者集体探讨切磋，数易其稿，最终选送了二十件反映湖南书坛面貌的作品。这次"长江颂书法展览"的最大特点是作品内容均以长江为主题，其中近半数作品为自作诗，又以贵州、湖南、湖北三省的自作诗最多。周昭怡的参展作品《长江颂》是她自作的七言律诗："洞庭八百水苍茫，万顷涛声下大江。三大名楼恢胜迹，百千帆影竞霞光。范公忧乐关天下，马列訏谟振纪纲。盛世中流夸砥柱，宏图再展慨而慷。"这幅行书中堂作品以颜、钱为体，以篆隶笔意写就，内容兼具时代性与地域性，为诗文创作与湖湘书风结合的典范之作。

同时，作为女书法家的代表人物，周昭怡也积极投身推动我国妇女书法事业发展的进程中。在接受1984年第1期《妇女》杂志采访时，周昭怡阐述了自己的学书经历、用笔法则及对颜真卿高尚品格的推崇，当期杂志刊载了《女书法家周昭怡》一文，介绍"现在国内颜体写得最好的女书法家"周昭怡，采访结束时周昭怡奋笔疾书了秋瑾《鹧鸪天·祖国沉沦感不禁》中"休言女子非英物，夜夜龙泉壁上鸣"的诗句相赠，寄言鼓舞各行各业的姐妹同胞在各自领域中勇攀高峰。而在1985年中国书法家协会第二次会员代表大会上，周慧珺（上海）、周昭怡（湖南）、徐圆圆（江苏）、宋慧莹（辽宁）、林岫和王莲芬（北京）六位女代表提出了举办妇女书法展览的倡议。周昭怡以历史上著名的女书法家卫夫人、管道升为例，提出书法艺术的普及需要热爱书法的女性坚持书写，同时加强对书法理论的学习和研究的建议。经过几个月的筹备，"全国妇女书法篆刻展览会"于1986年3月在北京中国美术馆开幕。时任全国妇联主席康克清、全国青联主席刘延东、中国书法家协会主席启功等出席了开幕式。周昭怡以行书自作诗《全国妇女书法展览》参加了此次展览，诗曰："玉池洗砚郁芳馨，笔走龙蛇翰苑新。巾帼奇葩多创意，书坛应胜卫夫人。"此时的周昭怡不但作为女性书家的代表人物，以其铁画银钩、脉承颜钱的艺术风格在书坛一展风采，更以其湖南省妇联常委、中国书法家协会理事的身份，通过这首自作自书的作品表达她对中国妇女书法事业发展之期盼。上海书画出版社编辑出版的《书法》杂志于1986年第2期推出"妇女作品专辑"，开篇即为"周昭怡书法"专题，刊登了周昭怡近照和她所书杜甫《五律诗二首》行书作品、"精神学问" 楷书七言联及王维《鹿柴》隶书条幅，并以《教育英才图济世 书研颜法欲传人——记女书法家周昭怡》为题，对周昭怡进行专题介绍。而在1987年《书法》杂志创刊十周年之际，周昭怡书赠了自作诗《上海书法杂志创刊十周年》——"碧海晴岚映彩虹，书林瑰宝夺天工。凌云健笔龙蛇动。传播文明在艺中"，高度肯定了《书法》杂志对书法事业传播与推广的深远意义。

另外，由于周昭怡曾在多所中学任教，对少儿书法教育十分重视。她在当时湖南省科学技术协会为青少年主办的读物《第二课堂》"书法讲座"栏目上连载了多篇文章，如《学习书法的意义和途径》《写字如何用笔》《写字的基本方法》《学习书法的基本方法》等，指导青少年学习书法，滋养精神生活。1987年，在她的倡议与湖南省教委的支持下，举办了湖南省"在校学生书法展览"，从征集到的六百多件作品中，选出一百五十件作品展出，极大提高了学生们对书法艺术的热情。同年还与湖南省教委、长沙市青少年宫联合举办了"湖南省首届少年儿童书法展"，展出了百余件作品，引起广泛的社会反响，进一步促进了少儿书法教育水平的提升。在1988年"第三届中日青少年书法竞赛"中，中国有六十件书法作品获奖，湖南占据十一席，其中获最高奖的也为湖南作品，湖南少儿书法水平逐步跨入全国前列，储备了一批书坛的新生力量。

1986年9月，周昭怡随中国书法家代表团赴日本访问，其间代表团一行参观了东京国立博物馆、东京都美术馆、奈良博物馆、东大寺、唐招提寺、天理博物馆等，观看了颜真卿《争座位稿》《陈思王曹子建庙碑》等书法经典。而在奈良参观创办了二十多年的书道学校，让周昭怡深受触动。她感慨于当时日本书坛的良好氛围，对从事书法活动的庞大群众基数及其中女性比例之高深感震撼。她总结道，日本从事书法活动人员多以提高修养、培养性情为目的，教学活动形式多、书法展览多、出版业发达，并提出我国也应该创办书法学校，培养书法师资和艺术人才，同时，应在普通中学恢复设立书法课程，加强对学生的书法教育。回国后，她写下《访问日本纪事》一文，表达了对繁荣书法事业的期盼："惟愿书法艺术之源的祖国，能在开放改革的盛世，使之源远流长，百花齐放，绚丽多姿。建设精神文明，永葆青春。"

书研颜法欲传人

湖湘书法历史悠久，根基深厚。而近二百年来湖南地区深受颜真卿书风的传承与影响，傅申在《书法的地区风格及书风的传递——以湖南及近代颜体为例》一文中，对这一现象进行过探讨。湖南近二百年来以颜真卿书风为最突出风格的书学背景及发展关系，以钱沣为核心，旁及道州何氏家族、茶陵谭氏一门、周介祹等书法名家，对近代湖南书风的形成与演变具有重要作用。

唐代以来，颜真卿《大唐中兴颂》在浯溪的摹刻，为颜氏书风在湖南的传承奠定了坚实基础。后有北宋仁宗时潭州知府刘沆所刻《庆历长沙帖》被普及介绍到湖南地区，促进了颜书的传播。有明一代，茶陵人李东阳（1447—1516）善书，篆书雄强，行草矫健，楷书苍劲，从颜楷扎基，成为彰显湖南地区颜氏书风传承的代表人物。而至清代，学颜"形神兼至"的则以钱沣（1740—1795）为代表。虽为云南人，但他在乾隆四十八年（1783）至乾隆五十四年（1789）任湖南学政，成为颜氏书风在湖南传播的关键人物，堪称清代学颜第一人。而书名为政治声誉所掩的魏源（1794—1857），其书法亦得颜字的豁达与遒劲。直至道州何氏家族，书家迭出，成为清代书坛的世家名门。何凌汉（1772—1840），曾入乾清宫侍书，为钱沣门生，尤喜颜书。家教甚严，督子书课，为时所称。其子何绍基（1799—1873）、何绍业（1799—1839）、何绍祺（1801—1868）、何绍京（1809—？）兄弟，皆以书法名世。何绍基作为颜真卿坚定的追随者，主张"学书重骨不重姿"，后将草、篆、分、行用笔熔为一炉，不见其形却深得其神，终成自家面目。其兄弟三人之书虽各有面貌，但都具颜法，与其兄何绍基颇有神似，却无出其右。何绍基长孙何维朴（1844—1925）亦善书，民国年间居于上海，以书画自给，深得家学。而左宗棠（1812—1885）、胡林翼（1812—1861）、谭延闿（1880—1930）、谭泽闿（1889—1947）、周介祹（1886—1951）等，均尊学颜真卿，让颜书在晚清民国时期的湖湘书坛蔚然成风，隐然形成了湖南的地区风格。

近今湖南书法界，传承学颜脉络的即为周昭怡。她在父亲周介祹的指导下临习颜真卿数年，除喜爱颜真卿书法的大气磅礴，也深为颜真卿正气凛然的品格所折服，后人称颂他"精忠贯日月，书法冠唐贤"。周昭怡认为在书法艺术上，颜鲁公的创新精神堪称千古楷模。她坚持"择碑要择我所爱"，因此除师法颜真卿外，为求得颜字变法创新之路径，研习钱南园多年，她曾对自己的学书经历如此总结道："中唐以后的柳公权、怀素，和宋四家苏轼、黄庭坚、米芾、蔡襄，以至清代的刘墉、钱南园、何绍基、翁同龢，都是学习颜真卿又各自创新成为大家的。在学颜的基础上，我父亲又指导我临写钱南园的《施芳谷寿序》《程子四箴》《柳玭戒子铭》，进一步体会清代大家学习颜真卿变化创新的精神。后来还学汉碑《石门颂》《张迁碑》《礼器碑》，并学清代隶书大家何绍基的法帖以及苏、黄、米的行草字帖等。这些名家字帖对我都有一定的影响，当然，影响最深最大的还是颜鲁公的书法。"周昭怡对书法脉络和源流有着较深的理解，不但谨遵父亲"专心致志，持之以恒"的教导，也通过博取秦汉诸碑和晋唐法帖，参学魏碑，自成一家。她写字喜用纯羊毫，饱蘸浓墨，腕平笔竖，逆入涩行，拙中藏巧，巧中寓拙，雄健多姿。她曾作"笔下江山万象生，得心应手在躬行。精神到处书风健，功力深时创意成"一诗，道出她对书法艺术的理解：书法需尊重传统，扎实练好基本功，勤学苦练，方能水到渠成。

同时，周昭怡更强调对书法"字外功"的修炼，她以自己的切身体会谈及书法是一门艺术，不是一种技艺，字外功可以使书法的格调更高一筹。她的"字外功"是指书法和文学、书法和品德、书法和美学修养之间的关系，处理好它们的关系，理解其内涵和外延，才有可能下笔如神，尽情挥洒。她进一步提出"艺贵胆识"这一见解，主张"先器识而后文艺"，强调在提升个人内在品质的基础上发展文艺技能，注重临池之外学识修养的培养，从而实现文艺与人格的统一。周昭怡多次书写"艺贵胆识"题赠他人，如赠南京市美术研究会美术学院、中国书法家协会湖南分会等，并将之影印于"周昭怡书法展"请柬之中，可见"艺贵胆识"一直贯穿于她的育人生涯及艺术实践之中，是其艺术人生所秉持的精神信念。

在1988年"周昭怡书法展"后，湖南美术出版社于1989年2月出版了《周昭怡书法选》一书，书中收录了展览作品五十八幅（组），囊括篆、隶、行、楷四种书体。且原定当年5月将展览送至北京中国美术馆进行展出，但周昭怡于1989年4月病故未能实现，成为湖南书法界的一大憾事。

1992年4月，周昭怡家人和学生协作编撰出版了《周昭怡同志纪念册》一书，书中收录了社会各界人士悼念周昭怡的挽诗、挽联、文章，以及周昭怡个人文选、个人诗联选和一些珍贵旧照片，为研究周昭怡留下了珍贵的一手资料。

2016年11月，由湖南省文化厅、湖南省文学艺术界联合会、长沙市宣传部、长沙市文学艺术界联合会、湖南省美术家协会、湖南省书法家协会、湖南省美术出版社、长沙市美术家协会、长沙市书法家协会联合主办，湖南省藏福美术馆承办的"吾师归来——周昭怡/颜家龙/钟增亚书画作品学术联展"在长沙开展，展出了周昭怡多幅作品，并由湖南美术出版社出版了《吾师归来——周昭怡/颜家龙/钟增亚书画作品学术联展》一书。

2023年9月5日至10月6日，由湖南省委宣传部指导，湖南省文学艺术界联合会主办，湖南美术馆承办、湖南省书法家协会协办的"湖南著名美术家推介工程·周昭怡艺术展"在湖南美术馆展出。本展览是"湖南著名美术家推介工程"品牌项目之一，以湖南美术馆为平台，以构建湖南近现代美术史体系为目标的集展览、收藏、研究、出版、宣传推广于一体的系列展览和学术研究计划。本系列展览推出了陈白一、王憨山、颜家龙、曾晓浒、钟增亚、周昭怡、张一尊、黄铁山八位艺术家的个展，并举行了学术研讨会。此次"周昭怡艺术展"对于构建湖南近现代美术史，传承和发展湖湘文化精神具有重要意义。展览由文献与作品两个板块组成，以书法与教育两条主线，勾勒与呈现作为中国书法家协会湖南分会首任主席周昭怡的艺术与人生。展览呈现上以年表为开端，引导观众品读周昭怡的人生境遇。展览作品以周昭怡1988年"周昭怡书法展"中的精品为主要构成，以作品题材为线索，分为"玉池洗砚""万古风流""江山万象"三部分，通过新的学术研究和策划视角，配合大量一手文献，旨在展现周昭怡在书法创作上积极求索的艺术历程及对湖南书坛的重要贡献。湖南美术出版社也将出版《湖南著名美术家推介工程·周昭怡》一书。

通过策划本次展览，笔者也对湖南省内记载周昭怡墨迹的地点进行了实地探访、核实与拍摄，并对这些作品进行了详细记录，虽有几处木刻楹联已不存，但大多保存完好。这一考察所得资料作为周昭怡墨迹在当下的一次再验证，为之后深入周昭怡研究提供了更新版的基础信息。

纵观周昭怡的艺术历程，她一直践行着父亲周介褐教导的"用笔至上"原则，强调逆入、涩行、紧收，万毫齐出，笔笔中锋。从早年的师法古人到晚年的人书俱老，她对颜真卿书法的取法、对篆隶行笔的理念一以贯之。

这一深耕路径更是承袭了湖南地区习颜书风的传统，通过钱南园、何绍基、谭延闿、周介裪等书家，传承至周昭怡。她将颜字的磅礴与女性的遒美融为一体，成为近百年来湖南地区承接这一传统的最后一位代表性女书法家。同时，作为近现代女性书家的代表人物，她与萧娴、游寿、萧琼等女书家齐名，也是第一位以女书法家身份出任中国书协分会主席之人，可以说在中国书坛享有盛誉。她亲历了女书法家在新时代的涌现，也见证了书法教育和书法理论发展的兴盛，更助力了新时期书法艺术蓬勃复兴的浪潮。通过爬梳周昭怡艺术人生中的蛛丝马迹，让我们触摸到书法在20世纪发展历程中的筚路蓝缕，而她对中国书法事业的推动作用与开拓意义更值得今天的我们重新审视。

撰稿：周敏珏

后　记

　　"湘贤"就是湖南的乡贤之意。《仰望湘贤》所收录的前辈乡贤共一十四人，分为三个方阵，均以齿序排列：第一方阵为湖南省文史研究馆馆员，他们是赵必振、杨树达、曹典球、向恺然、陈云章、杨应修、林增平、王憨山、李立和陈白一诸先生；第二方阵为中央文史研究馆的两位湘籍馆长符定一和杨东莼先生；第三方阵为其他有代表性的人物，计有周世钊和周昭怡两位先生。

　　文史研究馆是毛泽东、周恩来等新中国第一代领导人亲自倡导设立的，是中国共产党建政初始的一项重要制度建设，集中华民族敬老尊贤、礼贤下士优良传统与统一战线制度完美结合的一项德政。湖南省文史研究馆在一九五三年应时而立，成为中共湖南省委、湖南省人民政府礼遇老年知识分子的专门机构，任命和聘用了一大批年高德劭、著述等身的博学鸿儒，他们是时代的标高、湖湘文化的重要代表性人物。值此中华人民共和国成立七十五周年之际，我们遴选一批已故去的馆员与大家，用随笔的形式结集，向社会推介他们的学术气象、道德风范和事功传奇，展现新中国成立以来政治制度建设上的重要成绩，也向全社会宣传统一战线的又一个重要平台——文史研究馆。惟楚有材，于斯为盛。我们期待，《仰望湘贤》能够持续编下去，欢迎广大读者提出宝贵意见！